权威·前沿·原创

皮书系列为
"十二五""十三五"国家重点图书出版规划项目

北部湾蓝皮书
BLUE BOOK OF
BEIBU GULF AREA

泛北部湾合作发展报告
（2016~2017）

REPORT ON THE COOPERATION AND DEVELOPMENT OF
PAN-BEIBU GULF AREA (2016-2017)

主　编／吕余生
副主编／林智荣　罗　梅

社会科学文献出版社
SOCIAL SCIENCES ACADEMIC PRESS（CHINA）

图书在版编目（CIP）数据

泛北部湾合作发展报告 . 2016 - 2017 / 吕余生主编
-- 北京：社会科学文献出版社，2017.12
（北部湾蓝皮书）
ISBN 978 - 7 - 5201 - 2122 - 4

Ⅰ.①泛… Ⅱ.①吕… Ⅲ.①国际合作 - 经济合作 -
研究报告 - 中国、东南亚 - 2016 - 2017 Ⅳ.①F125.533

中国版本图书馆 CIP 数据核字（2017）第 328124 号

北部湾蓝皮书

泛北部湾合作发展报告（2016~2017）

主　　编/吕余生
副 主 编/林智荣　罗　梅

出 版 人/谢寿光
项目统筹/周　丽　王楠楠
责任编辑/王楠楠

出　　版/社会科学文献出版社·经济与管理分社（010）59367226
　　　　　地址：北京市北三环中路甲 29 号院华龙大厦　邮编：100029
　　　　　网址：www. ssap. com. cn
发　　行/市场营销中心（010）59367081　59367018
印　　装/北京季蜂印刷有限公司

规　　格/开本：787mm × 1092mm　1/16
　　　　　印张：16.75　字数：242 千字
版　　次/2017 年 12 月第 1 版　2017 年 12 月第 1 次印刷
书　　号/ISBN 978 - 7 - 5201 - 2122 - 4
定　　价/89.00 元

皮书序列号/PSN B - 2008 - 114 - 1/1

主要编撰者简介

吕余生　广西北部湾发展研究院院长，二级研究员，博士生导师，广西"八桂学者"，享受国务院政府特殊津贴专家。

林智荣　广西社会科学院院刊编辑部主任，广西北部湾发展研究院国际交流部主任，副研究员。

罗　梅　广西社会科学院东南亚研究所副所长，《东南亚纵横》执行主编，副研究员。

摘　要

　　本年度报告共分五个部分。一是"总报告",对 2015～2016 年泛北部湾经济合作发展情况进行回顾并探讨了 2017 年经济发展形势。二是"分报告",对文莱、柬埔寨、印度尼西亚、马来西亚、菲律宾、新加坡、泰国、越南这几个东盟国家 2015～2016 年的经济发展情况进行回顾并对 2017 年经济形势进行探讨。三是"合作平台篇",主要介绍了第十三届及第十四届中国—东盟博览会、中国—东盟商务与投资峰会,以及第九届泛北部湾经济合作论坛的举办情况,介绍了中国—东盟国际合作产业园区、中国—东盟跨境经济合作区的建设情况。四是"专题篇",主要对泛北部湾国家参与"一带一路"建设、推进中国广西—越南国际道路运输便利化、中国—中南半岛国际经济合作走廊建设国别合作、中国—东盟非传统安全领域合作与发展等问题进行探讨。五是"附录",收录了泛北部湾相关研究文献综述、泛北部湾区域大事记及相关统计资料。

Abstract

This annual report is composed of five sections. Section one is "General Report" that reviews the development of Pan – Beibu Gulf economic cooperation from 2015 to 2016, and gives discussion on economic situation in 2017. Section two is "Sub-report", it reviews the economic development situation of Brunei, Cambodia, Indonesia, Malaysia, the Philippines, Singapore, Thailand, and Vietnam, and discusses their economic trend in 2017. Section three is about "Cooperative Platform", it introduces the 13th and 14th China – ASEAN Expo, China – ASEAN Business & Investment Summit, the 9th Pan – Beibu Gulf Economic Cooperation, and China – ASEAN International Cooperation Industrial Parks as well as China – ASEAN Cross-border Economic Cooperation Zone. The section four focuses on the reports on "Theoretical Studies", it includes reports about Pan – Beibu Gulf Countries Participating in the Construction of "the Belt and Road", Promoting Guangxi, China – Vietnam International Road Transport Facilitation, Country Cooperation for Construction of China – Indochina International Cooperation Corridor, and Non-traditional Security Cooperation and Development under the Background of Jointly Building "the 21st Century Maritime Silk Road". Summary on documents of Pan – Beibu Gulf studies, memorabilia of Pan – Beibu Gulf and related statistical data are included in section five.

目 录

Ⅳ 专题篇

Ⅴ 附录

皮书数据库阅读**使用指南**

CONTENTS

I General Report

II Sub−report

III Reports on the Cooperation Platforms

IV Special Topics

V Appendices

总 报 告

General Report

B.1

"一带一路"背景下的泛北部湾经济合作

吕余生 刘建文*

摘　要：　在"一带一路"倡议背景下，泛北部湾经济合作正逐步
融入"一带一路"合作格局中。第九届泛北部湾经济合
作论坛将中国—中南半岛经济走廊和中国—东盟港口城市
合作网络建设作为论坛的主题具有现实意义。南海问题的
缓和为泛北部湾经济合作提供了新的发展机遇，中国—东
盟自由贸易区升级版和东盟共同体已经进入实施阶段，
2017年泛北部湾经济合作形势和各国经济发展前景看好。

关键词：　"一带一路"　泛北部湾　区域合作

* 吕余生，广西北部湾发展研究院院长，研究员；刘建文，广西社会科学院民族研究所副研
究员。

泛北部湾是一个经济非常活跃的地区。2015 年 12 月 31 日东盟共同体正式成立，使泛北部湾地区对互联互通、改善贸易环境的需求进一步增大，从而吸引了更多的投资资金。中国着重于经济的转型升级和实现经济结构再平衡，将加强对泛北部湾地区战略性产业的投资，带动泛北部湾区域产能合作、就业、出口和技术转移等方面发展。泛北部湾经济合作迎来了新的发展机遇，取得了新的合作成果。

一 泛北部湾经济合作成效显著

（一）第九届泛北部湾经济合作论坛成功举行

2016 年 5 月 26 日，第九届泛北部湾经济合作论坛暨中国—中南半岛经济走廊发展论坛在中国广西南宁举办，与会人员包括来自中国和东盟国家的政府官员、专家学者以及海内外知名企业代表，就泛北部湾经济合作的建设重点、合作机制、推进路线及路径方式等进行了深入探讨。本届论坛取得了许多重要成果，其中之一是发布了《中国—中南半岛经济走廊建设倡议书》，实现了 9 个合作项目的签约，为中国—东盟港口城市合作网络中方秘书处举行了揭牌仪式。第十届全国人大常委会副委员长、中国东盟协会会长顾秀莲参加了论坛并认为"本届论坛务实推动中国—中南半岛经济走廊和中国—东盟港口城市合作网络建设，推动中国—东盟陆海互联互通，推进泛北部湾海洋合作机制建设及国际产能合作，具有重要的现实意义和长远的历史意义"。

《中国—中南半岛经济走廊建设倡议书》主要内容如下。

一是加强沟通衔接，凝聚合作共识。积极加强区域内中央及地方政府间合作，在发挥现有多边和双边合作机制作用的基础上，共同办好中国—中南半岛经济走廊发展论坛，搭建沟通协作新平台。积极推进发展战略、规划和政策对接，深化务实合作，回应各方共同关切，协商解决中国—中南半岛经济走廊建设中存在的问题。

二是推动互联互通，畅通合作通道。共同加快泛亚铁路、高等级公路、海上航运、航空线路、网络信息并举的骨干基础设施通道建设，优先推进关键节点项目建设，加强基础设施建设规划和技术标准体系的交流对接，逐步形成畅通便捷、快速高效的中国—中南半岛国际大通道。

三是推动便利化，扩大投资贸易往来。共同推动投资贸易和人员往来便利化，推进"两国一检"等海关合作，以及检验检疫、认证认可、标准计量、统计信息等方面的双边与多边合作，促进要素资源充分有序流动。充分发挥沿边重点开发开放试验区、跨境经济合作区平台作用。依托广西、云南沿边金融综合改革试验区建设，稳步推进跨境金融合作，促进投资便利化。

四是密切人文往来，夯实民意基础。中国与中南半岛各国地缘相近、人缘相亲、文缘相连。我们愿秉持"一带一路"友好合作精神，进一步发挥"南宁渠道"作用，建立和完善中国—中南半岛节点城市合作机制，广泛开展文化、学术、人才、媒体、减贫、青年和妇女等多领域交流合作，打造民意基础坚实的中国—中南半岛国际经济合作走廊①。

（二）中国—东盟信息港开始启动

中国—东盟信息港为中国的信息网络直连东盟、走向亚太、连接世界开辟了新的出口通道。2016 年 5 月，中国—东盟信息港股份有限公司（以下简称中国东信）在广西南宁市成立并投入运营，标志

---

① 《第九届泛北论坛闭幕 发布中国—中南半岛经济走廊倡议书》，http：//gx.people.com.cn/ html。

着中国—东盟信息港正式启动并为中国与东盟国家提供服务。中国东信是经国务院批准的，多方参股、市场化运作的平台型信息科技公司，肩负着建设和运营中国—东盟信息港的重要使命。中国东信将中国—东盟信息港打造成为以广西为中心、辐射西南中南、面向东盟国家的核心通信枢纽和信息产业基地。公司有三大产业板块：一是信息产业板块，基于产业发展战略，汇聚云计算、大数据、物联网、智能供应链、互联网金融等多方资源，打造信息科技生态平台，助力政府与企业实施面向"互联网＋"的模式领先战略；二是金融投资板块，有机整合政策性与社会化资本，打造以产业投资、创业投资、收购兼并等为主要内容的金融生态平台，发挥金融杠杆效应，撬动企业高速发展，同步实现产业价值创造与资本收益共享；三是服务贸易板块，打造服务贸易一体化"互联网＋"平台，提供智能化企业成长服务，并利用产业平台实现贸易额快速增长，形成生态化的企业孵化空间。

（三）中国—东盟港口物流信息中心正式启用

2016年5月27日，中国—东盟港口物流信息中心启用仪式在钦州保税港区综合办公楼举行，从此，泛北部湾港口城市合作信息实现了互联互通。

2014年10月，作为"一带一路"海上合作的重要项目，中国—东盟港口物流信息中心（以下简称信息中心）落户钦州，以有效对接建设"21世纪海上丝绸之路"、实现中国—东盟海上互联互通，以及打造中国—东盟自由贸易区升级版的需求。信息中心的启用将有效实现中国、东盟国家以及日本和韩国政府部门、物流企业、港航企业、商贸企业及社会公众等的口岸数据共享与联动协同工作，解决"信息孤岛"问题。同时，信息中心将物流信息由海运扩展到陆运、铁路、航空，从而实现了水、陆、铁、航全方位和全球性的物流信息资源共享，为中国—东盟物流信息高效互联互通提供了通道和保障，形成了中国—东盟重要的物流 EDI 交换网络，实现了物流智能化。信息中心的启用还有助于形成全球物流信息合作的重要平台，在实现物流现代化、信息化，深化国际物流合作，拓展经济新增长点，提高经济运行质量等方面发挥重要作用①。

2016 年 5 月 27 日，在启动当天，中国—东盟港口物流信息中心与马来西亚关丹港实现数据实时对接，为马来西亚关丹港的港航、物流、贸易企业与中国企业的贸易往来提供了高效的信息化服务，也为东盟国家与中国之间的贸易往来提供了更为便捷的信息化服务。

（四）中国—东盟港口城市合作网络成果斐然

截至目前，中国—东盟港口城市合作网络首批 7 个项目的建设工作已经顺利开展，部分项目已服务于中国和东盟的港航运输。其中，广西北部湾港已与马来西亚、泰国、文莱、新加坡、越南等国港口开展了航线或港口的建设与运营合作。总体来看，中国—东盟港口城市合作网络建设进展顺利，合作章程和五年行动计划已起草完成。

2014 年，广西钦州港与马来西亚关丹港结为姐妹港；2016 年，广西北部湾港与马来西亚巴生港结为姐妹港。广西北部湾港与马来西亚巴生港在物流、信息、航线、人才等多领域展开合作。目前，马来西亚的巴生港、马六甲、槟榔屿、柔佛、关丹、民都鲁，以及柬埔寨的西哈努克港、缅甸的仰光港等东盟国家港口与中国的大连、上海、宁波、钦州、广州、福州、厦门、深圳、海南和太仓 10 个港口城市已经建立了港口联盟。中马钦州产业园与马中关丹产业园"两国双园"模式已经成为国际产能合作的典范。

中国与东盟国家的港口航线及集装箱班轮航运服务体系日臻完

---

① 《中国—东盟港口物流信息中心正式启用》，《钦州日报》2016 年 5 月 28 日。

善。2014 年底，广西北部湾国际港务集团成功入股马来西亚关丹港，占股40%，全面参加关丹港的运营建设。2015 年 6 月，广西北部湾国际港务集团与新加坡国际港务集团（PSA）、太平船务有限公司（PIL）签订了合资经营合同，投资 12.1 亿元人民币成立了北部湾国际集装箱码头公司，拟在港口泊位、基础设施和产业项目等方面开展合作，目前已确定的有钦州的港口泊位项目。

广西北部湾港已建成生产性泊位 256 个，最大靠泊能力为 20 万吨，设计吞吐能力 2.24 亿吨，与世界 100 多个国家和地区的 200 多个港口通航，拥有 40 条集装箱航线，可与 8 个东盟国家和地区的 15 个港口直航；开通了钦州港—仁川—平泽—雅加达—林查班—越南、北部湾港—缅甸—马来西亚等 4 条外贸集装箱班轮航线。2015 年，北部湾港实现港口货物吞吐量 2 亿吨以上，与 2006 年相比增长了 3.1 倍；完成集装箱吞吐量 141.5 万标箱，与 2006 年相比增长了 5.8 倍。2016 年以来，中国与东盟国家增开了 10 多条集装箱航线。目前，广西北部湾经济区正加快建设区域性国际航运中心。

中国—东盟国家航运服务配套项目建设进展良好，以港口、产业、搜救、监测和司法合作等为重点的钦州基地建设得以推进。目前，已开工建设水上训练基地，基本建成海洋气象监测预警基地，中国—东盟海上搜救分中心加快建设，中国—东盟海事法庭开始筹备[①]。

2016 年 5 月 26 日，中国—东盟港口城市合作网络工作会议在广西南宁举行，这是第九届泛北部湾经济合作论坛暨中国—中南半岛经济走廊发展论坛的重要议程之一。来自中国及马来西亚、印度尼西亚、柬埔寨、缅甸、越南、泰国、新加坡等东盟国家的政府部门人员，港口城市的港口管理部门人员，港口运营商，以及国际航运企业

---

① 《中国—东盟港口城市合作网络首期 7 项目顺利推进》，《广西日报》2016 年 5 月 11 日。

代表等出席了会议。在这次会议上，与会人员讨论了《中国—东盟港口城市合作网络合作办法》和《中国—东盟港口城市合作网络愿景与行动》，成立了合作网络中方秘书处，这标志着中国—东盟港口城市合作网络进入正式运行新阶段。

《中国—东盟港口城市合作网络愿景与行动》包括构建航运物流服务体系、促进港口投资运营合作、深化临港产业合作、加强旅游人文合作、提升通关便利化水平、务实推进中国—东盟友好港城合作、探索中国—东盟港口城市合作机制建设、建设相关服务设施 8 个方面的内容。根据初步构想，未来 5 年内，中国—东盟港口城市合作网络将重点实施中国与东盟国家主要港口班轮航线、航运服务项目、信息互联共享工程和港口合作机制等建设，并将合作拓展至贸易便利化、旅游以及人文等领域[①]。

（五）泛北部湾区域合作扎实推进

泛北部湾区域各国有不同的发展定位：新加坡重点发展创新驱动型经济，马来西亚力图打造区域经济中心，柬埔寨努力提升制造业技术含量，菲律宾强化发展服务外包产业，泰国重点打造包括医疗和数码产业在内的"十大未来产业"，东南亚最大的经济体——印度尼西亚修正政策以鼓励私人投资，等等。这些充分显示了泛北部湾国家正在发挥各自的优势，从不同侧面推动区域经济合作全面发展。

1. 中国与东盟

2015～2016 年，中国与东盟合作深入发展。2015 年 11 月 22 日，中国与东盟 10 国签署了《中华人民共和国与东南亚国家联盟关于修订〈中国—东盟全面经济合作框架协议〉及项下部分协议的议定书》

---

① 《中国—东盟港口城市合作网络工作会议综述》，《广西日报》2016 年 5 月 29 日。

（以下简称《议定书》），各方对进一步拓宽贸易渠道、扫除非关税壁垒做出了更多承诺，中国—东盟自由贸易区升级版终于达成协议。《议定书》是中国首个自由贸易区升级协议，标志着中国与东盟的双边关系将由此开启新的"钻石十年"。

2015 年 11 月，中国、泰国、柬埔寨、老挝、缅甸、越南六国外交部部长就进一步加强澜沧江—湄公河国家合作进行深入交流讨论，达成了广泛共识，一致同意正式启动澜沧江—湄公河合作进程，宣布澜湄合作机制正式建立，各方将在政治安全、经济和可持续发展、社会人文三个重点领域开展合作。澜沧江—湄公河合作机制是深化中国与湄公河国家全方位友好合作、提升次区域整体发展水平、推进地区一体化进程、支持东盟共同体建设等的又一重要合作平台。

中国与东盟国家的政治互信取得了新的突破。2016 年 7 月，中国—东盟外长会议在老挝万象举行，会议上各方发表了《关于全面有效落实〈南海各方行为宣言〉的联合声明》，共同确认地区规则框架的有效性。2016 年 9 月，第十九次中国—东盟（10＋1）领导人会议暨中国与东盟建立对话关系 25 周年纪念峰会在老挝万象举行，会议上通过了《第十九次中国—东盟领导人会议暨中国—东盟建立对话关系 25 周年纪念峰会联合声明》、《中国与东盟国家应对海上紧急事态外交高官热线平台指导方针》、《中国—东盟产能合作联合声明》和《中国与东盟国家关于在南海适用〈海上意外相遇规则〉的联合声明》4 个文件。

中国与东盟国家双边贸易总体稳定，相互投资和工程承包快速发展。2015 年中国与东盟贸易额达 4721.6 亿美元，同比下降 1.7%，但仍优于同年中国进出口总额 8% 的下降幅度。中国与东盟贸易额在中国进出口总额中的占比达 11.9%，比 2014 年增加 0.74 个百分点。2015 年中国向东盟出口 2774.86 亿美元，同比增长 2.1%，中国从东盟进口1946.77亿美元，同比减少6.6%，贸易顺差达828.09亿美元，较2014年增长30%。

2015年，中国对东盟直接投资快速增长，投资流量首次突破百亿美元，达到146.04亿美元，同比增长87%，创历史新高，占流量总额的10%。2015年末，中国对东盟国家投资存量为627.16亿美元（见表1），占存量总额的5.7%。截至2015年末，中国在东盟国家设立直接投资企业3600多家，雇用外方员工31.5万人。

表1　2015年末中国对东盟国家直接投资存量情况

单位：万美元

指标	文莱	柬埔寨	印度尼西亚	老挝	马来西亚	缅甸	菲律宾	新加坡	泰国	越南
投资存量	7352	367586	812514	484171	223137	425873	71105	3198491	344012	337356

资料来源：《2015年度中国对外直接投资统计公报》。

2015年，中国对东盟投资的主要流向为：租赁和商务服务业66.74亿美元，同比增长438.6%，占中国对东盟总投资额的45.7%，主要投资在新加坡、越南、马来西亚、印度尼西亚等；制造业26.39亿美元，占18.1%，主要投资在印度尼西亚、泰国、新加坡等；批发和零售业17.43亿美元，占11.9%，主要投资在新加坡、泰国、柬埔寨、马来西亚等；金融业9.12亿美元，占6.2%，主要投资在新加坡、缅甸、柬埔寨、越南等；水利、环境和公共设施管理业7.78亿美元，占5.3%，主要投资在新加坡；建筑业5.73亿美元，占3.9%，主要投资在新加坡、柬埔寨、印度尼西亚等；农、林、牧、渔业5.04亿美元，占3.5%，主要投资在柬埔寨、老挝、印度尼西亚等；电力、热力、燃气及水的生产和供应业3.11亿美元，占2.1%，主要投资在印度尼西亚、缅甸等；房地产业1.76亿美元，占 1.2%①。2015 年，东盟国家对中国新增投资 76.6 亿美元，同比增加 21.6%，其中新加坡对华投资 69 亿美元，在东盟国家对华投资总额中的占比高达 90%。2016 年 1~12 月，东盟国家对华投资新设立企业 1160 家，同比增长 0.5%，实际投入外资金额 67.3 亿美元，同比下降 14.3%②。根据我国相关部门的统计，截至 2016 年底，中国与东盟国家累计互相投资额超过 1600 亿美元③。

2015 年中国企业在东盟国家新签订承包工程合同总金额为 358.7 亿美元，同比增加 34.5%；完成营业额 267 亿美元，同比增加 19.3%。在东盟国家中，中国在缅甸完成承包工程营业额增幅最大，达 131.5%，在越南完成承包工程营业额降幅最大，降幅达 11.6%。2015 年，中国在东盟承包工程完成营业额最大的五个国家依次为印度尼西亚、马来西亚、新加坡、越南、老挝，合计占比达 70%④。

虽然 2016 年中国与东盟贸易额有所下降，进出口贸易额达 4522.1 亿美元，同比减少 4.1%，但是中国与柬埔寨、菲律宾、泰国和越南的贸易额仍然保持增长势头（见表 2）。

表 2　2016 年中国对东盟国家贸易统计

单位：亿美元，%

贸易对象	进出口总额		出口		进口		进出口差额	
	金额	同比	金额	同比	金额	同比	当年	上年同期
东盟 10 国	4522.1	-4.1	2559.9	-7.7	1962.2	0.9	597.7	828.7
越　　南	982.3	2.5	611.0	-7.4	371.3	24.5	239.7	361.6

---

① 资料来源：《2015 年度中国对外直接投资统计公报》。

② 《2016 年 1~12 月全国吸收外商直接投资快讯》，http：//www.fdi.gov.cn/1800000121.html。

③ 《中国积极深化与东盟国家国际产能合作》，http：//www.chinanews.com/cj/2017/03-14/8173365.shtml。

④ 《中国东盟经贸合作形势及展望》，http：//asean.mofcom.gov.cn/article/o/g/201609/20160901387817.shtml。

贸易对象	进出口总额		出口		进口		进出口差额	
	金额	同比	金额	同比	金额	同比	当年	上年同期
马来西亚	868.8	-10.7	376.6	-14.4	492.1	-7.6	-115.5	-92.6
泰 国	758.7	0.5	371.9	-2.9	386.8	4.1	-14.9	11.4
新 加 坡	704.2	-11.4	444.8	-14.4	259.5	-5.9	185.3	243.8
印度尼西亚	535.1	-1.3	321.2	-6.5	213.9	7.6	107.2	144.7
菲 律 宾	472.1	3.4	298.3	11.9	173.7	-8.4	124.6	76.9
缅 甸	122.8	-18.6	81.9	-15.2	41.0	-24.8	40.9	42.1
柬 埔 寨	47.6	7.4	39.3	4.4	8.3	24.5	31.0	31.0
老 挝	23.4	-15.7	9.9	-19.6	13.5	-12.6	-3.7	-3.2
文 莱	7.2	-52.4	5.1	-63.7	2.1	105.5	3.0	13.1

资料来源：中国海关总署网站（http：//www. customs. gov. cn/）。

目前，中国与东盟互为海外旅游最主要目的地和客源地，每周有超过 2700 个航班往返于中国与东盟国家之间。据中国官方统计数据，2015 年中国与东盟互访人数达到 2364.5 万人次，创历史新高。其中，中国赴东盟国家游客超过 1700 万人次，较上年增长了 49.9%。2016 年人员往来突破 3000 万人次。其中，中国是泰国、越南和印度尼西亚的最大客源国，是新加坡、柬埔寨、缅甸的第二大客源国。2016 年，泰国为中国出境游热门目的地，自中国赴泰国游客达 875 万人次，占泰国外国游客总量的 1/4；2016 年自中国赴新加坡、越南、马来西亚的游客数量也突破了 200 万人次，并保持较快增长势头①。

2. 中国与文莱

中国与文莱的经贸合作扎实推进。2015 年 3 月，广西壮族自治区党委书记彭清华率团访问文莱，重点是推进"文莱—广西经济走

---

① 《"中国—东盟旅游合作年"引爆 2017 东南亚旅游市场》，http：//travel. people. com. cn/n1/2017/0320/c41570 - 29155861. html。

廊"建设，其间与文莱工业与初级资源部共同主办了"文莱—广西经济走廊座谈会"，并签署了会议纪要；提出"一港双园三种养"的先期合作建议，即推动广西北部湾国际港务集团参与文莱摩拉港运营，建设中国（南宁）—文莱农业产业园和中国（玉林）—文莱中医药健康产业园，并在文莱进行渔业、生蚝养殖和水稻种植。

2015年5月，广西派出由来自政府和企业共20多人组成的代表团赴文莱参加"国际食品与生物技术投资大会"，与文莱相关机构分别进行了对口洽谈，并就中国（南宁）—文莱农业产业园、中国（玉林）—文莱中医药健康产业园、文莱海洋养殖和水稻种植合作4个项目与文方签署合作意向；代表团还拜访了文莱工业与初级资源部、交通部和首相署，就进一步推进"文莱—广西经济走廊"建设，特别是推动广西北部湾国际港务集团与文莱摩拉港合作等进行了交流与探讨①。

2017年2月，广西北部湾国际港务集团与文莱达鲁萨兰资产管理公司组建合资公司，完成对文莱摩拉港集装箱码头运营的接管工作，标志着"文莱—广西经济走廊"旗舰项目顺利落地②。

2016年4月，中国银行文莱分行正式获批成立，中国银行实现了对东盟国家100%的机构覆盖率。

2015年文莱入境游客达到21.8万人次，比2014年增加1.72万人次，增幅为8.6%。其中，入境中国游客达到3.69万人次，在文莱入境游客人数方面，中国在马来西亚之后居第二位，中国游客占文莱当年入境游客的16.9%，比2014年提高了3.7个百分点③。

① 《"文莱—广西经济走廊"务实合作已现雏形》，http://www.mofcom.gov.cn/article/i/jyjl/j/201505/。

② 杨清：《广西北部湾国际港务集团合资公司接管运营文莱摩拉港集装箱码头》，《广西日报》2017年2月22日。

③ 中国驻文莱经商参处：《中国游客拉动文莱2015年入境游客同比增长8.6%》，2016年2月25日。

3. 中国与柬埔寨

中国与柬埔寨经贸合作一直在两国高层的推动下全面展开。2016年2月，中柬政府间协调委员会第三次会议在北京举行。会议中，双方达成以下一致意见：认真落实两国领导人达成的重要共识，按照本次会议确定的计划推进各领域合作，促进共同发展，将经贸投资、基础设施、农业水利等领域的合作项目重点落实好，推动中柬全面战略合作伙伴关系持续向前发展。

2016年10月，应柬埔寨国王诺罗敦·西哈莫尼邀请，中国国家主席习近平对柬埔寨王国进行国事访问。访问期间，双方签署了《中柬两国政府经济技术合作协定》、《免除柬埔寨政府到期债务的协议》、《关于实施中柬友谊医院大楼项目的立项换文》、《关于编制共同推进"一带一路"建设合作规划纲要的谅解备忘录》、《对所得避免双重征税和防止逃避税的协定》、两国外交部《关于加强新形势下合作的协议》、《关于确认并共同推动产能与投资合作重点项目的协议》、《关于联合开展水利项目合作谅解备忘录》、《海洋领域合作谅解备忘录》、《关于开展中柬青年科学家交流计划的谅解备忘录》、《广播电视合作协议》等31份合作文件①，为两国进一步深化合作奠定了基础。

中国是柬埔寨重要的贸易伙伴和投资来源地，对推动柬埔寨经济发展和对外贸易增长做出了积极贡献。根据中方统计，2015年中柬双边贸易额为44.3亿美元，同比增长18%，其中，柬埔寨向中国出口6.7美元，增长38.1%；2016年，中柬双边贸易额为47.6亿美元，同比增长7.4%，其中，柬埔寨向中国出口8.3亿美元，增长24.5%，是东盟国家中对中国出口额增长率最高的国家。2015年，中国赴柬埔寨游客69.5万人次，同比增长24%，仅次于赴越南的

---

① 《中华人民共和国和柬埔寨王国联合声明》，http：//kh. china－embassy. org/chn/zts/1/t1408280. htm。

98.8 万人次。

柬埔寨出口大米到中国更加顺畅。2016 年中国质检部门对柬埔寨大米出口企业和碾米厂的卫生检验检疫情况进行实地检查和评估，柬埔寨已有 27 家企业生产的大米符合我国制定的标准和要求，能直接出口大米到我国。2016 年柬埔寨出口 54.2 万吨大米，增长 0.7%，其中，中国向柬埔寨进口大米 12.7 万吨，排名各国首位。在 60 个出口市场中，中国是柬埔寨最大的大米买家①。

西哈努克港经济特区是中国国家级境外经贸合作园区，也是中柬签署政府间协议的重点合作项目，这两年发展迅速。截至 2016 年 6 月，西哈努克港经济特区已累计引进食品、纺织服装、制鞋、家具、五金、电子机械等领域的企业 100 家，投资额达 2.8 亿美元，安排超过 1.3 万柬埔寨劳动力就业，在柬埔寨各经济特区中名列前茅，其中 70 多家企业已投入生产运营，这些企业主要来自中国、欧美、日本等国家和地区。

4. 中国与印度尼西亚

近年来，中国与印度尼西亚全面推动"21 世纪海上丝绸之路"倡议和"全球海洋支点"战略的对接，深化各领域的务实合作，一批重大合作项目已经落地，两国关系发展不断深化。2016 年 5 月，中国和印度尼西亚的高层经济对话第二次会议在雅加达举行，双方对第一次会议召开一年以来两国务实合作所取得的积极进展给予了高度评价，介绍了各自的经济政策和发展战略，深入探讨了双边贸易、投资、金融、基础设施、产业园区建设、能源、农/渔业等领域的合作，并达成广泛共识②。2016 年 9 月 2 日，中国国家主席习近平

---

① 《柬 27 家企业获准向中国直接出口大米》，http：//cb. mofcom. gov. cn/article/jmxw/201612/. shtml.

② 《中印尼高层经济对话第二次会议在雅加达举行》，http：//id. china－embassy. org/chn/zgyyn/t1362. htm.

在杭州会见前来出席二十国集团领导人杭州峰会的印度尼西亚总统佐科，强调中国和印度尼西亚拥有广泛的共同利益，两国关系发展势头良好；双方要确保雅加达至万隆高铁项目顺利实施，拓展基础设施建设、产能、贸易、投资、金融、电子商务等领域合作，打造更多旗舰项目。

中国连续6年成为印度尼西亚最大贸易伙伴。根据印度尼西亚统计局公布的数据，2015年，印度尼西亚与中国双边货物贸易额达444.6亿美元，同比下降7.1%。其中，印度尼西亚对中国出口150.5亿美元，下降14.6%，占印度尼西亚出口总额的10.0%；印度尼西亚自中国进口294.1亿美元，下降4.0%，占印度尼西亚进口总额的20.6%。印度尼西亚对中国出口最多的商品为矿物燃料、动植物油、木浆等纤维状纤维素浆、木及木制品、杂项化学产品，上述五大类商品的出口额依次为45.1亿美元、29.4亿美元、10.9亿美元、8.6亿美元和5.7亿美元，合计占对中国出口总额的66.2%；对中国出口的其他商品还有矿砂、橡胶及其制品、塑料制品、铜及制品、机电产品、有机化学品、可可及制品、棉花、水产品等。印度尼西亚自中国进口的商品种类丰富，主要有机械设备、机电产品、有机化学品、钢材、贱金属及制品。2015年上述5类商品印度尼西亚自中国的进口额合计为176.2亿美元，占印度尼西亚自中国进口总额的59.9%。此外，印度尼西亚还自中国进口塑料制品、肥料、干鲜水果、无机化学品、化学纤维长丝、鞋类制品、肥料、铝制品、音响器材制品等商品[①]。

2016年，印度尼西亚与中国双边货物贸易额为475.9亿美元，同比增长7.0%。其中，印度尼西亚对中国出口167.9亿美元，增长

---

① 《2015年印度尼西亚货物贸易及中印双边贸易概况》，http：//countryreport. mofcom. gov. cn/record/view110209. asp？news_ id=49093。

11.6%；印度尼西亚自中国进口308.0亿美元，增长4.7%。2016年，中国对印度尼西亚直接投资同比增长324%，达到27亿美元，跃升为印度尼西亚第三大投资来源地①。

近年来，中国与印度尼西亚旅游合作成果丰硕。据印度尼西亚官方统计，2011~2016年中国游客累计增长144.2%，2016年中国来印度尼西亚游客145.3万人次，跃升为印度尼西亚第一大外国游客来源地，中国游客在印度尼西亚人均花费1107美元，仅此一项就给印度尼西亚带来约20亿美元外汇收入②。

雅万高铁项目加快推进。2015年3月中国与印度尼西亚签订《中国印尼雅加达—万隆高速铁路合作谅解备忘录》。2016年1月21日项目开工奠基，2016年3月16日印度尼西亚交通部与中印尼合资公司签署项目特许经营协议，2016年3月24日由中印尼企业联合体承建的印度尼西亚雅加达至万隆高铁项目5公里先导段全面开工；2017年4月4日，中印尼雅万高铁项目合资公司与高铁承包商联营体在雅加达正式签署雅万高铁项目总承包合同。雅万高铁这一"一带一路"建设重要早期收获进入全面实施阶段③。

5. 中国与马来西亚

中马双边贸易发展势头良好。根据马来西亚统计局公布的数据，2015年，马来西亚与中国货物贸易额为591.5亿美元，同比下降6.9%。其中，马来西亚对中国出口额为259.9亿美元，下降7.8%，占马来西亚出口总额的13.0%；马来西亚自中国进口额为331.6亿美元，下降6.2%，占马来西亚进口总额的18.8%。双边贸易中，中

① 《中国对印尼投资不仅量在增长，质也在提升》，http：//id. china - embassy. org/chn/sgsd/t1450653. htm。

② 《中印尼共同努力，开创旅游合作新局面》，http：//id. china - embassy. org/chn/sgsd/t1449965. htm。

③ 《谢锋大使见证签署雅万高铁项目总承包合同》，http：//id. china - embassy. org/chn/sgsd/t1451457. htm。

国贸易顺差为71.7亿美元。2016年，马来西亚与中国货物贸易额为581.1亿美元，同比下降1.8%。其中，马来西亚对中国出口额为237.6亿美元，下降8.6%，占马来西亚出口总额的12.5%；马来西亚自中国进口额为343.5亿美元，增长3.6%，占马来西亚进口总额的20.4%。双边贸易中，马来西亚贸易逆差为105.9亿美元，增长47.7%。

2016年，马来西亚对中国主要的出口商品包括机电产品、矿物燃料、机械设备、动植物油、矿砂，占马来西亚对中国出口总额的68.9%，其他对华出口商品还有塑料及制品、橡胶及制品、有机化学品、光学仪器制品、锡及制品、铜及制品、木材及制品等。2016年，马来西亚自中国主要的进口商品包括机电产品、机械设备、钢铁、塑料制品、矿物燃料，上述五类商品进口额合计为201.8亿美元，占马来西亚自中国进口总额的58.8%[1]。

截至2016年12月底，中国为马来西亚第一大进口来源地，且仅次于新加坡，为马来西亚的第二大出口贸易伙伴。其中，中国出口的机电产品、金属制品、运输设备、纺织品和家具在马来西亚具有明显的优势。

中马投资合作成果丰硕。2015年底，中马两国交通运输部部长共同签署了两国间港口联盟合作谅解备忘录。此谅解备忘录是李克强总理2015年访马期间在交通领域取得的重要合作成果，也是中马两国在港口合作领域签订的首个文件，目的是通过项目合作、人员培训、信息交流、技术支持、提升服务等，推动中马重要港口间合作的广泛开展，共同致力于两国海上互联互通建设，打造双方乃至整个东盟地区更广阔的海上互联互通航运网络，进一步提升"21世纪海上

---

[1] 《2016年马来西亚货物贸易及中马双边贸易概况》，http://countryreport.mofcom.gov.cn/record/view110209.asp? news_id=53286。

丝绸之路"沿线国家间贸易、投资和物流运输便利化水平①。

2015 年，中国对马来西亚的非金融直接投资达到 4.1 亿美元，增长了 237%。2015 年 12 月，中国铁道建筑总公司与马来西亚依斯干达浮城控股合作，以 17 亿美元的价格买下了一马发展公司的马来西亚城地产项目 60% 的股份。马来西亚城是一个混合型地产项目，占地 197 公顷，该项目将包含计划中的新加坡—吉隆坡高速铁路站点。

2016 年 10 月 28 日，由中国铁建牵头，中国中铁、中国交建参与，三家中国基建行业"排头兵"联合体中标建设马来西亚南部铁路。马来西亚南部铁路是中国企业在马来西亚独立建设的首条铁路，也是第一次以联合体方式中标的境外重大项目。

2016 年 9 月 1 日，中国电建集团与马来西亚凯杰公司签订框架合作协议，作为该项目的中方牵头单位和 EPC 总承包商，共同开发及建设马六甲皇京港项目中 4 个岛屿中 3 个岛上已规划的旅游、商业、房地产和临海工业园等项目②。2016 年 10 月，中国电建集团总承包的马来西亚马六甲皇京港深水补给码头奠基仪式在马六甲举行。马六甲皇京港是中国和马来西亚友好合作的典范。

6. 中国与菲律宾

杜特尔特总统上任以后，妥善处理南海问题，极大改善了中菲关系。2016 年 10 月菲律宾总统杜特尔特访华，中菲双方商定全面恢复包括外交磋商、防务安全磋商、经贸联委会、农业联委会、科技联委会等在内的一系列双边合作机制，以及恢复两国的政党、议会、地方以及民间的所有往来。中菲两国签署了 13 项双边合作文件，覆盖经

---

① 甄荷：《中国马来西亚组建"港口联盟"促进双方贸易》，http：//www.zgsyb. com/html/content/2016 – 04/12/content_ 483404. shtml。

② 中国电建集团：《集团 EPC 总承包的马六甲皇京港深水码头举行奠基仪式》，http：//www. powerchina. cn/art/2016/10/20/art_ 19_ 190508. html。

贸、投资、金融、农业、产能、质检、旅游、新闻、禁毒、海上合作、基础设施建设和民间交流等领域，合作协议总额将达 135 亿美元。2017 年 3 月，国务院副总理汪洋访菲时表示，中国愿与菲方一道，推动贸易自由化便利化，加强海关、质检、认证认可、跨境电子商务等领域合作，鼓励企业用好中国—东盟自由贸易区等优惠政策，扩大贸易规模，优化贸易结构①。双方签署了《中菲经贸合作六年发展规划》文件以及维萨亚、棉兰老地区两个基础设施项目的合作协议，两国在落实领导人共识、推进两国达成的各项合作协议方面不断取得积极成果。中菲双方将积极推进"一带一路"倡议与"菲律宾雄心 2040"发展规划对接，使两国优先基础设施合作项目尽快落地。

根据菲律宾统计署网站数据，2016 年，菲中贸易总额为 211.75 亿美元，同比增长 20%。其中，菲律宾自中国进口 149.87 亿美元，同比增长 30.7%，向中国出口 61.88 亿美元，同比增长 0.2%，菲律宾对中国贸易逆差 87.98 亿美元。2016 年，中国是菲律宾第二大贸易伙伴、第一大进口来源地和第四大出口市场，菲中贸易额仅比菲日贸易额低 0.12 亿美元②。

据中国商务部统计，2015 年中国对菲律宾直接投资流量为 3142 万美元。截至 2015 年末，中国对菲律宾直接投资存量为 4.32 亿美元。2015 年中国企业在菲律宾新签合同额 13.16 亿美元，完成营业额 8.57 亿美元，同比均增长 35.6%；当年派出各类劳务人员 1255 人，截至 2015 年末中国在菲律宾劳务人员 1665 人③。

---

① 《汪洋副总理勉励中菲两国企业家们抓住两国关系改善的机遇》，http：//ph. mofcom. gov. cn/article/jmx. shtml。

② 《2016 年中国是菲律宾第二大贸易伙伴》，http：//ph. mofcom. gov. cn/article/jmxw/201702/201702025. shtml。

③ 《2015 年中国对菲投资和工程承包概况》，http：//ph. mofcom. gov. cn/article/zxhz/hzjj/201608/2016080. shtml。

2015 年，中国游客赴菲律宾达 49.1 万人次，同比增长 24.3%，占比 9.2%，是仅次于韩国、美国、日本的菲律宾第四大外国游客来源国①；2016 年，中国访菲游客总数为 67.57 万人次，超过日本成为菲律宾第三大游客来源地，占比 11.3%，同比增长 37.7%，增幅为所有游客来源地首位②。

2016 年 10 月，中国银行和菲律宾签署促进中菲中小企业跨境贸易与投资战略合作协议。2017 年 3 月，600 多位来自中菲两国的企业家参加了由菲律宾贸工部、中国贸促会、中国银行、菲律宾工商总会等共同举办的中菲经贸合作论坛暨中小企业投资与贸易洽谈会，现场举行了 200 多场"一对一"撮合洽谈。这场活动旨在促进双方中小企业发展，进一步推动双边经贸关系发展。

2017 年 3 月，中国商务部和菲律宾贸工部联合主办的"中国—菲律宾企业贸易对接会暨签约仪式"在马尼拉市举办。在对接会上，双方企业共签署了 73 项贸易协议，合同金额达 17.39 亿美元，涉及电解铜、镍矿、香蕉、菠萝、椰子油、椰壳纤维、木材等菲方优势领域③。

7. 中国与新加坡

中新两国领导人都十分重视经贸合作关系，积极推动双边合作不断向高层次发展。目前，中国是新加坡最大的贸易伙伴，新加坡则是中国最大的投资来源国。两国不断加强和深化在政府间大项目、金融、科技环保、教育文化、社会治理等领域的合作。2015 年 7 月，在庆祝中新建交 25 周年之际，新加坡总统陈庆炎访华，表示新方愿

---

① 《2015 年菲律宾经济形势及 2016 年展望》，http：//ph. mofcom. gov. cn/article/law/201605/20160501312. shtml。
② 《中国跃居菲律宾 2016 年第三大游客来源地》，http：//ph. mofcom. gov. cn/article/jmxw/201702/2017020. shtml。
③ 《中国贸易促进团在菲采购逾 17 亿美元菲律宾产品》，http：//ph. mofcom. gov. cn/article/jmxw/201703/20170302536005. shtml。

同中方加强在民航、货运、物流、金融、高科技、教育、人文、安全等领域的合作。2015 年 11 月，习近平主席访问新加坡，两国领导人一致同意将两国关系确定为与时俱进的全方位合作伙伴关系。加强高层引领，提升务实合作，尽快启动以重庆为项目运营中心的中新第三个政府间合作项目。要进一步扩大经贸投资合作，积极探讨两国企业在"一带一路"倡议框架内开拓第三方市场的合作模式。继续挖掘双方在金融领域的合作潜力，共同打造区域产能合作金融支撑平台①。2015 年 10 月 13 日，国务院副总理张高丽与新加坡副总理张志贤在新加坡共同主持中新双边合作联委会第十二次会议。会议重点探讨了中新第三个政府间项目、中新自贸协定升级、经济转型、金融合作、人文交流、包容和可持续发展六大议题。双方一致认为，第三个政府间项目是两国政府在中国西部开展的一个战略性合作项目，合作致力于以现代互联互通和现代服务业经济为主题，并形成网络以发挥作用②。

根据新加坡国际企业发展局统计，2016 年中国与新加坡双边货物进出口额为 832.3 亿美元，同比下降 7.3%。其中，新加坡对中国出口 428.4 亿美元，下降 10.2%，占其出口总额的 13.0%；新加坡自中国进口 403.9 亿美元，下降 4.1%，占其进口总额的 14.3%。新加坡贸易顺差 24.5 亿美元，下降 56.2%。截止到 2016 年 12 月，中国为新加坡第一大贸易伙伴，且为其第一大出口市场和第一大进口来源地③。

机电产品是新加坡对中国出口的主力产品。2016 年新加坡对中国机电产品出口额为 237.5 亿美元，同比下降 13.9%，占新加坡对

① 《习近平同新加坡总理李显龙举行会谈》，http：//www.chinaembassy.org.sg/chn/zxgx/zzwl/t1312969.htm。
② 《张高丽与新加坡副总理张志贤共同主持中新三个高级别合作机制会议》，http：//www.chinaembassy.org.sg/chn/zxgx/zzwl/t1305841.htm。
③ 《2016 年新加坡货物贸易及中新双边贸易概况》，http：//countryreport.mofcom.gov.cn/new/view110209.asp? news_ id =53223。

中国出口总额的 55.4%。塑料橡胶、化工产品和矿产品分别是新加坡对中国出口的第二、第三、第四大类商品，2016 年出口额分别为46.2 亿美元、43.0 亿美元和 32.5 亿美元，分别占新加坡对中国出口总额的 10.8%、10.1% 和 7.6%。

新加坡自中国进口商品排在第一位的是机电产品。2016 年进口额为 244.2 亿美元，同比下降 5.5%，占新加坡自中国进口总额的60.5%。机电产品中，电机和电气产品进口额为 157.7 亿美元，下降3.1%；机械设备进口额为 86.5 亿美元，下降 9.5%。矿产品和贱金属及制品分别是新加坡自中国进口的第二和第三大类商品，2016 年进口额分别为 38.5 亿美元和 28.3 亿美元，分别占新加坡自中国进口总额的 9.5% 和 7.0%，其中，矿产品进口额增长 3.8%，贱金属及制品进口额下降 10.8%。中国是新加坡进口机电产品、贱金属及制品、纺织品及原料和家具玩具的首要来源地，自中国进口额分别占新加坡市场份额的 19.2%、26.1%、29.1% 和 35.5%[①]。

2015 年末，中国对新加坡投资存量 319.85 亿美元。2016 年 1~11 月，新加坡对华投资 54.6 亿美元，同比下降 7%；2016 年全年对华投资 61.8 亿美元。

8. 中国与泰国

中泰经贸合作越来越密切。截止到 2016 年 12 月，中国是泰国的第一大贸易伙伴，也是泰国的第二大出口市场和第一大进口来源地。根据泰国海关统计，2016 年泰国与中国双边货物进出口额为 658.4亿美元，同比增长 2.5%。其中，泰国对中国出口 235.8 亿美元，增长 1.2%，占泰国出口总额的 11%；泰国自中国进口 422.6 亿美元，增长 3.3%，占泰国进口总额的 21.6%。泰方对中方的贸易逆差为

---

① 《2016 年新加坡货物贸易及中新双边贸易概况》，http://countryreport.mofcom.gov.cn/record/view110209.asp? news_id=53126。

186.8 亿美元，增长 6.1%。

塑料橡胶和机电产品是泰国对中国出口的两大重要商品。2016年对中国的出口额为 63.2 亿美元和 57.1 亿美元，分别下降 4.9% 和 0.2%，占泰国对中国出口总额的 26.8% 和 24.2%。植物产品出口 27 亿美元，下降 12.4%，占泰国对中国出口总额的 11.4%，为泰国对中国出口的第三大类商品。光学、钟表、医疗设备等出口 16.8 亿美元，增长 31.8%，占泰国对中国出口总额的 7.1%，为第四大类出口商品。此外，化工产品对中国出口 16.4 亿美元，下降 11.5%，是泰国对中国的第五大类出口商品，占泰国对中国出口总额的 7%。

机电产品是泰国自中国进口的主要产品，2016 年进口额为 200.8 亿美元，下降 0.7%，占泰国自中国进口总额的 47.5%。贱金属及制品、化工产品、塑料橡胶和纺织品及原料分别居于泰国自中国进口的第二、第三、第四和第五位，四类商品 2016 年进口额分别为 70.1 亿美元、34 亿美元、21.5 亿美元和 18.1 亿美元，分别增长 8.7%、5.5%、7.3% 和 9.5%，四类商品进口额合计占泰国自中国进口总额的 34.1%[1]。

2016 年中国到泰国旅游的游客创下了 877 万人次的纪录，同比增长 4.6%[2]。

中泰合作的旗舰项目一波三折。2014 年底，中泰两国签署《中泰铁路合作谅解备忘录》。此后两年时间里，中泰铁路的开工时间已经多次推迟，两国至今前后一共开了 14 次中泰铁路合作联委会，双方合作共识越来越多。2015 年 12 月，在曼谷召开的中泰铁路合作联合委员会第九次会议上，中泰双方签署了铁路合作框架文件。根据这

---

① 《2016 年泰国货物贸易及中泰双边贸易概况》，http：//countryreport. mofcom. gov. cn/record/view110209. asp? news_ id =53100。

② 《泰国中国游客 4 年翻 3 倍自由行破表》，http：//th. mofcom. gov. cn/article/jmxw/201701/20170102504608. shtml。

份文件，双方将合作开展中泰铁路项目，采取的方式可以是设计、采购、施工等，并成立合资公司，由其负责投资及铁路运营；中方将在技术许可、技术转让、人员培训和融资等方面向泰方提供支持，为建设中泰铁路合作项目打下了坚实基础。2015年12月19日，中泰铁路合作项目启动仪式在泰国曼谷举行。按照两国的协议，双方先建设中泰铁路项目一期工程曼谷至呵叻府段，全长252.5公里，设计时速250公里/小时，项目于2017年开工。目前，中泰双方正在推进的是位于泰国东部呵叻府的从刚东到邦亚索的高铁线路，该线路仅3.5公里，这是中泰铁路项目一期工程的测试线路①。

9. 中国与越南

中越贸易额持续增长。2016年，中国和越南双边贸易额稳定增长，其中对华出口额大幅增长，越南取代马来西亚成为中国在东盟国家中的第一大贸易伙伴。据中方统计，2016年，中越双边贸易额达982.3亿美元，同比增长2.5%。其中，中国对越南出口额611.0亿美元，同比下降7.4%；中国对越南进口额达371.3亿美元，同比增速高达24.5%，越南对中国贸易逆差下降50.9%。

中国对越南投资额大幅增长。越南计划与投资部数据显示，截至2016年底，中国在越南投资项目累计达1529个，协议金额为101.4亿美元，中国在越南外资来源地排名中已升至第八位②。

2016年9月，中越两国重新签署《中越边境贸易协定》，以进一步规范中越边境贸易行为，同时进一步实现通关手续便利化，从而明显改善了通关秩序。

2015年凭祥重点开发开放试验区被确立为中越跨境劳务先行试

---

① 《中泰铁路项目一期预计年内开工》，http：//www.cs.com.cn/xwzx/201703/t20170306_5195780.html。

② 《2016年中越双边贸易额增长稳定》，http：//gx.people.com.cn/n2/2017/0113/c360170-29595331.html。

点。2016 年 1 月 21 日，崇左市人民政府通过了《崇左市跨境务工管理暂行办法》，明确了跨境务工管理适用范围和对象、申请和办理程序、管理与服务、权益与保障等事项。2016 年 8 月 2 日，凭祥市政府出台了《凭祥市跨境务工管理暂行办法》，允许户籍在高平、谅山、广宁三省或在当地取得跨境务工许可的越南内地省份公民在凭祥辖区内务工。

二　泛北部湾经济发展状况

相对于增长乏力的全球经济，泛北部湾区域经济总体上保持了较快的增长，区域内各国的经济发展都有其亮点。

（一）中国及广西、广东、海南三省区经济运行情况

1. 中国经济稳中向好

当前，世界经济增长放缓，在这一大背景下，中国积极应对各种困难和挑战，转方式、调结构，确保经济平稳发展。正如习近平总书记指出的：中国经济发展长期向好的基本面没有变，经济韧性好、潜力足、回旋余地大的基本特征没有变，经济持续增长的良好支撑基础和条件没有变，经济结构调整优化的前进态势没有变①。

经相关部门的核算，2016 年我国国内生产总值为 744127 亿元，同比增长 6.7%。其中，第一产业增加值为 63671 亿元，增长 3.3%，占国内生产总值的比重为 8.6%；第二产业增加值为 296236 亿元，增长 6.1%，占比为 39.8%；第三产业增加值为 384221 亿元，增长 7.8%，占比为 51.6%，且比上年提高 1.4 个百分点。2016 年人均国内生产总值为 53980 元，同比增长 6.1%；全年国民总收入为 742352

---

① 《习近平谈中国经济：长期向好的基本面没有变》，《人民日报》2015 年 11 月 23 日。

亿元，增长 6.9%。

2016 年货物进出口总额为 243386 亿元，同比下降 0.9%。其中，出口额为 138455 亿元，下降 1.9%；进口额为 104932 亿元，增长 0.6%。货物进出口差额（出口额减进口额）为 33523 亿元，同比减少 3308 亿元。面向"一带一路"沿线国家的进出口总额为 62517 亿元，同比增长 0.5%。其中，出口额为 38319 亿元，增长 0.5%；进口额为 24198 亿元，增长 0.4%。截至 2016 年末，国家外汇储备为 30105 亿美元，同比减少 3198 亿美元。2016 年全年人民币平均汇率为 1 美元兑 6.6423 元人民币，比上年贬值 6.2%。全年服务进出口总额为 53484 亿元，比上年增长 14.2%。其中，服务出口额为 18193 亿元，增长 2.3%；服务进口额为 35291 亿元，增长 21.5%；服务贸易进出口逆差为 17097 亿元。

2016 年吸收外商直接投资（不含银行、证券、保险）新设立企业 27900 家，同比增长 5.0%；实际使用外商直接投资 8132 亿元（合 1260 亿美元），同比增长 4.1%。其中，"一带一路"沿线国家对我国直接投资新设立企业 2905 家，增加 34.1%；对我国直接投资金额为 458 亿元（合 71 亿美元）。2016 年我国对外直接投资额（不含银行、证券、保险）为 11299 亿元（合 1701 亿美元），同比增长 44.1%。其中，面向"一带一路"沿线国家的直接投资额为 145 亿美元。

2016 年，我国对外承包工程完成营业额 10589 亿元（合 1594 亿美元，），比上年增长 3.5%。其中，面向"一带一路"沿线国家完成营业额 760 亿美元，增长 9.7%，占比为 47.7%。

2. 广西经济稳增长、调结构、促转型取得重大成效

2016 年，广西经济保持中速增长。广西全区生产总值为 18245.07 亿元，按可比价格计算，同比增长 7.3%。其中，第一产业增加值为 2798.61 亿元，增长 3.4%，占全区生产总值的比重为 15.3%，对经济增长的贡献率为 7.2%；第二产业增加值为 8219.86

亿元，增长7.4%，占全区生产总值的比重为45.1%，对经济增长的贡献率为47.0%；第三产业增加值为7226.60亿元，增长8.6%，占全区生产总值的比重为39.6%，对经济增长的贡献率为45.8%。

2016年全区居民人均可支配收入为18305元，同比名义增长8.5%，扣除价格因素后实际增长6.8%。按常住地分，城镇居民人均可支配收入为28234元，同比名义增长7.2%，扣除价格因素后实际增长5.5%；农村居民人均可支配收入为10359元，同比名义增长9.4%，扣除价格因素后实际增长7.6%[1]。

2016年，广西进出口贸易总额为3165.9亿元。其中，出口额为1519.1亿元，下降12.7%；进口额为1646.8亿元，增长13.9%；贸易逆差为127.7亿元，而2015年同期贸易顺差为293.8亿元。

2016年，除边民互市贸易外，其余主要贸易方式均表现平平。2016年边民互市贸易通关作业无纸化改革进一步得到完善，进出口贸易额为666.9亿元，同比增长88.7%，占同期广西外贸总额的21.1%。边境小额贸易大幅下降，进出口贸易额为786.8亿元，下降25.7%，占同期广西外贸总额的24.9%。一般贸易恢复至第一大贸易方式地位，但表现持续疲软，进出口贸易额为828.4亿元，下降6.1%，占26.1%。加工贸易结束增长势头，进出口贸易额为653亿元，下降0.7%，占20.6%。此外，海关特殊监管方式进出口228.1亿元，增长0.4%。

2016年，东盟国家继续保持广西外贸第一大合作伙伴地位，广西对东盟国家进出口1835.4亿元，增长1.6%，占同期广西外贸总额的57.9%[2]。

---

① 《2016年广西经济运行稳中向好 GDP 增长 7.3%》，http：//www. gxnews. com. cn/staticpages/20170123/newgx5885cdce – 15894089 – 3. shtml。

② 《2016年广西外贸总体规模与上年基本持平　贸易结构发生重大变化》，http：//nanning. customs. gov. cn/publish/portal150/tab61858/module1511。

2016 年，广西利用外资项目 139 个，合同外资金额 23.18 亿美元，同比减少 30.93%，实际使用外资金额 8.88 亿美元，同比减少 48.41%①。

3. 广东省经济运行平稳

2016 年，广东省实现地区生产总值 79512.05 亿元，同比增长 7.5%。其中，第一产业增加值为 3693.58 亿元，增长 3.1%，对地区生产总值增长的贡献率为 1.9%；第二产业增加值为 34372.46 亿元，增长 6.2%，对地区生产总值增长的贡献率为 36.8%；第三产业增加值为 41446.01 亿元，增长 9.1%，对地区生产总值增长的贡献率为 61.3%。三次产业结构为 5∶43∶52。在现代产业中，高技术制造业增加值为 8817.68 亿元，增长 11.7%；先进制造业增加值为 15739.78 亿元，增长 9.5%。在第三产业中，批发和零售业增长 6.4%，住宿和餐饮业增长 3.1%，金融业增长 11.5%，房地产业增长 6.9%。现代服务业增加值为 25568.17 亿元，增长 10.4%。民营经济增加值为 42578.76 亿元，增长 7.8%。

2016 年，广东省人均 GDP 达 72787 元。其中，珠三角地区生产总值占全省 GDP 的比重为 79.3%。全年广东省居民人均可支配收入为 30295.8 元，同比增长 8.7%，扣除物价因素后实际增长 6.3%；农村常住居民人均可支配收入为 14512.2 元，增长 8.6%，扣除价格因素后实际增长 6.5%；城镇常住居民人均可支配收入为 37684.3 元，增长 8.4%，扣除价格因素后实际增长 5.9%。

2016 年广东省进出口贸易总额为 63029.47 亿元，同比下降 0.8%。其中，出口额为 39455.07 亿元，下降 1.3%；进口额为 23574.40 亿元，增长 0.01%。进出口差额（出口额减进口额）为 15880.66 亿元，比上年减少 525.82 亿元。全省纳入统计的跨境电子

---

① 广西商务厅外国投资管理处：《2016 年 1～12 月广西直接利用外资总表》。

商务进出口总额为 228 亿元，增长 53.8%。2016 年全省港口外贸货物吞吐量达 54865 万吨，增长 5.8%；内贸货物吞吐量为 125059 万吨，增长 4.9%。

2016 年广东省新签外商直接投资项目 8078 个，同比增长 14.9%；合同外资金额为 866.75 亿美元，增长 54.5%。实际使用外商直接投资金额为 233.49 亿美元，下降 13.1%。全年经核准境外投资新增中方协议投资额 282.76 亿美元，下降 5.7%；新增中方实际投资额 206.84 亿美元，增长 94.3%。对外承包工程完成营业额 181.64 亿美元，下降 8.6%。

4. 海南省经济总体平稳，稳中有进，好于预期

2016 年海南省地区生产总值为 4044.51 亿元，按可比价格计算，比上年增长 7.5%。其中，第一产业增加值为 970.93 亿元，增长 4.1%，占地区生产总值的比重为 24.0%；第二产业增加值为 901.68 亿元，增长 5.1%，占地区生产总值的比重为 22.3%；第三产业增加值为 2171.90 亿元，增长 10.1%，占地区生产总值的比重为 53.7%。全省人均地区生产总值为 44252 元，同比增长 6.7%。全省常住居民人均可支配收入为 20653 元，增长 8.8%，扣除价格因素后实际增长 5.9%。其中，城镇常住居民人均可支配收入为 28453 元，增长 8.0%，扣除价格因素后实际增长 4.9%；农村常住居民人均可支配收入为 11843 元，增长 9.1%，扣除价格因素后实际增长 6.4%。

2016 年海南省外贸进出口总额为 748.40 亿元，同比下降 13.9%。其中，进口额为 607.72 亿元，下降 4.5%；出口额为 140.68 亿元，下降 39.5%。主要出口商品中，农产品出口额为 34.39 亿元，增长 2.9%；机电产品出口额为 21.47 亿元，下降 12.2%；高新技术产品出口额为 13.10 亿元，下降 28.0%；成品油出口额为 9.96 亿元，下降 91.3%。全省实际利用外资总额为 22.16 亿美元，

比上年下降 10.1%。其中，外商直接投资 21.31 亿美元，增长 6.3%；新签外商投资项目 88 宗，增长 23.9%①。

（二）文莱经济进行战略转型

文莱经济以石油天然气产业为支柱，非油气产业均不发达，主要有制造业、建筑业、金融业及农、林、渔业等。2015 年，文莱实现国内生产总值 178 亿文币（约合 130 亿美元），以不变价格计算，同比下降 0.6%。其中，农、林、渔业同比增长 6.4%，工业下降 0.05%，服务业下降 1.6%。

文莱政府一方面积极勘探新油气区，另一方面对油气开采奉行节制政策。文莱近年来将石油日产量控制在 20 万桶以下，是东南亚第三大产油国；天然气日产量约 3500 万立方米，为世界第四大天然气生产国。

据文莱官方统计，2015 年文莱进出口贸易总额为 128.97 亿文元（约合 93.83 亿美元），同比下降 26.76%。其中，出口额为 87.17 亿文元（约合 63.41 亿美元），下降 34.56%；进口额为 41.81 亿文元（约合 30.41 亿美元），下降 2.5%②。日本、马来西亚、韩国、泰国和新加坡为其主要贸易伙伴。大宗出口产品是原油和天然气，主要出口市场为韩国、日本、泰国。主要进口来源地为马来西亚、新加坡、中国和美国。

2015 年文莱接待国际游客约 22 万人次，马来西亚、中国、菲律宾、印度尼西亚、新加坡为文莱前五大游客来源国。其中，中国游客占其总游客数量的比重为 16.9%，且在休闲度假类别游客中占比 36%。

---

① 海南省统计局：《2016 年海南省国民经济和社会发展统计公报》。
② 《文莱国家概况》，http://www.fmprc.gov.cn/web/gjhdq_ 676201/gj_ 676203/yz_ 676205/1206_ 677004/1206/。

长期以来，油气资源支撑了文莱经济的发展，财政收入中九成以上来自油气产业。近年来，由于国际油价暴跌，文莱油气收入大幅下降，财政收入也因此大幅萎缩，文莱财政受到前所未有的压力。2016/2017 财年，文莱财政收入中来自油气产业的预算仅为 8.54 亿文元，其在财政收入中的占比也因此大幅下降到 48.4%。为此，文莱进行经济战略转型，在满足本国市场需求的同时，大力发展出口型经济，以获得更多的发展机遇，同时提出了 2035 年的宏愿目标——文莱国内生产总值要翻一番，尤其要推动非油气产业，包括农业、渔业、制造业、金融、交通运输、物流、通信、贸易、旅游等产业的发展，还提出文莱经济发展的首要任务是研发和应用高新技术[1]。

2016 年 3 月，文莱首相府部长、财政部第二部长拉赫曼在文莱第 12 届立法会上提出了 2016/2017 财年财政预算草案：财政支出预算 56 亿文元，较上一财年减少 1 亿文元；财政收入预算 17.64 亿文元，较上一财年减少 23.53 亿文元；预算赤字为 38.36 亿文元，赤字依存度高达 68.5%。绝大部分政府部门预算被削减，其中，发展部预算仅为 2.35 亿文元，同比减少 21%[2]。

（三）柬埔寨进入中等偏下收入国家

2015 年，柬埔寨深化实施以增长、就业、公平、效率为核心的国家发展"四角战略"（指农业、基础设施建设、私人经济、人力资源开发）第三阶段的既定方针，实行对外开放和自由市场经济政策，加大对外交往力度，积极融入区域一体化和东盟一体化建设，宏观经济稳定增长。2015 年，柬埔寨国内生产总值达 749320 亿瑞尔（约合

---

[1] 中国驻文莱经商参处：《文莱苏丹新年致辞宣布经济改革措施》，http：//bn.mofcom.gov.cn/article/jmxw/201601/20160101231051.shtml。

[2] 中国驻文莱经商参处：《文莱 2016/2017 财年预算赤字依存度接近 70%》，http：//bn.mofcom.gov.cn/article/jmxw/201603/20160301277228.shtml。

185.02 亿美元），实际增长 6.9%；人均 GDP 为 1228 美元，同比增长 9.4%。外汇储备 49.26 亿美元，国家预算收支结余 18723.44 亿瑞尔（约合 4.62 亿美元）；财政赤字 38869.99 亿瑞尔（约合 9.6 亿美元），占 GDP 的 5.19%。农业占经济总量的 29%，主要农产品有稻米、橡胶、玉米、木薯等；工业占 26.2%，主要行业是出口导向的成衣服装业；服务业占 39.4%，其中旅游相关产业为主导产业。

2015 年，柬埔寨共接待外国游客 477.52 万人次，同比增长 6.1%，增速较上年回落 0.9 个百分点；出境游客 119 万人次，同比增长 24.9%。旅游业收入 30.1 亿美元，占 GDP 的 16.3%，创造了 62 万个就业岗位。通过空港入境游客 247.6 万人次，其中，金边机场入境游客 106.1 万人次，同比增长 15.6%，占 22.2%；暹粒机场入境游客 141.5 万人次，增长 4.4%，占 29.6%。越南、中国、老挝、韩国和泰国为柬埔寨前五大游客来源国。

柬埔寨对外贸易保持增长。2015 年，柬埔寨对外贸易总额达 205.34 亿美元，同比增长 12.6%。其中，出口额为 89.9 亿美元，增长 16.7%；进口额为 115.44 亿美元，增长 9.6%。主要出口产品为服装、鞋类、大米、橡胶和木薯等，其中服装、鞋类出口 71.7 亿美元，同比增长 18%，出口占比接近八成；大米出口 54.48 万吨，较上年增加 17.7 万吨，增幅达 48.1%；橡胶出口 12.87 万吨，增长 31.6%；木薯出口 36.4 万吨，增长 29.1%。主要进口产品为服装原材料、建材、汽车、燃油、机械、食品、饮料、药品等。美国、中国、欧盟、日本、泰国、韩国、越南和马来西亚等国家和地区为柬埔寨的主要贸易伙伴①。

2015 年 8 月，柬埔寨王国政府公布《2015～2025 年工业发展计

---

① 《柬埔寨 2015 年宏观经济形势及 2016 年预测》，http://cb.mofcom.gov.cn/article/zwrenkou/201605/20160501310896.shtml。

划》，该计划的主要目标是到 2025 年，使柬埔寨工业由劳动密集型向技术密集型转变，工业占 GDP 比重从 2013 年的 24.1% 提高到 30%，其中制衣业占比从 15.5% 提高到 20%；促进出口产品多元化，非纺织品出口比重提升至 15%，其中农产品出口比重达到 12%。重点发展高附加值新型工业、制造业，医药、建材、包装、家具制造等领域中小企业，农业加工业，农业、旅游业、纺织业上下游配套产业，以及信息、通信、能源、环保产业等。2018 年前优先实施 4 个行动计划：一是降低工商业电力价格，二是运输物流总体规划，三是劳动力市场培训计划，四是把西哈努克省开发成为综合示范经济特区①。

2016 年柬埔寨宏观经济高速增长，经济增速达 7%，人均国内生产总值达 1300 美元，柬埔寨外来直接投资呈现增长趋势，2016 年接受外来直接投资额占 GDP 的 10.7%，财政赤字占 GDP 的 7.2%，外汇储备占 GDP 的 5.7%，可满足 5 个月的产品和服务进口需要②。另外，通货膨胀率为 2%，处于较低水平③；税收总额约 14.8 亿美元，完成原计划的 105.32%，同比增长 28.5%④。

2016 年，世界银行宣布从 2016 年 7 月 1 日起，柬埔寨正式脱离最不发达国家（LDC）行列，步入中等偏下收入国家，与印度、越南和菲律宾等同列⑤。从此，柬埔寨获得的外国援助将有所减少，享受的经贸优惠政策也会受到影响。

2017 年 3 月，联合国开发计划署发布了《2016 年人类发展报

---

① 《洪森宣布 10 年工业发展计划　我产能转移可与之对接》，http：//cb. mofcom. gov. cn/article/ddgk/zwminzu/201508/20150801093392. shtml。
② 《柬埔寨央行发布 2016 年宏观经济报告，柬埔寨经济增长速度达 7%》，http：//china. chinaaseantrade. com/news/show. php? itemid＝10950。
③ 《柬埔寨国家概况》，http：//www. fmprc. gov. cn/web/gjhdq_ 676201/gj_ 676203/yz_ 。
④ 《2016 年柬全国税收总额近 15 亿美元》，http：//cb. mofcom. gov. cn/article/ddgk/zwfengsu/201701. shtml。
⑤ 《柬埔寨正式脱离最不发达国家行列》，http：//cb. mofcom. gov. cn/article/jmxw/201607/20160701354780. shtml。

告》，柬埔寨是其所在区域中人类发展指数增长最快的国家。据该报告，柬埔寨2015年的人类发展指数为0.563，相比1990年的0.357，增长了57.7%。从1995年至2015年，柬埔寨预期寿命增长了15.2岁，人均国民总收入增长了277.9%[1]。

（四）印度尼西亚经济增速触底反弹

印度尼西亚是全球主要大宗商品生产国和出口国。近年来，受全球经济不景气和美联储调整货币政策等影响，印尼盾快速贬值，国际大宗商品价格的低位运行导致印度尼西亚出口收入下降，影响了投资者的投资信心并削弱了消费者的购买力。印度尼西亚的经济增长率也从2010年的6.2%逐年下降至2015年的低点。2015年印度尼西亚国内生产总值为8588亿美元，同比增长4.79%，进出口总额为2930亿美元，通胀率为3.35%。2016年一季度、二季度、三季度经济增长率分别为4.92%、5.12%、5.02%。

2015年印度尼西亚进出口总额为2929.9亿美元，出口1502.5亿美元，进口1427.4亿美元，贸易顺差75.1亿美元，主要出口产品有石油、天然气、煤、纺织品和成衣、木材、纸浆和纸制品、藤制品、棕榈油、橡胶、鞋、手工艺品、铜、电器等。主要进口产品有机械运输设备、汽车及零配件、发电设备、塑料及塑料制品、化工产品、钢铁、棉花等。主要贸易伙伴为中国、日本、新加坡、美国等。

2015年吸引外资投资额136亿美元。2016年前三季度吸引外资额218.7亿美元。主要投资来源国为新加坡、日本、中国、美国、英国、韩国；2015年到印度尼西亚的外国游客数达到880万人次[2]。

---

[1] 《联合国发布〈2016年人类发展报告〉》，http://world.people.com.cn/n1/2017/0322/c1002-29160142.html。

[2] 《印度尼西亚国家概况》，http://www.fmprc.gov.cn/web/gjhdq_676201/gj_676203/x0_677246/。

为发展经济，2016 年，印度尼西亚政府推出多项经济刺激措施。同年，印度尼西亚央行还 6 次下调基准利率共 150 个基点。印度尼西亚中央统计局公布的数据显示，印度尼西亚 2016 年国内生产总值增长 5.02%，高于 2015 年调整后 4.88%的经济增速。其中，国内家庭消费全年增长 5.01%，对 GDP 贡献率超过一半，固定资产投资增长 4.48%，出口萎缩 1.74%[①]。

（五）马来西亚经济增速和贸易增速有所下降

2015 年，马来西亚出台了第十一个五年计划。政府鼓励发展以本国原料为主的加工业，重点发展电子、汽车、石油化工、钢铁和纺织品等工业。据马来西亚统计局统计，2015 年，其国内生产总值为 3356 亿美元，同比增长 5%，其中，制造业增加值为 2158 亿林吉特。人均国内生产总值为 8256 美元，对外贸易总额为 3665 亿美元，外汇储备为 1023 亿美元，石油产量为 2.5 亿桶，天然气产量为 68.2 亿立方米。

旅游业是马来西亚第三大经济支柱，第二大外汇收入来源。据马来西亚旅游部统计，2015 年赴马来西亚游客人数为 2282.2 万人次。

2015 年，马来西亚吸引外国直接投资约 361 亿林吉特，主要外资来源地为美国、日本、中国、新加坡和韩国[②]。

据马来西亚央行公布，2016 年四季度马来西亚 GDP 同比增长 4.5%，高于 4.4%的预期增速，全年 GDP 增长 4.2%。据马来西亚统计局统计，2016 年马来西亚货物进出口额为 3584.2 亿美元。其中，出口 1897.4 亿美元，进口 1686.8 亿美元，贸易顺差 210.6 亿美元。

从对外贸易对象看，2016 年马来西亚出口除对美国仍维持 2.8%

---

① 郑世波：《印尼去年经济增长 5.02%》，http://news.xinhuanet.com/fortune/2017-02/06/c_11204.htm。

② 《马来西亚国家概况》，http://www.fmprc.gov.cn/web/gjhdq_676201/gj_676203/yz_6。

的增长外，对其他主要贸易伙伴，如新加坡、中国、日本、泰国等的出口均出现不同程度的下降。同期，马来西亚对新加坡、中国内地、美国、日本、泰国和中国香港的出口额分别占其出口总额的 14.6%、12.5%、10.2%、8.0%、5.6% 和 4.8%，合计占马来西亚出口总额的 55.8%。2016 年，马来西亚自中国大陆、新加坡、日本、美国、泰国和中国台湾的进口额分别占其进口总额的 20.4%、10.4%、8.2%、8.0%、6.1% 和 6.0%，合计为 58.9%。

2016 年，马来西亚前五大逆差来源地依次为中国大陆、中国台湾、韩国、沙特和巴西，分别为 105.9 亿美元、49.9 亿美元、34.0 亿美元、17.5 亿美元和 13.2 亿美元，增幅依次为 48.2%、40.6%、99.6%、65.6% 和 43.4%。顺差主要来自新加坡、中国香港、美国、印度和荷兰，依次为 101.5 亿美元、60.3 亿美元、59.5 亿美元、37.2 亿美元和 35.9 亿美元。

马来西亚主要出口商品有机电产品、机械设备、矿物燃料、植物油、光学仪器产品等。2016 年，马来西亚上述五大类商品的出口总额达 1266.5 亿美元，合计占其出口贸易总额的 66.8%；其他主要出口商品有橡胶制品、塑料及制品、化工品、木材及木制品、钢铁制品、珠宝首饰和家具等。机电产品、机械设备、矿物燃料、塑料及制品、运输设备是马来西亚进口的五大类商品。2016 年，这五类商品的进口额分别为 465.2 亿美元、201.3 亿美元、173.6 亿美元、68.5 亿美元和 58.0 亿美元，合计占其进口总额的 57.3%。同期，马来西亚上述五大类商品进口除机械设备和塑料及制品维持少量增长（增幅仅为 1.3% 和 1.4%）外，其他各类主要进口商品均出现不同程度的下降①。

---

① 《2016 年马来西亚货物贸易及中马双边贸易概况》，http://countryreport.mofcom.gov.cn/record/view。

（六）菲律宾经济稳步增长

面对全球经济不景气、厄尔尼诺气候及台风等自然灾害侵袭等挑战，近两年，菲律宾经济仍然保持快速增长势头。2015年，菲律宾国内生产总值为2919.7亿美元，同比增长5.8%，经济增速未能达到菲律宾年初设定的7%~8%的目标①，第一、第二、第三产业占GDP的比重分别为9.5%、33.5%和57%。从需求层面看，私人消费占GDP的比重高达69.3%，强劲拉动经济增长；从供给层面看，服务业占GDP比重为57%。人均国内生产总值为2875美元，通货膨胀率1.4%，失业率5.7%。2016年菲律宾经济增长率为6.8%，四个季度的经济增长率分别为6.9%、7%、7%、6.6%②。

菲律宾服务业对整体经济增长的贡献很大。2015年菲律宾服务业总产值为1718亿美元，同比增长6.7%。服务贸易进出口总额达554.4亿美元，同比增长17.5%（同年货物贸易减少1.7%）。其中，服务贸易出口328.7亿美元，增长21%；服务贸易进口225.7亿美元，增长12.8%；服务贸易实现顺差103亿美元，而其货物贸易则为连续多年逆差。服务外包是菲律宾服务业的重点业务，2015年菲律宾国内上千家服务外包公司产值达220亿美元，同比增长16.4%，吸纳就业120万人。

菲律宾海外劳工超过1000万人，2015年菲律宾海外劳工汇款总额达257.7亿美元，2016年汇款总额为269亿美元，同比增长4.4%，超过政府预定的4%的增长目标③。持续增长的外劳汇款有力

---

① 《2015年菲律宾经济发展概况》，http：//ph. mofcom. gov. cn/article/law/200302/200302000700. shtml。

② 《菲律宾2016年经济增长6.8%，暂居亚洲首位》，http：//ph. mofcom. gov. cn/article/jmxw/201702/20170202513279. shtml。

③ 《去年菲律宾外劳汇款总额269亿美元，同比增长5%》，http：//ph. mofcom. gov. cn/article/jmxw/201702/20170202517255. shtml。

拉动了菲律宾消费经济的增长。

2015 年菲律宾共接待外国游客 536 万人次,同比增长 10.9%。旅游业实现收入 50 亿美元,同比增长 5.9%;吸收就业 500 万人,占其劳动力人口的 12.7%。根据菲律宾旅游部数据,2016 年菲律宾接待境外游客共计 596.7 万人次,同比增长 11.3%。其中,韩国游客 147.5 万人次,增长 10.1%,占比为 24.7%,韩国为菲律宾境外游客第一大来源地;美国游客 86.95 万人次,增长 11.6%,占比为 14.6%;其他境外游客来源地依次为中国、日本、澳大利亚。2016 年,菲律宾旅游相关行业实现收入 2301.3 亿比索(约合 328 亿元人民币)①。

2015 年菲律宾货物贸易进出口总额达 1253.3 亿美元,同比下降 1.7%。其中,出口 586.48 亿美元,同比下降 5.6%;进口 666.85 亿美元,增长 2%,菲律宾外贸连年逆差的局面仍未改变。主要出口产品为电子产品、电解铜、农产品、服装及相关产品等;主要进口产品为电子产品、矿产、交通及工业设备。2015 年菲律宾国际收支盈余 26.16 亿美元,扭转了 2014 年 28.58 亿美元赤字的局面。2015 年底外汇储备达 806.7 亿美元,同比增长 1.4%,是短期外债的 6 倍,可支付近 10.5 个月的进口②。

菲律宾统计署网站数据显示,2016 年,菲律宾货物贸易总额为 1373.91 亿美元,同比增长 5.8%。其中,进口 811.59 亿美元,同比增长 14.2%,出口 562.32 亿美元,同比下降 4.4%,贸易逆差 249.27 亿美元。日本、中国内地、美国、新加坡、中国香港是菲律宾前五大贸易伙伴③。菲律宾港口署数据显示,2016 年菲律宾港口吞

① 《中国跃居菲律宾 2016 年第三大游客来源地》,http://ph.mofcom.gov.cn/article/jmxw/201702/2017020.shtml。
② 《2015 年菲律宾经济形势及 2016 年展望》,http://ph.mofcom.gov.cn/article/law/201605/20160501312.shtml。
③ 《2016 年中国是菲律宾第二大贸易伙伴》,http://ph.mofcom.gov.cn/article/jmxw/201702/201702025.shtml。

吐量达到 2.5 亿吨，同比增长 11.7%。其中，国际货物吞吐量增长 12.6% 至 1.5 亿吨，国际货物中，出口货物吞吐量增长 23% 至 7482 万吨，进口货物吞吐量增长 4% 至 7679 万吨[1]。

据菲律宾中央银行统计，2015 年外国对菲律宾直接投资约 87 亿美元。投资主要来源地为美国、墨西哥、日本、新加坡等地，主要投资领域为制造业、房地产、物流业、矿业、金融保险[2]。2016 年菲律宾接收外来直接投资额总计 79.33 亿美元，超过菲律宾央行预计的 67 亿美元[3]。

（七）新加坡经济低速增长，贸易负增长

新加坡经济属于小型开放式经济，尤其容易受到全球贸易下降的影响。由于全球经济增长放缓外加外部需求萎缩，新加坡经济在过去两年处于停滞状态。2015 年新加坡国内生产总值为 2927 亿美元，同比增长 2%，人均国内生产总值为 5.3 万美元，通货膨胀率为 -0.5%，失业率为 2%。

2015 年新加坡工业总产值为 980 亿新元，占其国内生产总值的 33.5%，主要包括电子、化学与化工、石油产品、炼油、精密机械、生物医药、交通设备等产品；服务业产值为 2619.5 亿新元，占国内生产总值的 89.5%，包括零售与批发贸易、饭店、旅游、金融服务、交通与电信、商业服务等。

2015 年新加坡进出口额为 8840 亿美元，其中，出口 4762 亿美元，进口 4077 亿美元，顺差 685 亿美元。主要出口商品为成品油

---

① 《2016 年菲律宾港口吞吐量增长 12%》，http：//ph. mofcom. gov. cn/article/jmxw/201702/20170202512616. shtml。

② 《菲律宾国家概况》，http：//www. fmprc. gov. cn/web/gjhdq_676201/gj_676203/yz_676205/。

③ 《外商直接投资将保持增长》，http：//ph. mofcom. gov. cn/article/jmxw/201703/20170302538106. shtml。

（占 24%）、电子元器件（占 22%）、化工品（占 10%）和工业机械（占 2%）等；主要进口商品为成品油（占 22%）、电子元器件（占 17%）、原油（占 10%）、化工品（塑料除外）（占 6%）和发电设备（占 3%）等。主要贸易伙伴为中国、马来西亚、欧盟、美国、印度尼西亚。

旅游业方面，2015 年新加坡接待外国游客 1522.7 万人次（不含陆地入境的马来公民），酒店入住率达 85%，游客主要来自东盟国家、中国、澳大利亚、印度和日本[①]。

据新加坡国际企业发展局统计，2016 年新加坡货物贸易额为 6129.5 亿美元，同比下降 4.7%。其中，出口 3299.1 亿美元，同比下降 4.8%；进口 2830.4 亿美元，同比下降 4.6%；贸易顺差 468.7 亿美元，同比下降 6.1%。但是，2016 年 12 月，新加坡对外贸易情况转好，货物进出口 547.4 亿美元，增长 7.7%。其中，出口 292.6 亿美元，增长 7.4%；进口 254.8 亿美元，增长 8.1%；贸易顺差 37.8 亿美元，增长 3.1%[②]。

分国别（地区）看，2016 年新加坡对中国内地、中国香港、马来西亚和印度尼西亚的出口额分别为 428.4 亿美元、416.2 亿美元、350.1 亿美元和 257.9 亿美元，分别占新加坡出口总额的 13.0%、12.6%、10.6% 和 7.8%；自中国大陆、马来西亚、美国和中国台湾的进口额分别为 403.9 亿美元、322.6 亿美元、305.5 亿美元和 233.0 亿美元，分别占新加坡进口总额的 14.3%、11.4%、10.8% 和 8.2%。新加坡前五大顺差来源地依次是中国香港、印度尼西亚、越南、澳大利亚和泰国，2016 年顺差额分别为 390.6 亿美元、123.2 亿美元、83.5 亿美元、64.5 亿美元和 61.5 亿美元。贸易逆差主要来自

[①] 《新加坡国家概况》，http：//www. fmprc. gov. cn/web/gjhdq_ 676201/gj_ 676203/yz_ 676。

[②] 《2016 年 12 月新加坡贸易简讯》，http：//countryreport. mofcom. gov. cn/new/view110209. asp? news_ id。

美国、中国台湾和沙特阿拉伯，2016 年逆差额分别为 90.5 亿美元、85.7 亿美元和 73.3 亿美元。

机电产品、矿产品和化工产品是新加坡的主要出口商品。2016 年出口额分别为 1640.6 亿美元、375.5 亿美元和 342.4 亿美元，分别下降 3.0%、14.4% 和 1.9%，分别占新加坡出口总额的 49.7%、11.4% 和 10.4%。机电产品中，电机和电气产品出口 1148.6 亿美元，下降 2.8%；机械设备出口 492.0 亿美元，下降 3.4%。机电产品和矿产品是新加坡的前两大类进口商品，2016 年进口额分别为 1272.7 亿美元和 518.7 亿美元，分别下降 0.5% 和 21.0%，占新加坡进口总额的 45.0% 和 18.3%[①]。

（八）泰国经济止降转升，贸易降幅缩小

泰国为中等收入的发展中国家，实行自由经济政策，属外向型经济。2012 年泰国开始实施第十一个国家经济和社会发展五年计划。2015 年泰国国内生产总值 3953 亿美元，同比增长 2.8%，人均 GDP 约 5742 美元；年度财政收入 2.2 万亿泰铢，支出 2.6 万亿泰铢；通货膨胀率为 -0.9%，失业率为 0.9%。

2015 年泰国对外贸易额为 4170.3 亿美元，其中，出口额 2143.8 亿美元，进口额 2026.5 亿美元，分别缩减 5.8% 和 11%。泰国的重要贸易伙伴是中国、日本、东盟、美国、欧盟等国家和地区。主要出口商品是汽车及零配件、集成电路板、电脑及零配件、电器、化学制品、石化产品、初级塑料、珠宝首饰、成衣、鞋、橡胶、家具、大米、加工海产品及罐头、木薯等。主要进口商品是机电产品及零配件、工业机械、汽车零配件、造纸机械、电子产品零配件、集成电路

---

① 《2016 年新加坡货物贸易及中新双边贸易概况》，http：//countryreport. mofcom. gov. cn/record/view110209. asp? news_ id = 53126。

板、化工产品、建筑材料、原油、钢铁、电脑设备及零配件、金属制品、珠宝金饰、饲料、水果及蔬菜等。旅游业方面，2015 年共有2960 万人次外国游客赴泰国旅游[①]。

2016 年泰国经济增长速度有所提高，达 3.2%。家庭开支增长3.1%，政府投资增长 9.9%，民间投资增速放缓至 0.4%。

据泰国海关统计，2016 年泰国货物贸易额为 4094.4 亿美元，同比下降 0.8%。其中，出口 2136.6 亿美元，同比增长 1.3%；进口1957.8 亿美元，同比下降 3%；贸易顺差 178.8 亿美元，同比增长100.7%。

中国、日本和美国是泰国前三大贸易伙伴。2016 年泰国对中国、日本和美国三国出口分别为 235.8 亿美元、204.2 亿美元和243.4 亿美元，分别增长 1.2%、3.5% 和 2.8%，对三国出口合计占泰国出口总额的 32%；泰国自三国进口额分别为 422.6 亿美元、308.6 亿美元和 121.3 亿美元，其中自日本和美国进口分别下降0.9% 和 12.2%，自中国进口增加 3.3%，自三国进口分别占泰国进口总额的 21.6%、15.8% 和 6.2%。美国是泰国最大的贸易顺差来源地，2016 年顺差额为 122.1 亿美元，增长 23.8%。此外，泰国对中国香港地区的贸易顺差额为 97.9 亿美元，下降 2.8%。泰国贸易逆差主要来自中国和日本，2016 年逆差额分别为 186.8 亿美元和104.4 亿美元。

出口方面，泰国的主要出口商品为机电产品、运输设备和塑料橡胶，2016 年出口额分别为 669 亿美元、299 亿美元和 235.5 亿美元，其中机电产品出口增长 0.7%，运输设备出口增长 5.9%，塑料橡胶出口下降 1.8%，三类产品出口额合计占泰国出口总额的 56.3%。另外，食品饮料出口 172.8 亿美元，占泰国出口总额的 8.1%。进口方

---

① 《泰国国家概况》，http：//www. fmprc. gov. cn/web/gjhdq_ 676201/gj_ 676203/yz_ 676205/。

面，泰国的主要进口商品为机电产品、矿产品和贱金属及制品，2016年进口额分别为647.7亿美元、251.5亿美元和247亿美元，分别下降0.3%、18.2%和1.3%，三类产品进口额合计占泰国进口总额的58.6%。此外，化工产品、运输设备进口额分别为162亿美元和132.2亿美元，分别占泰国进口总额的8.3%和6.8%[①]。泰国大米出口量仅次于印度，居全球第二位，2016年泰国大米出口总量为988万吨，总值约44.1亿美元。

2016年，泰国收到申请促进投资项目共计1546项，总投资额为584.35亿泰铢，项目数比2015年同期增加56%，投资额比2015年同期增加196%（2015年申请投资项目数为988个，投资额197.74亿泰铢）。在所收到的投资申请中，针对产业集群的投资占比为51%，从具体产业投资情况看，汽车和零配件投资额为88.511亿泰铢，家电和电子产品投资额为64.918亿泰铢，石油化工投资额为46.986亿泰铢，农业投资额为45.892亿泰铢，旅游业投资额为21.398亿泰铢，医疗产业投资额为7.8亿泰铢，数字产业投资额为5.173亿泰铢。到泰国投资居前三位的国家依次是日本、新加坡和中国[②]。

（九）越南宏观经济和贸易保持中高速增长

近年来，越南经济一直保持较快的增长。2015年越南国内生产总值为1906亿美元，同比增长6.68%，人均国内生产总值为2109美元，消费品价格上涨指数为0.63%。

2015年接待国外游客794.37万人次，比上年下降0.2%。主要客源国（地区）为中国大陆、韩国、日本、美国、中国台湾、马来

---

① 《2016年泰国货物贸易及中泰双边贸易概况》，http：//countryreport. mofcom. gov. cn/record/view110209。

② 《投资促进委员会（BOI）公布2016年泰国投资促进成果》，http：//th. mofcom. gov. cn/article/jmxw/201702/20170202511290. shtml。

西亚、澳大利亚、泰国、法国。

越南对外贸易保持较快增长。越南和150多个国家和地区有贸易关系。2015年货物进口贸易总额约为3280亿美元，其中出口额1624亿美元，增长8.1%，进口额1656亿美元，增长12%。

越南的主要贸易对象为中国、美国、欧盟、东盟、日本、韩国。从出口角度看，原油、服装纺织品、鞋类、水产品、大米、木材、电子产品、咖啡为其主要出口产品；欧盟、美国、东盟、日本、中国为其主要出口市场。从进口角度看，汽车、机械设备及零件、成品油、钢材、纺织原料、电子产品和零件为其主要进口产品；中国、东盟、韩国、日本、欧盟、美国为其主要进口来源地。

外资的进入对推动越南经济增长、解决就业起到了重要作用。越南也不断改善投资环境，放宽了一些领域的外资市场准入，甚至超越了WTO承诺范围，诸如外商在公众有限企业中的最高持股比例由49%提升至100%。此外，在高科技、环保、农业等领域，越南采取了减税等投资优惠措施，同时，越南也颁发了禁止投资经营的行业清单。

从2015年7月份以来，越南政府已对涉及外商投资、企业、房地产、外商所有权限制等法律法规做出了调整并已经生效实施，越南正在不断地改善国内经营环境。截至2015年12月15日，越南吸引了2013个新签投资项目，协议金额达227.6亿美元，同比增长12.5%。实际到位资金145亿美元，同比增长17.1%。对越南总投资排名前五位的国家和地区依次是韩国、马来西亚、美属萨摩亚岛、日本、英国[①]。

2016年越南的GDP增长率约达6.21%。其中，农林业和水产业

---

① 《越南国家概况》，http：//www.fmprc.gov.cn/web/gjhdq_ 676201/gj_ 676203/yz_ 676205/120。

增长率为 1.36%，对 GDP 的贡献为 0.22 个百分点；工业及建筑业增长率为 7.57%，对 GDP 的贡献为 2.59 个百分点；服务业增长率为 6.98%，对 GDP 的贡献为 2.67 个百分点。

2016 年越南 GDP 增长率低于 2011 年的 6.24% 和 2015 年的 6.68%，但高于 2012 年的 5.25%、2013 年的 5.42% 和 2014 年的 5.98%。这表明，虽然 2016 年越南没有完成既定的经济增长目标，但是除了农林业及水产业增长率较低、开矿业增长率下降 4 个百分点之外，其他行业都呈现良好增长势头，尤其是服务业增长了 6.98%（2015 年为 6.33%），制造与加工工业增长了 11.9%（2015 年为 10.6%），建筑业增长了 10%（2015 年为 10.82%）。越南经济增速保持在合理区间，季度增幅环比增高（2016 年一、二、三、四季度增长率分别为 5.48%、5.78%、6.56% 和 6.68%）。

据越南统计总局数据，一些经济指数显示越南经济正释放出积极信号，即 11 月份制造加工业消费指数同比增长 8.4%，2016 年 12 月 1 日加工制造业库存指数同比增长 8.1%，2016 年 12 月 1 日劳务用工工业企业就业指数环比增长 1.1%，同比增长 2.9%。

2016 年越南社会商品零售总额和消费服务营业收入达 3527.4 万亿越南盾，同比增长 10.2%。2016 年商品出口总额约达 1759 亿美元，同比增长 8.6%，商品进口总额约达 1732 亿美元，同比增长 4.6%。

在外国直接投资方面，2016 年初至 12 月 26 日，越南新注册和增资总额为 243.72 亿美元，同比增长 7.1%。2016 年 12 月越南居民消费价格指数（CPI）环比增长 0.23%，同比增长 4.74%，2016 年 CPI 年均增长率同比提高 2.66 个百分点[1]。

---

[1] 《2016 年越南经济增速保持稳中有进》，http：//cn. dangcongsan. vn/news/2016% E5%. html。

2016 年越南全国进出口总额达 3506.9 亿美元，同比增长 7.1%。其中，出口额达 1765 亿美元，增长 8.9%；进口额达 1741.9 亿美元，增长 5.2%。据此，2016 年越南贸易顺差额达 23.2 亿美元①。

三　2017年泛北部湾合作发展态势

尽管全球经济发展形势依旧低迷，但是随着全球经济向亚太地区转移步伐的加快，泛北部湾合作依然一枝独秀。

（一）泛北部湾合作发展情况

南海问题趋于缓和，《南海行为准则》正在磋商，为泛北部湾合作创造了良好的发展环境，泛北部湾合作发展稳步推进。

（1）泛北部湾互联互通将加快提速。随着"一带一路"倡议得到越来越多国家的响应和加入，以及亚洲基础设施投资银行投入运营，中国与泛北部湾区域国家的基础设施建设合作越来越多，衔接"一带一路"兰渝桂新"南向通道"的确立，将进一步完善中国连接中亚、西亚与东盟的互联互通网络；广西北部湾国际港务集团与文莱的港口合作不断推进，将收购和运营文莱摩拉港；雅万高铁、马来西亚南部铁路、中泰铁路、吉隆坡—新加坡高铁和中菲铁路项目均是重点项目和工程；越南河内—友谊关高速公路、中越北仑河二桥、越南下龙湾－芒街高速公路等跨国公路正在建设之中；马来西亚关丹港15 万吨级的建设和运营将进一步提升马来西亚港口的互联互通能力，区域内各国的港口设施也将不断地建设和完善，泛北部湾基础设施互联互通进一步加快。

---

① 《2016 年越南贸易顺差额达 23.2 亿美元》，http://cn.dangcongsan.vn/news/2016% E5.html。

（2）次区域合作更加活跃。泛北部湾区域内次区域合作方兴未艾，中越"两廊一圈"、柬埔寨—老挝—越南（CLV）开发三角、廖新柔经济三角等次区域正在建设，北部湾城市群、泰国东部经济走廊、澜沧江—湄公河合作机制启动。2016年7月，东部经济走廊投资政策（EEC）得到泰国政府的批准，东部经济走廊连接缅甸的土瓦深水港、柬埔寨的西哈努克港和越南的头顿港，依托交通基础设施发展，削减物流成本，成为东盟水路交通枢纽，有效推动了柬埔寨港口物流发展。通过春武里府、罗勇府和北柳府的走廊被泰国政府规划为高新技术产业集群，将成为东盟城市、工业和基础设施发展的龙头经济区。这些次区域合作对推动泛北部湾合作具有积极的作用。

（3）区域内产业、劳务等各项合作进一步加快。2017年2月27日，国务院副总理张高丽和新加坡副总理张志贤共同主持中新双边合作联委会第十三次会议、苏州工业园区联合协调理事会第十八次会议、天津生态城联合协调理事会第九次会议和中新（重庆）战略性互联互通示范项目联合协调理事会第一次会议，着重从基础设施互联互通、金融、为第三国开展培训等领域入手，进一步充实深化和推动双边关系向前发展[①]。2017年2月10~11日，广西与越南边境四省达成八项新共识：一是提升机制化交往合作水平，二是共同推进互联互通建设，三是加强沿边经济合作园区建设合作，四是促进口岸通关便利化，五是推动跨境旅游合作，六是加强宣传和落实好中越陆界三个法律文件，七是深化地方党组织交流，八是积极拓展跨境金融合作[②]。此外，广西与印度尼西亚合作的五菱通用年产12万辆整车项目即将建成下线。珠三角的电子、纺织业、制衣业、制鞋业进

---

① 《张高丽会见新加坡副总理张志贤并共同主持中新四个高层合作机制会议》，http：//www. chinaembassy. org. sg/chn/zxgx/zzwl/t1441916. htm。

② 林浩：《广西与越南边境四省达成深化合作新共识》，http：//www. bbw. gov. cn/Article_Show. asp？。

入柬埔寨和越南。

2017 年 2 月中旬，广西政府批复同意《广西中越跨境劳务合作试点工作方案》（以下简称《试点方案》），用"四证两险一中心"规范跨境劳务合作管理。所谓"四证两险一中心"，即境外边民要办理"三证"（"越南社会主义共和国边境地区出入境通行证""广西边境地区外国人临时居留证""境外边民入境务工证"）；用工企业办理"一证两险"（"聘用境外边民用工证"以及意外伤害和工伤商业保险）；设立"一中心"（境外边民务工管理服务中心）①。2017 年 2 月 20 日，广西崇左市分别与越南谅山、高平两省签署《中国广西崇左市与越南谅山省开展中越跨境劳务合作协议》和《中国广西崇左市与越南高平省开展中越跨境劳务合作协议》；同一天，防城港市、百色市也与越南边境广宁、河江省签署了开展跨境劳务合作协议。广西崇左、防城港、百色三个边境市与越南边境广宁、谅山、高平、河江四省签署跨境劳务合作协议，标志着中越跨境劳务合作机制正式建立，为中越两国搭建起一座劳务合作、实现互利多赢的桥梁②。未来几年，随着泛北部湾合作的深化、投资环境的改善，中国—东盟产业和劳务合作的步伐将进一步加快。

（二）泛北部湾经济发展展望

2017 年 3 月，联合国发布了《2017 年世界经济形势与展望》，认为未来两年全球经济将保持温和增长，并预计 2017 年和 2018 年世界经济将分别增长 2.7% 和 2.9%。除文莱和新加坡外，泛北部湾地区经济增长率将大大高于这一水平。

---

① 韦静：《广西出台政策推动跨境劳务合作》，http：//www. bbw. gov. cn/Article_ Show. asp? ArticleID = 56870。
② 刘华新：《中越边境城市深化劳务合作》，http：//www. bbw. gov. cn/Article_ Show. asp? ArticleID。

1. 中国

中国经济发展的主要预期目标是：国内生产总值增长率在 6.5% 左右，在实际工作中争取更好结果；进出口回稳向好，国际收支基本平衡；居民收入和经济增长基本同步；居民消费价格涨幅为 3% 左右；城镇新增就业 1100 万人以上，城镇登记失业率在 4.5% 以内；单位国内生产总值能耗下降 3.4% 以上，主要污染物排放量继续下降[①]。

2. 文莱

根据经合组织发展中心 2016 年 6 月发布的《东南亚、中国和印度经济展望（2016）》，文莱实际国内生产总值在 2017 年的增速为 1.1%。

3. 柬埔寨

柬埔寨经济主要由成衣、建筑、农业及观光业的发展所支撑。柬埔寨国家银行（中央银行）预测 2017 年柬埔寨国内生产总值达 223 亿美元，经济增长率为 7% 左右，其中农业增长 2%，工业增长 10.7%，服务业增长 6.3%，而通货膨胀率将较 2016 年略增，达 2.9%[②]。

4. 印度尼西亚

近年来，印度尼西亚采取了包括增加公共基础设施投资、减少政府管制、向私人投资开放更多经济领域等措施，宽松的财政和货币政策成功推动了印度尼西亚经济的增长。2017 年 2 月，国际货币基金组织发布报告，印度尼西亚经济持续快速增长得益于稳健的经济政策和家庭消费增加，并预计 2017 年印度尼西亚经济增长率继续上升至 5.1%，通货膨胀率从 2016 年底的 3.2% 上升至 2017 年底的 4.5%[③]。

---

① 国务院总理李克强 2017 年 3 月 5 日在第十二届全国人民代表大会第五次会议上的《政府工作报告》。

② 《2017 年柬埔寨经济将增长 7% 左右》，http：//www. finance - people. com. cn/news/1485。

③ 郑世波：《印尼去年经济增长 5.02%》，http：//news. xinhuanet. com/fortune/2017 - 02/06/c_11204. htm。

5. 马来西亚

2017 年，马来西亚政府逐步整顿财政状况，这将有助于提高抵御能力，且有助于降低或有负债上升的风险，私人消费增长将持续强劲。马来西亚政府 2017 年财政预算案中，财政赤字约占 GDP 的 3%，中央政府债务预计维持在 GDP 的 55% 以下。根据国际货币基金组织（IMF）预测，马来西亚 2017 年的国内生产总值增长率约为 4.5%[①]。

6. 菲律宾

2017 年，杜特尔特政府提出了雄心勃勃的基础设施项目建设计划，增加公共产品并扩大服务范围，同时，将国家预算赤字保持在占 GDP 3% 的可控水平。2017 年 1 月，国际货币基金组织提高了对菲律宾 2017 年国内生产总值增长的预期，预计增长率为 6.7%[②]。2017 年 4 月，亚洲开发银行发布《2017 年亚洲发展展望报告》指出，菲律宾 2017 年经济增速或放缓至 6.4%，同时指出其 2017 年通胀率为 3.5%[③]。

7. 新加坡

2016 年四季度，新加坡经济表现超出预期，新加坡经济师认为 2017 年的经济会延续上年的增长趋势。2017 年 3 月，新加坡金融管理局发布经济师调查报告，对 2017 年的经济情况进行预测，指出新加坡经济增长率中位数是 2.4%，介于 2% 与 2.9% 之间；整体通胀及核心通胀则分别为 1.3% 和 1.7%[④]。

---

① 《IMF 预测马来西亚 2017 年 GDP 增长 4.5%》，http：//my. mofcom. gov. cn/article/sqfb/201612. shtml。

② 《国际货币基金组织提升菲律宾 2017 年增长预期》，http：//ph. mofcom. gov. cn/article/jmxw/. shtml。

③ 《亚行预计菲 2017 年经济增速为 6.4%》，http：//ph. mofcom. gov. cn/article/jmxw/201704/20170402. shtml。

④ 《新加坡经济师预测今年增长 2.3%》，http：//sg. mofcom. gov. cn/article/zhengt/201703/2017. shtml。

8. 泰国

2017 年，由于多个主要贸易伙伴国家经济开始复苏，泰国出口和国内消费有所恢复，这在泰国 2017 年经济发展中具有关键作用，对经济贡献比重较大；而政府投资对国内生产总值的贡献率仅为 5%～6%。泰国发展研究院指出 2017 年泰国经济可望增长 3.2%，比 2016 年的 3% 略高；而世界银行指出泰国 2017 年经济或仅增长 3.1%[①]。

9. 越南

2017 年，外国企业对越南投资保持增长势头，此外，越南经济结构调整和审批制度改革等有助于改善其国家竞争力和增强其外资吸引力。2017 年越南经济前景乐观。2016 年越共十二大通过了《2016～2020 年经济社会发展战略》，提出 2016～2020 年经济年均增速达到 6.5%～7%，至 2020 年，人均 GDP 增至 3200～3500 美元。世界银行和亚洲开发银行表示，2017 年，越南经济增长率可望达到 6.3%；国际货币基金组织则预测越南经济增长率可达 6.2%。越南第十四届国会第二次会议提出其国内生产总值增长率达 6.7%、消费者价格指数增长率达 4%、进出口总额增长率达 6%～7% 等目标[②]。

泛北部湾国家经济发展情况见表 3。

表 3 泛北部湾国家实际国内生产总值增速

单位：%

国　家	2014 年	2015 年	2016 年	2017 年
印度尼西亚	5.0	4.8	5.2	5.9
马来西亚	6.0	5.0	4.6	4.8
菲律宾	6.1	5.8	6.8	6.1
泰国	0.8	2.8	3.3	3.6

---

① 《经社委预估 2017 年泰国经济增长 3%～4%》，http://news.xinhuanet.com/thailand/2016-1.htm。

② 《2017 年越南经济前景可观》，http://cn.nhandan.org.vn/economic/item/4601-2017。

续表

国　家	2014 年	2015 年	2016 年	2017 年
越　南	6.0	6.7	6.3	6.1
文　莱	-2.3	-0.6	0.8	1.1
新 加 坡	2.9	2.0	2.3	2.4
柬 埔 寨	7.1	7.0	7.1	7.1
中　国	7.3	6.9	6.7	6.8
东盟十国(加权平均)	4.6	4.7	4.9	5.3

注：2017 年实际国内生产总值增速为预测值。
资料来源：经合组织发展中心。

参考文献

［1］《第九届泛北部湾经济合作论坛暨中国 – 中南半岛经济走廊发展论坛》，http：//gx. people. com. cn/n2/2016/0527/c376448 – 28410649. html。

［2］《2016 年中华人民共和国国民经济和社会发展统计公报》http：//www. sh. xinhuanet. com/2017 – 02/28/c_ 136091451_ 2. htm? from。

［3］《2016 年广东省国民经济和社会发展统计公报》，http：//www. southcn. com/nfdaily/nis – soft/wwwroot/site1/nfrb/html/。

［4］《2016 年海南省国民经济和社会发展统计公报》，http：//www. hainan. gov. cn/hn/zt/szrdl/2017hnlh/hybd/201702/t. html。

［5］《2016 年广西壮族自治区国民经济和社会发展统计公报》。

［6］商务部网站，http：//www. mofcom. gov. cn/mofcom/yazhou. shtml。

［7］外交部网站，http：//www. fmprc. gov. cn/web/。

［8］海关总署网站，http：//www. customs. gov. cn/publish/portal0/。

［9］经合组织发展中心，http：//www. oecd. org/dev/china – oecd – development – centre – chinese. htm。

分 报 告

Sub-report

B.2

泛北部湾沿岸东盟国家经济发展
回顾与展望

张 磊*

摘 要： 2015～2016 年，泛北部湾沿岸东盟国家在相同的国际
大环境影响下，积极采取措施促进经济发展，均取得
了明显成效。中国与文莱、印度尼西亚、马来西亚、
新加坡的贸易额呈下降趋势；与柬埔寨、菲律宾、泰
国、越南的贸易关系保持稳定发展。2017 年，泛北部
湾沿岸东盟国家经济保持稳定发展，但面临的不稳定
因素也在增多，经济发展存在一定的不确定性。

* 张磊，广西社会科学院台湾研究中心助理研究员。

关键词： 东盟国家 经济发展 经贸合作 泛北部湾

一 2015~2016年泛北部湾沿岸东盟 国家经济发展回顾

（一）文莱

2015~2016年，文莱经济多元化发展成效初显，非油气产业逐渐壮大，对经济贡献率提升，经济恢复增长，逐步摆脱负增长的阴影。

文莱经济发展主要依靠石油、天然气的生产及出口，油气产业占其国内生产总值的比重高达60%以上，油气产品出口占其进出口总额的90%以上。2015年，受国际油价暴跌的影响，文莱油气产业收入大幅下滑，油气收入对文莱经济增长的贡献率大幅下跌，加上政府对经济社会发展投入的减少，文莱经济增长率为-1.1%[1]。

促进经济多元化发展是近年来文莱发展的重要目标，2016年，文莱建筑业、服装制造业、旅游业等非油气产业发展迅速。建筑业成为仅次于油气产业的第二大工业产业；服装制造业出口成为文莱进出口贸易的重要组成部分；旅游业是文莱第三产业的支柱。此外，积极吸引外资进入油气产品深度开发和港口扩建等基础设施建设领域也是文莱促进经济多元化的重要举措。在多种举措的刺激下，2016年，文莱的GDP达到118.53亿美元，同比增长3.2%，经济恢复增长态势。

---

[1] 马静、马金案：《文莱：2015年回顾与2016年展望》，《东南亚纵横》2016年第2期，第21页。

（二）柬埔寨

2015～2016 年，柬埔寨经济实现快速稳定增长，通货膨胀率不断降低；各产业发展稳定；对外贸易规模不断扩大，贸易结构不断优化。

1. 经济保持快速稳定发展

2015 年，柬埔寨 GDP 达到 1749320 亿瑞尔（约合 185.02 亿美元），实际增长 6.9%，其中，农业产值增长 0.2%、工业产值增长 9.6%、服务业产值增长 7.1%。人均 GDP 达 1228 美元，同比增长 9.4%[①]。根据柬埔寨《高棉日报》报道，2016 年，柬埔寨经济仍保持高速增长，经济增速达 7%[②]。由于国际油价下跌、柬埔寨进口来源国通胀压力降低及柬埔寨实施的税负、货币和汇率等政策适应经济发展的趋势并见成效，近年来该国通货膨胀率不断降低。2015 年柬埔寨通货膨胀率为 3%，较 2014 年的 3.86% 大为降低，2016 年进一步降至 2%，处于较低水平。

2. 主要产业发展放缓，影响经济发展

成衣和制鞋业、旅游业是柬埔寨经济发展的重要支柱产业，但 2015～2016 年，柬埔寨服装、鞋出口和旅游业增长放缓，对该国经济增长造成一定影响。

成衣和制鞋业是柬埔寨最大的产业，占其国内生产总值的近 40%，服装和鞋子出口占柬埔寨进出口总额的比重更高达 50% 以上。2015～2016 年，柬埔寨服装、鞋子出口增速明显放缓，导致该国进出口总额增速下滑。主要原因是国际经济仍不景气、美元贬值等，其所面对的传统欧美市场不断萎缩；加上缅甸等周边国家劳工成本更低

---

① 《柬埔寨 2015 年宏观经济形势及 2016 年预测》，http：//cb. mofcom. gov. cn/article/zwrenkou/201605/20160501310896. shtml。

② 刘子语、张若谷：《柬埔寨经济将保持增长》，《云南日报》2016 年 10 月 11 日，第 8 版。

等，使得柬埔寨成衣和制鞋业面临越来越激烈的竞争。

旅游业增速放缓。旅游业为柬埔寨带来大量外汇，并带动金融、交通运输、酒店、餐饮和服务业等相关产业的发展，成为其经济的重要支柱和收入来源。近年来，柬埔寨入境旅游人数和旅游收入虽保持增长，但速度已放慢下来。入境旅游人数增速由 2014 年之前的两位数降至 6% 左右；旅游收入在 2014 年出现负增长的情况下于 2015 年开始恢复增长（见表 1）。

表 1　柬埔寨旅游业发展指标统计

指　标	单位	2012 年	2013 年	2014 年	2015 年
旅游入境人数	万人次	358.43	421	450.28	477.52
入境人数增速	%	24.4	17.5	6.95	6.05
旅游收入	亿美元	22.1	25.5	25	30.1
旅游收入增速	%	—	15.38	-1.96	20.4

资料来源：2012 ~ 2016 年《中国—东盟年鉴》。

3. 对外贸易规模不断扩大

2015 年，柬埔寨对外贸易总额达 205.34 亿美元，同比增长 12.6%。2016 年，柬埔寨对外贸易总额为 220 亿美元，同比增长约 7%。主要出口商品为成衣、鞋类、稻米、橡胶、胡椒和其他产品；主要进口商品为成衣原材料、燃油、食品、化工、建材、汽车等。

（三）印度尼西亚

2015 ~ 2016 年，印度尼西亚经济在降至近年来最低增速后企稳回升，但进出口贸易持续衰退，贸易顺差不断扩大。

1. 经济增速企稳回升

受全球金融危机影响，2008 ~ 2009 年印度尼西亚经济增速放缓，

2010～2012年，经济增速开始回升，每年增速均在6.0%以上；2013年以来，受贸易赤字扩大、印度尼西亚盾贬值、油价上涨、外资投资较为保守、国际经济复苏不明显及限制原矿产品出口和价格低迷等影响，印度尼西亚经济增速开始放缓，并在2015年创下金融危机后最低增速，仅为4.79%（见图1）。为提振经济，印度尼西亚政府推出多项经济刺激计划。印度尼西亚政府相继于2015年9月9日、29日，10月7日、15日、22日，11月5日，12月4日、22日和2016年1月27日、2月11日、3月29日公布第1、2、3、4、5、6、7、8、9、10及11波经济振兴方案（见表2）。2016年印度尼西亚央行6次下调基准利率共150个基点，在多种措施刺激下，该国经济企稳回升，经济增速为5.02%（见图1）。印度尼西亚政府颁布的11波振兴经济方案，均着重于供给面的机制，这些政策将成为印度尼西亚未来2～3年维持经济发展的重要因素（见表2）。

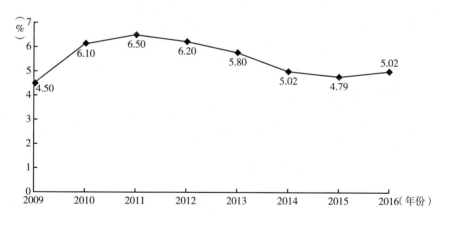

图1　2009～2016年印度尼西亚经济增速

2. 对外贸易仍未复苏

2015～2016年，印度尼西亚对外贸易还未完全复苏，进出口持续下降，但贸易顺差进一步扩大。2015年，印度尼西亚进出口总额为2929.9亿美元，同比减少17.34%。其中，出口1502.5亿美元，进口 1427.2 亿美元，分别比上年下降 14.62% 和 19.9%，顺差 75.3 亿美元。虽然这是近 3 年来第一次出现贸易顺差，但总体进出口情况仍不乐观。2016 年，印度尼西亚进出口总额为 2800.8 亿美元，同比减少 4.41%。其中，出口额约 1444.3 亿美元，进口额约 1356.5 亿美元，分别比上年减少 3.87%、4.97%，贸易顺差进一步扩大，达 87.8 亿美元①。国际大宗物品价格下跌、主要贸易伙伴经济增长放缓，造成印度尼西亚进出口同时大幅衰退，这是印度尼西亚产生贸易顺差的主要原因。

表 2　2015~2016 年印度尼西亚经济振兴方案主要内容

	主要内容
第 1 波	修订法规促进贸易自由化，协助提升国家竞争力；促进房地产业投资；解决国家战略性计划执行的障碍及瓶颈，加速计划执行
第 2 波	简化行政作业以促进投资，鼓励出口商将盈余所得存放于本国银行
第 3 波	调降柴（燃）油价格，简化投资需求购置土地的行政程序
第 4 波	出台最低工资、微量贷款、出口融资三大领域的措施
第 5 波	降低私营、国有企业及个人的资产重估价所得税；取消利用集体投资合同进行房地产信用基金相关投资的双重课税
第 6 波	提供印度尼西亚 8 个经济特区的财政优惠措施；允许私人企业从事管理水资源事业；使用在线系统监管药品及其原材料的进口许可
第 7 波	任职于劳动力密集型产业，年薪 5000 万印度尼西亚盾以上者，未来 2 年将享有 50% 的个人所得税减免；鞋类、成衣、皮革衣物等特定产业在投资方面享有税负优惠等
第 8 波	开放民间私人企业投资炼油厂；免征航空器零配件进口税；加速实施地图绘制政策
第 9 波	加速电力基础建设；稳定牛肉价格；发展乡村与城市间的物流业

---

① 《2016 年印尼贸易顺差达 87.8 亿美元》，http：//id.mofcom.gov.cn/article/ztdy/waimao/201701/20170102502898.shtml。

	主要内容
第10波	修订2014年第39号总统条例的投资负面清单;全部开放对外投资的行业增多;部分行业调整外资持股比例上限
第11波	提供出口导向型企业贷款;调降土地等相关税率与公司所得税率,促进房地产投资基金的发行;实施风险管理以简化货物在港口的流通时间;发展制药及医疗器材(设备)相关产业

(四)马来西亚

2015～2016年,马来西亚经济增长持续放缓,政府采取多种措施促进其经济发展,并积极参与TPP、RCEP等区域合作,对外贸易保持稳定发展。

1. 经济增速持续放缓,政府多举措保障经济发展

2015年,马来西亚经济增长率为5%,比2014年低1个百分点;2016年,经济增速为4.2%,为2009年以来最低[①]。马来西亚经济结构已经多元化,不再依赖石油与天然气产业,服务业、制造业已经成为支撑其经济发展的主导产业,如2015年马来西亚服务业增长5.1%,制造业增长4.9%。因此,马来西亚经济发展比较有弹性。

2015～2016年,马来西亚政府积极出台相关政策、采取有效措施,保障经济发展。2015年5月,马来西亚提出"第11个马来西亚计划",将采取六大策略促进经济发展。2016年1月,马来西亚公布《财政预算案修正案》,主要促进经济发展的措施有:暂定期限内开放8项农产品进口许可证(AP)制及放宽进口配额;马来西亚农业

---

① 《马来西亚去年经济增长4.2%》,http://www.mofcom.gov.cn/article/i/jyjl/j/201702/20170202519859.shtml。

销售局（FAMA）将开设农产品直销市场或 MyFarm 农市，以低于市价 5%～20% 的价格销售鱼、鸡、牛肉和蔬果；增加外国和本地商场至 640 家；发展金融机构和政府创投基金为中小企业和创投公司提供融资的援助增至 60 亿马币等。

持续推动大型基础设施建设也成为马来西亚政府保障经济发展的重要举措。2016～2020 年，马来西亚将陆续启动包括捷运系统、轻快铁延长线、沙劳越州跨婆罗洲高速公路、柔佛州边佳兰综合炼油及石油化工中心（Rapid）、马国宏愿谷、数字城市中心以及吉隆坡与新加坡高速铁路计划等大型基础建设。

2. 积极参与国际合作，对外贸易稳定发展

马来西亚积极参与区域合作。2016 年 1 月 27～28 日，马来西亚国会下、上议院相继通过加入太平洋伙伴协议（TPP）协议；2 月，马来西亚正式签署 TPP 协议。另外，马来西亚还积极参与区域全面经济伙伴协议（RCEP）谈判。2015 年，马来西亚对外贸易总额约为 3522 亿美元，同比增长 1.9%。其中，出口额为 1874 亿美元，同比增长 1.19%；进口额为 1648 亿美元，同比增长 0.4%；贸易顺差约 226 亿美元，同比增长 14.3%。2016 年马来西亚进出口总额继续保持增长，达到 3584.2 亿美元，增速约为 2%。

（五）菲律宾

2015～2016 年，菲律宾经济保持快速增长，增速在泛北部湾东盟国家中居于前列，服务业、外国投资成为其经济发展的主要支撑。

1. 经济保持快速增长

在全球经济不确定性高、出口疲软、政府支出低于目标等因素的综合影响下，2015 年菲律宾经济增长 5.8%，虽低于 7%～8% 的政府目标，但经济表现仍然十分强劲，高于泛北部湾区域的印度尼西亚（4.8%）、马来西亚（5%）、泰国（2.8%）和新加坡（2%）等。

2016 年，菲律宾经济增长 6.8%，高于越南的 6.21%，在亚洲经济体中居于前列①。服务业是菲律宾经济增长的主要动力，占 GDP 的比重高达 50% 以上。2015 年，菲律宾服务业同比增长 6.7%，对菲律宾 GDP 的贡献率约为 57%。

2. 外国投资大幅增长

根据菲律宾统计局公布的数据，2015～2016 年，菲律宾外国投资快速增长，成为该国经济发展的重要支撑。2015 年，菲律宾吸引外国投资 56.6 亿美元，同比增长 31.2%；2016 年，菲律宾外国直接投资同比增长 40.9%，达 79.3 亿美元，这体现了外国投资者对菲律宾宏观经济的信心②。荷兰、日本、韩国、中国香港、新加坡、美国等为菲律宾主要外资来源地，外国投资主要集中在制造业、金融和保险业、房地产业和建筑业等。

3. 积极出台政策促进出口增加

2015～2016 年，菲律宾进口贸易稳定增长，但出口不断衰退，贸易逆差不断扩大。为此，2016 年 2 月 4 日菲律宾总统签署《2015～2017 年菲律宾出口发展计划》（PEDP），以支持出口部门创新发展。2015 年，菲律宾进口额达 666.86 亿美元，同比增长 2%；但出口额为 586.48 亿美元，同比下降 5.6%，其中，香蕉、矿产品、服装及饰品、化学品等出口下降幅度较大，分别同比减少 61.9%、47.5%、21.9%、18.7%。2016 年，菲律宾出口额为 562.32 亿美元，同比下降 4.4%③。全球市场需求低迷、油价下跌及农业出口减少等是菲律宾总出口不断减少的原因。

---

① 《菲律宾 2016 年经济增长 6.8%，暂居亚洲首位》，南博网，http://philippines.caexpo.com/jmzx_ flb/2017/02/13/3670946.html，2017 年 2 月 13 日。
② 《2016 年菲律宾外资流入额同比增长 40.7%》，中国驻菲律宾大使馆经济商务参赞处网站，http://ph.mofcom.gov.cn/article/jmxw/201703/20170302533070.shtml，2017 年 3 月 13 日。
③ 《菲律宾 2016 年 1～11 月份进出口情况》，http://cnieanet.h983.000pc.net/Article/ShowArticle.asp? ArticleID=81211，2017 年 2 月 8 日。

（六）新加坡

2015～2016年，新加坡经济稳定发展，经济增速分别为1.9%、2%[①]，制造业、服务业、建筑业等主要产业发展情况各异，为促进进出口贸易发展，积极参与各自由贸易协议谈判。

1. 主要产业发展情况各异

制造业约占新加坡GDP的1/5。2015年，新加坡制造业出现明显衰退，增长率为-5.2%，其中运输工程业、电子业、生物医药产业、精密机械业及一般制造业均为负增长，尤其是运输工程业衰退最为严重，降幅达13.5%。2016年，制造业扭转2015年下滑的态势，增长3.6%，电子业、生物医药制造业集聚发展是其恢复增长的主要动力。

服务业是新加坡的主要产业之一，2015年服务业增长3.2%，主要增长动力来自批发零售贸易及金融保险业，分别增长6.1%、5.3%。2016年，服务业增长1.0%，发展趋缓。

建筑业增速则逐年下滑，2015年虽仍维持2.5%的增长，但远低于2013年的5.8%和2014年的3.5%；2016年受私人领域建筑活动持续低迷影响，新加坡建筑业仅增长0.2%，创近年来增速新低（见表3）。

表3 新加坡主要产业发展速度

单位：%

指 标	2013年	2014年	2015年	2016年
制造业	1.7	2.7	-5.2	3.6
服务业	—	3.4	3.2	1.0
建筑业	5.8	3.5	2.5	0.2

[①] 包雪琳：《新加坡2016年经济增长2%》，http://news.xinhuanet.com/world/2017-02/17/c_1120484254.htm。

2. 积极参与区域合作，大力促进对外贸易发展

由于特殊的国情，参与区域合作，促进对外贸易发展是新加坡经济的重要部分。2015～2016 年，新加坡进出口一直呈衰退趋势。2015 年，新加坡进出口总额为 6253 亿美元，同比减少 9.5%，其中，出口减少 7.2%，进口减少 12.1%。2016 年，新加坡进出口总额为 6129.5 亿美元，比上年下降 4.7%。其中，出口 3299.1 亿美元，下降 4.8%；进口 2830.4 亿美元，下降 4.6%。贸易顺差 468.7 亿美元，下降 6.1%[①]。为了促进对外贸易发展，新加坡除了参与 WTO 的多边谈判，还积极寻求与各国洽签 FTA，以不断开拓国际市场。2015 年底，东盟经济共同体成立，新加坡是主要成员；2015 年 11 月，新加坡与土耳其正式签署双边 FTA，尚待生效；跨太平洋伙伴协议（TPP）也于 2015 年 10 月完成谈判、于 2016 年 2 月 4 日在新西兰签署。

（七）泰国

2015～2016 年，泰国经济逐步复苏，保持增长态势；得益于政府政策刺激等，出口贸易也显现复苏迹象。

1. 经济呈稳步增长态势

2015 年，泰国经济同比增长 2.8%，主要促进因素是政府财政支出和公共投资增多、泰币贬值、旅游业发展以及家庭支出增加。如根据泰国观光与体育部统计数据，2015 年，入境泰国游客人数达到 2988 万人次，同比增长 20%，为泰国带来 1.4 兆泰铢（约合 400 亿美元）的旅游收益，创下 8 年来新高，对泰国的经济发展起到极大的促进作用。

2016 年，泰国经济继续保持增长，增速达 3.2%。旅游业和民间

---

① 《2016 年新加坡货物贸易及中新双边贸易概况》，http：//countryreport. mofcom. gov. cn/record/view110209. asp？news_ id = 53126。

消费增长及出口连续呈现正增长成为拉动泰国经济增长的动力。2016年，泰国接待入境游客 3257 万人次，同比增长 8.86%；入境旅游收入 16378 亿泰铢（约合 3193 亿元），同比增长 12.4%①。

2. 出口贸易恢复增长态势，成为经济发展的重要支撑力

2015 年，泰国进出口总额为 4170.29 亿美元，同比下降 8.45%。其中，出口额为 2143.75 亿美元，较上年下降 5.78%，是这之前 6 年来最大幅度的降低，降幅仅小于 2009 年金融危机期间，该年降幅为 14.3%。另外，泰国进口也呈降势，进口金额为 2026.54 亿美元，较上年下降 11.02%，且进口降幅大于出口降幅，致使泰国仍有贸易顺差。农渔产品、制造业产品等出口大量减少。

2016 年，根据泰国海关数据，泰国进出口总额为 4094.4 亿美元，同比下降 0.8%。其中，进口 1957.8 亿美元，同比下降 3%；出口 2136.6 亿美元，同比增长 1.3%，为 2016 年之前 4 年来第一次增长，为保障泰国经济发展发挥了重要作用。泰国出口的增长主要得益于政府政策的保障，为促进出口，泰国商业部国际贸易推广厅（DITP）举办了 120 项贸易推广计划与活动，以协助中小企业与整体出口；并由商业部高层率团针对东盟与印度等举办"泰国周"，协助泰国厂商出口。泰国商业部也持续针对中东地区、印度、东盟成员国以及中国、日本、韩国、澳大利亚和新西兰等国家的出口，制定不同的奖励措施。

（八）越南

2015～2016 年，越南宏观经济稳定发展，通货膨胀得到有效控制，经济结构不断得到优化。

1. 宏观经济稳定发展

2015 年和 2016 年，越南经济增长率分别为 6.68%、6.21%，其

---

① 俞懿春：《2016 赴泰国的中国内地游客达到 877 万人次》，http：//www.cnta.gov.cn/xxfb/jdxwnew2/201701/t20170103_811054.shtml。

中 2015 年的经济增速为 2008 年以来的最高增幅。工业制造业、建筑业、服务业等成为经济发展的重要支撑，如 2015 年工业制造业增长 9.64%、服务业增长 6.33%，对 GDP 的贡献率较高。低通货膨胀率也是保障越南经济持续增长的重要原因，2015 年，越南通货膨胀率为 0.63%，2016 年有所上升，但仍得到有效控制。近年来，越南积极调整经济结构且初显成效，2015 年越南三次产业结构与 2014 年相比更加合理。

2. 对外贸易和外商投资高速增长

在全球贸易下滑的大背景下，2015～2016 年，越南进出口总额仍保持较高增速，分别增长 9.98%、8%；外商直接投资额达到创纪录的水平，2016 年，越南外商直接投资到位资金约 158 亿美元，同比增长 9%，新增注册外商投资资金为 244 亿美元，同比增长 7%（见表 4）[①]。

表 4　2015～2016 年越南进出口及外商直接投资统计

单位：亿美元，%

指　标	2015 年	2016 年
进出口总额	3280	3491
进出口总额增速	9.98	8
出口总额	1624	1759
出口总额增速	8.1	8.6
进口总额	1656	1732
进口总额增速	12	4.6
实际利用外资额	155.8	158
实际利用外资额增速	23.28	9

---

① 《越南政府会议全面回顾 2016 年国民经济情况》，中国贸易促进委员会网站，http://www.ccpit.org/Contents/Channel_ 4117/2017/0116/746193/content_ 746193. htm，2017 年 1 月 16 日。

二 2015~2016年中国与泛北部湾沿岸
东盟国家经济合作

（一）中国与文莱

2015~2016年，中文经济合作机制不断健全，贸易额虽出现下滑，但相互投资、劳务承包呈快速增长态势，产能合作成为两国经济合作的重点领域。

1. 经济合作机制不断健全

中国—文莱经贸磋商会议是两国促进经济合作的重要机制。2016年4月18日，第四次会议在文莱斯里巴加湾举行①。会议由中国商务部副部长高燕和文莱外交与贸易部常秘林玉辉共同主持，并就进一步深化中文经贸合作提出6点建议②，为未来中文经济合作指明了方向。

2. 贸易合作趋缓

中国和文莱的经贸合作以涉及油气开发的产业合作和油气下游产业基础设施建设为主。2015年，中文贸易总额为15.1亿美元，同比下降22.2%，其中，中国向文莱出口14.1亿美元，同比下降19.3%；中国自文莱进口1亿美元，同比下降48.8%③。原油是中国自文莱进口最主要的商品，文莱主要自中国进口纺织品、建材和塑料

---

① 第1~3次分别于2008年4月、2011年4月、2013年3月举行。

② 具体为：加强两国战略规划对接，统筹发展双边经贸关系，适时考虑商签双边经贸合作五年发展规划；发掘新的增长点，推动双边贸易稳定增长；加强中文产能合作，扩大投资合作规模；加强基础设施合作，提升经济合作水平；加强两国地方合作，丰富双方合作内涵；深化多边经贸合作，促进区域共同发展。

③ 《中国文莱双边经贸合作简况》，http://yzs.mofcom.gov.cn/article/t/201602/20160201252473.shtml。

制品等。

3. 投资、劳务承包合作成效显著

根据中国统计数据，2015 年，中国对文莱新增直接投资额 956 万美元，同比增长 46.4%；文莱新增对华实际投资 7258 万美元，同比增长 2.3%[①]。2016 年 1～5 月，中国新增对文莱投资 0.86 亿美元，文莱新增对华投资 0.4 亿美元，截至 2016 年 5 月，文莱累计对华实际投资 27.3 亿美元，中国累计在文莱非金融类直接投资 1.65 亿美元[②]。2015 年，中国企业在文莱新签承包工程合同额 7.9 亿美元，同比增长 5024%，完成营业额 8653 万美元，同比增长 126.4%[③]。

4. 国际产能合作成为两国经济合作的重点领域

以恒逸石化项目为代表的石化产业及以"文莱—广西经济走廊"为代表的清真种植养殖业产能合作成为中文两国目前合作的重点[④]。《文莱—广西经济走廊经贸合作谅解备忘录》于 2014 年 9 月签署，中文两国确定在农业、工业、物流、清真食品加工及医疗保健、制药、生物医药等领域开展全面合作；2015 年 9 月 18 日，《文莱达鲁萨兰国政府广西北部湾国际港务集团合作意向书》签署，经济走廊建设不断落到实处。

（二）中国与柬埔寨

中国是柬埔寨重要的贸易伙伴和投资来源地，2015～2016 年，中柬经济合作稳定发展，对促进柬埔寨对外贸易增长等发挥了重要

---

① 《中国文莱双边经贸合作简况》，http：//yzs. mofcom. gov. cn/article/t/201602/20160201252473. shtml。

② 《中国同文莱的关系》，http：//wcm. fmprc. gov. cn/pub/chn/pds/gjhdq/gj/yz/1206 _ 33/sbgx/t5997. htm。

③ 《中国文莱双边经贸合作简况》，http：//yzs. mofcom. gov. cn/article/t/201602/20160201252473. shtml。

④ 《综述：中国文莱优势互补 产能合作潜力巨大》，http：//finance. china. com. cn/roll/20160526/3740735. shtml。

作用。

1. 中国保持柬埔寨最大外资来源国地位

2011～2016 年，中国一直保持柬埔寨最大外资来源国的地位，对柬累计投资额达 54.11 亿美元。2016 年，柬埔寨共吸引外国直接投资 21.55 亿美元，其中中国投资占 23.71%，达 5.11 亿美元，排名第 1。中国在柬埔寨的投资主要集中在手工业、金融业、房地产业、住宿及餐饮业、农业等领域。以 2016 年为例，中国在柬埔寨手工业、金融业、房地产业、住宿及餐饮业、农业领域分别投资了 1.62 亿、0.83 亿、0.75 亿、0.62 亿、0.53 亿美元①，合计占中国对柬总投资的 85%。

2. 贸易合作方面以柬埔寨进口为主

根据中国统计数据，2015 年，中柬双边贸易额为 44.3 亿美元，同比增长 18%，其中，柬埔寨自中国进口 37.6 亿美元，向中国出口 6.7 美元，增长 38.1%②。2016 年 1～6 月，中柬贸易额为 23.4 亿美元，同比增长 10.2%，其中，柬埔寨自中国进口 19.6 亿美元，同比增长 7.4%，向中国出口 3.8 亿美元，同比增长 27.4%③。大米是柬埔寨向中国出口的主要产品，2015 年和 2016 年，中国均是柬埔寨大米最大的出口市场，根据柬埔寨政府发布的数据，2016 年柬埔寨向中国出口大米 127460 吨，比 2015 年增加 9%，占柬埔寨大米出口总量的 23.51%④。

3. 中国是柬埔寨重要游客来源国

旅游合作是中柬两国经贸合作的重要部分。2015 年，赴柬埔寨

---

① 《柬埔寨 2016 年外国直接投资 21.55 亿美元　中国仍是柬最大投资来源国》，《柬华日报》2017 年 1 月 23 日。
② 滕雨霏：《柬埔寨经济发展潜力巨大等待开发》，http：//travel. gog. cn/system/2016/11/08/015206589. shtml。
③ 《中国—柬埔寨双边经贸合作简况》，http：//yzs. mofcom. gov. cn/article/t/201609/20160901384775. shtml。
④ 《2016 年柬埔寨对中国的大米出口增加 9%》，http：//news. foodmate. net/2017/01/411691. html。

的中国游客人数为 70 万人次, 同比增长 24%[①], 占柬埔寨外国游客总人数的 14.58%。柬埔寨视中国为主要旅游客源地。2016 年 6 月, 柬埔寨被欧洲旅游和贸易理事会评为世界最佳旅游目的地, 极大地提升了该国的旅游吸引力。2016 年初, 柬埔寨发布白皮书, 计划到 2020 年实现每年接待中国游客 200 万人次的目标, 并采取鼓励使用人民币等一系列措施方便中国游客, 为进一步深化中柬旅游合作创造了条件。据柬埔寨旅游部的统计数据, 2016 年 1 ~ 4 月, 赴柬中国游客为 27.5 万人次, 同比增长 13%, 占同期柬埔寨外国游客总数的 16%[②]。

(三) 中国与印度尼西亚

2015 ~ 2016 年, 中国为印度尼西亚第一大贸易伙伴, 但两国贸易合作呈下降态势; 中国对印度尼西亚投资高速增长, 印度尼西亚是中国重要的承包工程市场。

1. 贸易合作有所波动, 但总体向好

2015 年, 中国是印度尼西亚第三大出口目的国和第一大进口来源地, 但两国贸易呈全面下降态势, 根据印度尼西亚统计局数据, 双边贸易额为 444.6 亿美元, 同比下降 7.1%, 中国对印度尼西亚出口、自其进口额均出现下滑 (见表 5)。印度尼西亚对中国贸易处于逆差地位, 逆差为 143.6 亿美元, 增长 13.5%[③]。

2016 年, 中国与印尼贸易合作总体仍呈下降态势, 但双方经贸合作仍有向好趋势。2016 年 1 ~ 6 月, 两国贸易额为 219.8 亿美元, 同比下降 1.5%。其中, 印尼对中国出口 69.8 亿美元, 同比下降 7.2%; 印

---

① 滕雨霏:《柬埔寨经济发展潜力巨大等待开发》, http://travel.gog.cn/system/2016/11/08/015206589.shtml.

② 薛磊、张艳芳:《今年前 4 月赴柬中国游客增长 13%》, http://www.chinanews.com/cj/2016/06 - 21/7912442.shtml.

③ 《2015 年印度尼西亚货物贸易及中印双边贸易概况》, http://countryreport.mofcom.gov.cn/record/view110209.asp? news_ id = 49093.

尼自中国进口150.0亿美元,同比增长1.4%;印度尼西亚仍处于逆差地位,逆差额为80.2亿美元,增长10.3%①。2016年1~9月,两国贸易总额为381亿美元,中国保持印尼第一大贸易伙伴地位②。

表5 2015年中国—印度尼西亚贸易合作统计

单位:亿美元,%

指　标		2015年
进出口	总额	444.6
	增速	-7.1
中国出口	总额	294.1
	增速	-4.0
	主要产品	机械设备、机电产品、钢材、贱金属及制品、有机化学品
中国进口	总额	150.5
	增速	-14.6
	主要产品	矿物燃料、动植物油、木浆等纤维状纤维素浆、木及木制品、杂项化学产品

2. 投资合作日益深化

2015~2016年,中国与印度尼西亚相互投资合作不断深化,相互投资规模不断扩大。一方面,中国在印度尼西亚的投资不断增多。根据中国统计数据,2015年,中国对印度尼西亚的直接投资为13.3亿美元,增长26.2%,截至2015年底,中国在该国的直接投资存量达81.2亿美元③。2016年,根据印度尼西亚投资协调委员会公布的数据,中国在该国的投资额为26亿美元,在印度尼西亚外资来源地

① 《2016年6月印度尼西亚贸易简讯》,http://countryreport. mofcom. gov. cn/new/view110209. asp? news_ id=52057.

② 《2016年中国印尼投资贸易稳定上升》,http://www. ccpit. org/Contents/Channel_ 4169/2016/1113/717809/content_ 717809. htm。

③ 《中国印度尼西亚双边经贸合作简况》,http://yzs. mofcom. gov. cn/article/ι/201602/20160201252490. shtml。

中的排名由 2015 年的第 9 位升至第 3 位①。据不完全统计，在印度尼西亚投资的中国企业已超过 1000 家，主要代表有中石油、中海油、华为等。另一方面，印度尼西亚来华投资规模也不断扩大，2015 年，印尼对华实际投资金额达 10754 万美元，同比增长 37.8%。截至 2015 年底，印度尼西亚在中国的实际投资额累计为 24.8 亿美元②。

3. 承包工程合作不断深化

印度尼西亚是中国海外承包工程的重要市场，连续多年为中国海外承包工程十大市场之一，是中国在东南亚地区最大的承包工程市场。2015 年，中国企业在印度尼西亚新签承包工程合同额 74 亿美元，同比增长 42.6%，完成营业额 48.2 亿美元，同比增长 5.0%；2016 年 1~9 月，中国企业在印度尼西亚分别实现工程承包合同额、完成营业额 52.4 亿美元和 25.5 亿美元③。

（四）中国与马来西亚

中国和马来西亚互为重要的经济合作伙伴，中国连续多年是马来西亚最大的贸易伙伴，马来西亚连续多年保持中国在东盟最大贸易伙伴的地位，中马贸易额约占中国—东盟贸易总额的 20%。2015~2016 年，两国贸易合作出现波动，总体呈下降态势。

1. 贸易合作出现波动

根据马来西亚统计局公布的数据，2015 年，中马贸易表现不佳，实现贸易总额 591.5 亿美元，同比下降 6.9%，中国处于顺差地位，顺差额为 71.7 亿美元，同比增长 0.3%。2016 年 1~9 月，中马贸易总额

---

① 《2016 年中国对印尼投资额大幅上升，跃居第三大投资国》，http://www.mofcom.gov.cn/article/i/jyjl/j/201702/20170202508951.shtml。

② 《中国印度尼西亚双边经贸合作简况》，http://yzs.mofcom.gov.cn/article/t/201602/20160201252490.shtml。

③ 《2016 年中国印尼投资贸易稳定上升》，http://www.ccpit.org/Contents/Channel_4169/2016/1113/717809/content_717809.htm。

仍呈下滑态势，贸易总额为418.5亿美元，同比下降6.0%；但中国对马来西亚出口实现1.1%的增长，进一步拉大了马来西亚对中国的贸易逆差额，逆差额同比增长60.3%，达85.3亿美元（见表6）。

表6　2015年至2016年9月中国—马来西亚贸易合作统计

单位：亿美元，%

指标		2015年	2016年1～9月
进出口	总额	591.5	418.5
	增速	-6.9	-6.0
中国出口	总额	331.6	251.9
	增速	-6.2	1.1
中国进口	总额	259.9	166.6
	增速	-7.8	-15.0

资料来源：中国商务部网站。

2. 进出口产品集中

一是中国自马来西亚进口的商品较为集中，主要为机电产品、矿物燃料、机械设备、动植物油和橡胶及制品5类。其中，2015年，上述5类商品进口额占中国自马来西亚进口总额的71.1%；2016年1～9月的占比为69.1%（见表7）。

表7　2015年至2016年9月中国—马来西亚主要贸易产品统计

单位：亿美元

指标	主要产品	贸易额	
		2015年	2016年1～9月
中国自马来西亚进口	机电产品	94.1	61.3
	矿物燃料	37.4	18.8
	机械设备	23.7	17.1
	动植物油	16.2	9.9
	橡胶及制品	13.5	8.1

资料来源：中国商务部网站。

二是中国向马来西亚出口产品种类较多，但也显现出相对集中的特征。2015 年，中国向马来西亚出口的产品集中在机电产品、机械设备、钢材及钢铁制品、塑料制品、铝及制品，上述 5 类商品贸易额为 199.4 亿美元，占中国向马来西亚出口总额的 60.1%[①]；2016 年 1~9 月，中国向马来西亚出口的主要产品为机电产品、机械设备、钢铁、塑料制品、矿物燃料，贸易额为 146.2 亿美元，占中国向马来西亚出口总额的 58.0%[②]。

3. 投资合作日益深化

2015~2016 年，中马相互投资规模不断扩大，实现高速增长并不断创造新的纪录。2015 年，中国对马来西亚的直接投资同比增长 237%，达 4 亿多美元；2016 年 1~9 月，中国对马来西亚直接投资额已超过 5 亿美元，创历史新高[③]。制造业是马来西亚吸引外资最集中的产业，2015 年，中国（不含港澳台地区）为马来西亚制造业第四大外资来源地；2016 年 1~6 月，中国（不含港澳台地区）跃升为马来西亚制造业第二大外资来源地。马来西亚对华投资规模也不断扩大，根据马来西亚统计数据，截至 2015 年底，马来西亚累计对华投资 74 亿美元[④]。

（五）中国与菲律宾

2015~2016 年，受南海问题影响，中菲关系出现波折，相互投资出现大幅下滑，但两国贸易合作总体保持稳定发展。在菲律宾新总统

① 《2015 年马来西亚货物贸易及中马双边贸易概况》，http://countryreport.mofcom.gov.cn/record/view110209.asp? news_ id = 48136。
② 《2016 年 1~9 月马来西亚货物贸易及中马双边贸易概况》，http://countryreport.mofcom.gov.cn/record/view110209.asp? news_ id = 52188。
③ 郑青亭：《中国对马来西亚投资激增》，http://finance.sina.com.cn/roll/2016－11－02/doc-ifxxfysn8529993.shtml。
④ 郑青亭：《中国对马来西亚投资激增》，http://finance.sina.com.cn/roll/2016－11－02/doc-ifxxfysn8529993.shtml。

上台并积极改善与中国关系的背景下，两国签署多项经贸合作协议。

1. 贸易稳定发展，菲律宾对华贸易逆差不断扩大

2015～2016年，中国连续成为菲律宾第二大贸易伙伴、第一大进口来源地。根据菲律宾统计署公布的数据，2015年中菲贸易总额为172.23亿美元，占菲律宾对外贸易总额的13.7%①；2016年，中菲贸易总额为211.75亿美元，同比增长20%；菲律宾对华贸易处于逆差地位且逆差额呈扩大趋势，2016年菲律宾对华贸易逆差额为87.98亿美元，同比增长66.13%②（见表8）。电子产品是中菲贸易的主要产品，并为产业内贸易。除此外，中国主要从菲律宾进口矿产品，向菲律宾出口钢铁等。

表8　2015～2016年中国—菲律宾贸易统计

单位：亿美元，%

指　标		2015 年	2016 年
进出口	总额	172.23	211.75
	增速	2.78	20
中国出口	总额	114.71	149.87
	增速	9.7	30.7
中国进口	总额	61.75	61.88
	增速	-9.4	0.2
菲律宾	逆差额	52.96	87.98
	增速	—	66.13

资料来源：中国商务部网站。

2. 投资合作有待进一步加强

根据我国相关机构的统计数据，2015年，中国对菲律宾直接投

---

① 《2015年中国为菲第二大贸易伙伴》，http://ph.mofcom.gov.cn/article/jmxw/201602/20160201262773.shtml。

② 《2016年中国是菲律宾第二大贸易伙伴》，http://www.mofcom.gov.cn/article/i/jyjl/j/201702/20170202513278.shtml。

资额为2371万美元，同比下降58.9%；菲律宾对华投资额为3867万美元，下降60.2%。两国相互投资出现大幅下滑，主要是受因南海问题而导致的中菲关系紧张的影响。目前中菲相互投资合作仍处于低位状态，截至2015年底，中国对菲律宾累计直接投资仅为7.8亿美元；菲律宾对华直接投资为32.3亿美元①。

3. 签署多项协议促进经济合作

2016年，菲律宾新总统上台执政后，积极改善中菲关系。2016年10月，杜特尔特访华，中菲两国签署《中国商务部和菲律宾贸工部关于加强贸易、投资和经济合作的谅解备忘录》《中国商务部和菲律宾国家经济发展署关于编制中菲经济合作发展规划的谅解备忘录》《中国发展改革委和菲律宾国家经济发展署关于开展产能与投资合作的谅解备忘录》《中国发展改革委、菲律宾交通部和菲律宾公共工程部关于基础设施合作项目清单的谅解备忘录》《中国农业部与菲律宾农业部农业合作行动计划（2017~2019)》《中国质检总局和菲律宾农业部关于动植物检验检疫合作谅解备忘录》② 等多项促进经济合作的文件，为未来两国经济合作稳定发展提供了重要保障。

（六）中国与新加坡

中国与新加坡互为重要的经济合作伙伴，目前中国为新加坡第一大货物贸易伙伴、第二大服务贸易伙伴、对外投资第一大目的国；2013年以来新加坡为中国第一大外资来源国、第三大外派劳务市场，2015年新加坡成为中国第二大对外直接投资目的国③。2015~2016

---

① 《中国菲律宾双边经贸合作简况》，http：//yzs. mofcom. gov. cn/article/t/201602/
20160201252456. shtml。

② 《中国同菲律宾的关系》，http：//wcm. fmprc. gov. cn/pub/chn/gxh/cgb/zcgmzysx/yz/1206_
9/1206x1/t5581. htm。

③ 《中国与新加坡经贸合作情况》，http：//www. fiet. gov. cn/xxgk/dybg/201612/t20161208_
561524. htm。

年，中新两国贸易合作呈下滑态势，新加坡处于顺差地位；新加坡与中国地方合作成效突出。

1. 贸易合作有所下滑，以产业内贸易合作为主

2015 年、2016 年，中新贸易额持续下滑，降幅分别为 6.3%、7.3%。新加坡对华贸易仍处于顺差地位，但顺差额大幅减少，2015 年新加坡对华贸易顺差 56.0 亿美元，同比下降 21.1%，2016 年新加坡贸易顺差大幅下降 56.2%，为 24.5 亿美元（见表 9）。

表 9　2015～2016 年中国—新加坡贸易统计

单位：亿美元，%

指　标		2015 年	2016 年
进出口	总额	898.2	832.3
	增速	−6.3	−7.3
中国出口	总额	421.1	403.9
	增速	−5.1	−4.1
中国进口	总额	477.1	428.4
	增速	−7.3	−10.2
新加坡	顺差额	56	24.5
	增速	−21.1	−56.2

资料来源：中国商务部网站。

机电产品是中国与新加坡贸易的主要产品，既是新加坡对中国出口的主要产品，也是中国对新加坡出口的主要产品，因此产业内贸易是中新两国贸易的重要特征。2015～2016 年，机电产品贸易额虽有所下降，但占两国贸易的比重仍高达 50% 以上（见表 10）。

塑料橡胶、化工产品和矿产品也是中国自新加坡进口的重要产品。2015～2016 年，这 3 类产品的贸易额也有所下降，但塑料橡胶、化工产品进口额占中国自新加坡进口总额的比重有所上升。2015 年，

表10　2015～2016年中国—新加坡机电产品贸易统计

单位：亿美元，%

指　标		2015 年	2016 年
中国自新加坡进口	总额	275.9	237.5
	增速	-2.8	-13.9
	占进口总额的比重	57.8	55.4
中国向新加坡出口	总额	258.4	244.2
	增速	-1.1	-5.5
	占出口总额的比重	61.4	60.5

资料来源：中国商务部网站。

中国自新加坡进口塑料橡胶、化工产品和矿产品的贸易额分别为46.8亿、45.8亿和37.6亿美元，分别占中国自新加坡进口总额的9.8%、9.6%和7.9%①；2016年贸易额分别为46.2亿、43.0亿和32.5亿美元，占比分别为10.8%、10.1%和7.6%②。

矿产品和贱金属及制品分别是中国向新加坡出口的第二、第三大类商品。2015年，两者出口额分别为37.1亿、31.8亿美元，分别占中国向新加坡出口总额的8.8%、7.5%③；2016年出口额分别为38.5亿、28.3亿美元，占比分别为9.5%、7.0%④。另外，化工产品、光学钟表医疗设备、纺织品及原料等也是中国向新加坡出口的主要产品。中国是新加坡机电产品、贱金属及制品、纺织品及原料和家具玩具的最大进口来源地。

---

① 《2015 年新加坡货物贸易及中新双边贸易概况》，http：//countryreport.mofcom.gov.cn/record/view110209.asp? news_ id = 48196。

② 《2016 年新加坡货物贸易及中新双边贸易概况》，http：//countryreport.mofcom.gov.cn/record/view110209.asp? news_ id = 53126。

③ 《2015 年新加坡货物贸易及中新双边贸易概况》，http：//countryreport.mofcom.gov.cn/record/view110209.asp? news_ id = 48196。

④ 《2016 年新加坡货物贸易及中新双边贸易概况》，http：//countryreport.mofcom.gov.cn/record/view110209.asp? news_ id = 53126。

2. 新加坡与中国地方合作不断深化

目前，新加坡与中国浙江、江苏、山东、广东、天津、四川、辽宁 7 个省市的地方政府建立了双边经贸合作机制，地方合作是中新经济合作的重要特征。2015～2016 年，新加坡与中国地方合作不断深化，并逐步由中国东部沿海省份为主向西部省份拓展。2015 年 11 月，中国重庆市人民政府与新加坡贸工部签署《关于建设中新（重庆）战略性互联互通示范项目的实施协议》，这标志着中新两国第三个政府间合作项目正式启动。2016 年该项目建设顺利推进，1 月首批 12 个项目签约，签约总金额达 65.6 亿美元[1]；3 月启动了跨境人民币创新业务试点；5 月，第二批 25 个重点项目正式签约，签约金额达 65.8 亿美元[2]。

除此之外，新加坡与中国西部的四川、广西、陕西等省份合作也不断深化。新加坡已连续多年为四川主要的外资来源地之一；新加坡对广西的投资呈几何倍数增长，2015 年新加坡对广西的实际到位投资资金为 4.49 亿美元，占广西引进外资总额的 26.1%，同比增长 39.7 倍；截至 2015 年底，新加坡对陕西直接投资项目达 219 个，累计投资额达 19.57 亿美元，成为陕西第四大外资来源地[3]。

（七）中国与泰国

2015～2016 年，中泰经济合作稳定发展，中国成为泰国第一大贸易伙伴，是泰国最大的出口市场；两国相互投资稳定增长，产业园

---

① 陈钧：《中新互联互通 联合打通西部发展的"任督二脉"》，《重庆日报》2016 年 4 月 18 日。

② 刘湛：《中新（重庆）战略性互联互通示范项目第二批重点项目签约》，http://news. xinhuanet. com/politics/2016－05/20/c_ 129001041. htm。

③ 《新加坡对华投资新趋势：互联互通、金融、大健康成主流》，http://business. sohu. com/20160603/n452593499. shtml。

区成为投资合作的重要载体。

1. 贸易关系稳定发展

2015～2016 年，中泰贸易总额保持稳定增长态势，双边贸易额由 642.2 亿美元增至 658.4 亿美元，同比增长 2.5%。泰国处于逆差地位，但逆差规模在逐渐缩小（见表 11）。

表 11　2015～2016 年中国—泰国贸易统计

单位：亿美元，%

指　标		2015 年	2016 年
进出口	总额	642.2	658.4
	增速	1.4	2.5
中国出口	总额	409.1	422.6
	增速	6.2	3.3
中国进口	总额	233.1	235.8
	增速	-6.1	1.2
泰国	逆差额	176	186.8
	增速	28.3	6.1

资料来源：中国商务部网站。

中国自泰国进口方面。塑料橡胶、机电产品、植物产品是中国自泰国进口的前三大类产品，2015 年中国自泰国进口额分别为 66.4 亿、57.2 亿、30.8 亿美元，增速分别为 -14.6%、3.7%、1.8%，占中国自泰国进口总额的比重分别为 28.5%、24.5%、13.2%[①]；2016 年，此三类产品的进口额分别为 63.2 亿、57.1 亿、27 亿美元，分别下降 4.9%、0.2%、12.4%，占比分别为 26.8%、24.2%、11.4%。在主要产品贸易额下降的同时，光学、钟表、医疗设备等产

---

① 《2015 年泰国货物贸易及中泰双边贸易概况》，http：//countryreport. mofcom. gov. cn/record/view110209. asp？news_ id = 48507。

品实现 31.8% 的增长，中国自泰国进口额达 16.8 亿美元①。

中国向泰国出口方面。机电产品是中国对泰国出口最主要的商品，2015 年、2016 年中国对泰国机电产品出口额分别为 202.3 亿、200.8 亿美元，分别占泰国自中国进口总额的 49.4% 和 47.5%。贱金属及制品、化工产品、塑料橡胶、纺织品及原料是中泰贸易的其他主要产品。

2. 投资合作不断深化

根据中国相关部门的统计数据，截至 2016 年 6 月，中国对泰国累计直接投资额达 37.8 亿美元。其中，2015 年新增直接投资 4.4 亿美元，同比增长 21.1%；2016 年 1~6 月新增投资 2.6 亿美元，同比增长 3%。

（八）中国与越南

中越互为重要的经济合作伙伴，中国连续多年成为越南第一大贸易伙伴，越南也是中国在东盟的重要贸易伙伴。2015~2016 年，中越贸易额稳定增长，越南贸易逆差规模不断缩小；两国贸易结构日益优化，其中，边境贸易是中越贸易的重要支撑。此外，中国对越南的投资也实现快速增长。

1. 贸易合作稳定发展

2015 年，中越贸易额为 958.2 亿美元，同比增长 14.6%②。2016 年 1~11 月，中越贸易额达 878.4 亿美元，同比增长 1.6%，其中越南对华出口额 329.6 亿美元，同比增长 20.8%，越南对华贸易逆差下降 31%③。由于中越两国地理上毗邻，特殊的区位关系让边境贸

① 《2016 年泰国货物贸易及中泰双边贸易概况》，http：//countryreport. mofcom. gov. cn/ record/view110209. asp? news_ id =53100。

② 《中国同越南的关系》，http：//www. fmprc. gov. cn/web/gjhdq_ 676201/gj_ 676203/yz_ 676205/1206_ 677292/sbgx_ 677296/。

③ 陶军、乐艳娜：《2016 年中越双边贸易额增长稳定》，http：//news. xinhuanet. com/fortune/ 2017 -01/11/c_ 1120288282. htm。

易成为中越两国贸易合作的重要形式。2015 年，根据越南工贸部公布的数据，中越边境贸易额占越南边境贸易总额的比重高达 85%①。2016 年 9 月，中越重新签署《中越边境贸易协定》，通过协议进一步规范了边境贸易行为，提高了通关便利化水平，进一步促进了两国边境贸易的发展。中国向越南出口的商品主要是机电产品、机械设备和面料、纺织纤维以及其他原辅料，主要从越南进口矿产资源、农产品等初级产品。

2. 投资合作日益深化

据越南计划与投资部统计数据，2016 年 1~11 月，中国对越南的投资额大幅增长，协议投资金额高达 13.2 亿美元，同比增长 112.7%，中国成为越南第四大外资来源地。截至 2016 年 11 月，中国对越南的投资额累计达 101.4 亿美元，累计投资项目 1529 个②。

三 2017年泛北部湾东盟国家经济发展态势

目前，世界经济仍处于深度调整期，复苏缓慢，国际产业分工正在重塑，泛北部湾东盟国家凭借后发优势，以及劳动力、原材料等优势，在东盟一体化进程不断推进、中国—东盟合作不断深化、RCEP 稳步推进等的推动下，其经济仍将保持稳定发展，但各国面临的不稳定因素也在增多，经济发展也存在一定的不确定性。

文莱将继续推进经济多元化发展，并力争在 2017 年使文莱营商环境跻身全球前 20 名。文莱外交与贸易部称，2017 年，文莱将继续推进多边贸易合作，积极参与东盟经济共同体、区域全面经济伙伴关

---

① 刘刚：《2015 年中越边贸额占越南边贸总额的 85%》，《人民日报》2016 年 1 月 11 日，第 21 版。

② 陶军、乐艳娜：《2016 年中越双边贸易额增长稳定》，http：//news. xinhuanet. com/fortune/ 2017 - 01/11/c_ 1120288282. htm。

系、亚太自由贸易区等区域合作，进一步提升对外合作水平。

柬埔寨经济增长将持续放缓。受成衣、鞋出口减缓，农产品价格下跌等因素的影响，柬埔寨经济发展面临诸多挑战。据世界银行发布的《全球经济展望》报告，柬埔寨经济增长将持续放缓，2017～2018 年经济增长率约为 6.4%。根据柬埔寨《2015 至 2025 年工业发展策略》，2017 年，柬埔寨将大力发展工业，提高非成衣制造业和农作物加工业对柬埔寨经济的贡献，以实现经济的稳定和可持续增长。

印度尼西亚经济将保持稳定发展。在综合考虑全球经济复苏缓慢的影响后，印度尼西亚政府在《2017 年国家收支预算》中将经济增长率目标定为 5% 或 5.1%①。国际货币基金组织预计 2017 年印度尼西亚经济增长率将继续上升至 5.1%。稳健的经济政策和家庭消费的增长是促进印度尼西亚经济发展的重要因素，但其进一步实施宽松政策的空间较为有限。

马来西亚经济将继续表现良好。根据国际货币基金组织的预测，2017 年马来西亚经济将增长约 4.5%。廉价充足的劳动力、政府财政措施的支持、私人消费保持增长是保障马来西亚经济发展的主要因素。另外，马来西亚的一系列结构改革也将有助于促进经济增长②。

菲律宾经济将保持高速增长。根据国际货币基金组织预测，2017 年菲律宾经济增速有望达到 6.8%，成为全球经济发展较快的经济体之一。内需旺盛、出口复苏、政府综合税改计划的出台等将在很大程度上保障菲律宾的经济发展。但地区经济增速整体减缓、全球范围内保护主义抬头等也将影响菲律宾的经济发展③。

---

① 《印尼副总统卡拉：全球经济仍处于疲软》，http://id.mofcom.gov.cn/article/ziranziyuan/jjfz/201612/20161202124984.shtml。
② 《IMF 预测马来西亚 2017 年 GDP 增长 4.5%》，http://my.mofcom.gov.cn/article/sqfb/201612/20161202273948.shtml。
③ 《预期 2017 年菲律宾经济增速有望达到 6.8%》，http://www.ocn.com.cn/hongguan/201703/jbcau02084250.shtml。

新加坡经济发展将充满不确定性。根据新加坡贸工部的预计，2017 年，新加坡经济增速将保持在 1% ~ 3%，制造业、运输和仓储业等外向型产业成为新加坡经济增长的重要支撑，但建筑业发展前景不容乐观，私人领域建筑活动将持续低迷。此外，船舶和海洋工程、零售和食品行业的发展也面临诸多压力，经济下行风险依旧存在①。

泰国经济发展前景乐观。根据泰国开泰研究中心的预测，2017 年，泰国经济增长率将为 3.3%，政府支出、旅游业继续是泰国经济增长的主要动力。但美国经济政策走向的不确定性、欧盟政治因素的脆弱性等外部风险因素也将对泰国经济发展产生重要影响②。

越南经济将保持稳定增长。根据越南《2017 年社会经济发展重点实施任务措施和国家预算计划的决议》，2017 年，越南经济增长目标为 6.7%，通货膨胀率为 4%③。

---

① 包雪琳：《新加坡 2016 年经济增长 2%》，http：//www. csc. mofcom - mti. gov. cn/csweb/csc/info/Article. jsp? a_ no = 398852&col_ no = 137。
② 《2017 年第一季度泰国经济将持续增长 3.0%》，http：//www. chinca. org/cms/html/main/col285/2017 - 02/25/20170225091622793335817_ 1. html。
③ 《越南政府会议全面回顾 2016 年国民经济情况》，http：//www. ccpit. org/Contents/Channel_ 4117/2017/0116/746193/content_ 746193. htm。

合作平台篇

Reports on the Cooperation Platforms

B.3

第十三届及第十四届中国—东盟博览会

张　磊*

摘　要：　第十三届中国—东盟博览会在既有展会机制的基础上
不断创新，专业展不断增多，并到东盟国家办展，进
一步提升了国际化水平，经贸促进功能进一步深化，
影响力进一步提升。第十四届中国—东盟博览会在创
新办展的道路上继续前行，各项筹备工作有序开展。

关键词：　中国—东盟博览会　产能合作　互联互通　产业园区
合作

* 张磊，广西社会科学院台湾研究中心助理研究员。

一 第十三届中国—东盟博览会回顾

第十三届中国—东盟博览会（简称东博会）于 2016 年 9 月 11～14 日在中国广西南宁举办，同期举办了第十三届中国—东盟商务与投资峰会。2016 年是中国与东盟建立对话关系 25 周年，也是"一带一路"建设承前启后的重要一年，作为中国与东盟及其成员国凝聚共识、促进发展、互利共赢的平台，本届博览会仍得到中国与东盟 10 国的高度重视，主题及各项展览、论坛设置紧紧围绕中国—东盟合作设置，在促进中国与东盟政治、经济、外交等多领域、全方位合作方面发挥了重要作用。

（一）中国与东盟各国领导人保持高规格出席

国家领导人高规格出席中国—东盟博览会已经成为惯例。出席第十三届中国—东盟博览会的国家领导人共 8 位，分别来自中国、越南、柬埔寨、缅甸、老挝、泰国①，其中越南作为本届博览会的主题国，有 3 位领导人来华参会。斯里兰卡作为本届博览会的特邀贵宾国，由该国工商部部长里沙德率团参会。另外还有中国、东盟各成员国的多位部长，东盟秘书长，多国外交使节、商协会会长、知名企业家、社会知名人士参加本届博览会及其系列活动。出席本届博览会的部长级贵宾达 246 位②，其中东盟及区域外 139 位，比上届多 10 位③。

---

① 分别是中共中央政治局常委、中国国务院副总理张高丽，越南总理阮春福，柬埔寨首相洪森，缅甸第一副总统吴敏瑞，老挝副总理宋赛，泰国副总理巴金，越共中央政治局委员、检查委员会主任陈国旺，越共中央政治局委员、政府副总理兼外交部长范平明。

② 主要代表有：文莱首相府部长兼外交与贸易部第二部长林玉成，马来西亚贸工部第二部长黄家泉，菲律宾参议院参议员辛西娅·维拉，新加坡贸工部兼国家发展部政务部部长许宝琨，印度尼西亚贸易部国家出口发展总司总司长阿琳达，中国商务部国际贸易谈判代表兼副部长钟山，中国国际贸易促进委员会副会长陈洲，中国阿里巴巴集团董事局主席马云等。

③ 《共建 21 世纪海上丝绸之路 共筑中国—东盟命运共同体》，广西壮族自治区发展改革委网站，http://www.gxdrc.gov.cn/fzgggz/qyhz/fzgggz_quhz_gjhz_2014/201609/t20160922_696298.html，2016 年 9 月 22 日。

（二）主题及各项展览、论坛紧紧围绕中国—东盟合作设置

第十三届中国—东盟博览会主题为"共建21世纪海上丝绸之路——共筑更紧密的中国—东盟命运共同体"，主题国为越南，特约贵宾国为斯里兰卡。各项展览及论坛设置突出国际产能、互联互通、产业园区等重点领域的合作。"聚力升级，比翼齐飞"是本届博览会开幕大会的主题，其寓意为以中国—东盟命运共同体建设为契机，凝聚中国—东盟全方位合作之力，并借力信息化、智能化推动中国—东盟国际产能合作由传统产业逐步向现代产业升级[①]。

一是围绕深化中国—东盟产能合作开展相关活动。第十三届中国—东盟博览会及中国—东盟商务与投资峰会设立了第二届21世纪海上丝绸之路与推进国际产能和装备制造合作论坛、2016年中国—东盟矿业合作论坛、2016年中国—东盟林业合作论坛、中国—东盟电力合作与发展论坛等多个分论坛，就具体领域的产业合作进行沟通和对接。

二是推进中国—东盟互联互通合作方面，本届博览会及商务与投资峰会举行了第二届中国—东盟信息港论坛及其分论坛——中国—东盟电子商务峰会、中国—东盟卫星导航合作等，为中国—东盟的互联互通合作贡献力量。第二届中国—东盟信息港论坛的议题也紧紧围绕中国—东盟互联互通建设设置，分别为"中国—东盟信息港建设展望""网络基础设施互联互通""网络人文交流合作"。

三是产业园区合作方面。本届博览会举行了多个园区的投资推介，既有多个国家的联合推介，如中泰"两国四园"[②]联合推介活

---

① 《第13届中国—东盟博览会和商务与投资峰会隆重开幕》，http://www.gxnews.com.cn/staticpages/20160912/newgx57d5da88-15404062.shtml。

② 即中国—泰国崇左产业园、泰国莫拉限府经济特区、泰国泰中罗勇工业园、泰国暹罗东方工业园。

动、中国—东盟博览会东盟产业园区招商大会等；也有园区的单独推介，如广西东兴国家重点开发开放试验区专场推介会、凭祥重点开发开放试验区推介会等。

（三）基础设施日益完善，展会规模不断扩大

一是基础设施日益完善。2016 年 8 月，南宁国际会展中心改扩建及周边市政交通完善工程竣工并通过验收，南宁国际会展中心新扩展馆在第十三届中国—东盟博览会期间正式启用，新增展览面积 3 万平方米，总展位数达到 5800 个，展会的配套设施等日趋完善①。本届博览会新增新闻中心、办证大厅、海关监管仓、会议室、餐厅等设施，并开通"掌上东博会"，为客商参会提供快捷的信息服务。博览会的软硬基础设施建设均日益完善。

二是展会规模不断扩大。第十三届中国—东盟博览会展览规模、参展企业数量均创历史新纪录。本届博览会企业申请展览面积多达12.95 万平方米，实际展览面积为 11 万平方米，其中东盟 10 国和区域外国家展览面积为 3 万平方米，同比增长 28.6%；实际安排参展企业2669 家，同比增长 21%；实际使用展位 1590 个，同比增长 22.7%②，占总展位数的 27.4%。柬埔寨、印度尼西亚、老挝、马来西亚、缅甸、泰国、越南 7 个东盟国家包馆，区域外有 18 个国家的 65 家企业参展③。

（四）经贸合作成效显著

参加第十三届中国—东盟博览会的客商总数达 6.5 万人；采购

---

① 范立强：《速读第 13 届中国—东盟博览会》，《当代广西》2016 年第 18 期。
② 《第 13 届中国—东盟博览会和商务与投资峰会闭幕》，http：//www.gxnews.com.cn/staticpages/20160914/newgx57d96003 - 15421134. shtml。
③ 《共建 21 世纪海上丝绸之路　共筑中国—东盟命运共同体》，http：//www.gxdrc.gov.cn/fzgggz/qyhz/fzgggz_ quhz_ gjhz_ 2014/201609/t20160922_ 696298. html。

商团组为 89 家，同比增加 4.7%，来自欧美、中东、南亚、非洲的 400 多名国际买家到会采购洽谈，参展参会的专业客商数量比上年增多，经贸洽谈实效也得到进一步提升。二是经贸对接取得新成效。本届展会期间共举办了 72 场经贸投资促进活动，在第十三届中国—东盟博览会国际经济合作项目集中签约仪式上共签署国际合作项目 56 个，其中，中国企业对外投资与合作项目 11 个，中国利用外资项目 41 个，三次产业投资比重分别为 6.11%、52.59%、41.3%，战略性新兴产业和现代服务业呈现出加速增长态势，产业结构更加合理①。

（五）展会专业化水平不断提升

近年来，中国—东盟博览会专业化水平不断提升，专题展不断增多。第十三届中国—东盟博览会仍设置商品贸易、投资合作、服务贸易、先进技术、"魅力之城"五大传统专题，除了每年都同期举办的中国—东盟博览会农业展、中国—东盟博览会轻工展以及已举办多届的中国—东盟文化展，2013 年，新设中国—东盟博览会林木展；2015 年，新设中国—东盟博览会旅游展，以后每年在中国广西桂林举办，旅游展成为中国—东盟博览会又一专题展，标志着东博会专业化水平的进一步提升。2016 中国—东盟博览会旅游展、林木展分别于 10 月 20~22 日和 12 月 2~5 日在中国广西桂林国际会展中心及中国广西南宁国际会展中心举办。

（六）展会创新取得突破，国际化水平大幅提升

中国—东盟博览会已成功举办 13 届，创新办展成为博览会延伸

---

① 《东博会签约 56 个国际合作项目 规模数量创历史新高》，http://gx.people.com.cn/n2/2016/0913/c179430-28993936.html。

展会价值链、提升展会品牌效应的必由之路。2015 年，中国—东盟博览会大胆创新，首次在泰国曼谷举办中国—东盟博览会泰国展，这是中国—东盟博览会首次在东盟国家办展；2015 年 5 月 8 ~ 10 日，中国—东盟博览会印度尼西亚展在印度尼西亚首都雅加达举办。越南是第十三届中国—东盟博览会的主题国，因此，2016 年 6 月 16 ~ 18 日，中国—东盟博览会越南展在越南河内国际会展中心举办。展会吸引了来自中国 13 个省份的 166 家企业参加，展位数达到了 330 个。到东盟国家举办中国—东盟博览会不仅突出了展会的东盟特色，也大幅提升了东博会的国际化水平。

（七）媒体关注度不断提升，展会影响力进一步扩大

第十三届中国—东盟博览会举办期间，共有 1434 名记者到会采访，这些记者来自 18 个国家或地区的 255 家媒体。据不完全统计，展会期间媒体累计发布 16700 多篇报道，多家中国国家级媒体，如《人民日报》《经济日报》等，推出了博览会的特刊或专刊。中国—东盟博览会官方微博联同 35 家媒体发起"2016 东博会"话题，话题阅读量超过 3600 万人次，高居微博政务类话题前 5 名，近 1 万人参与话题讨论。第十三届中国—东盟博览会开通了官方 facebook 平台，用户量多达 5.3 万人，发布图文近 150 篇，精准送达全球 20 多万人，进一步扩大了展会品牌影响力[①]。

（八）第十三届中国—东盟商务与投资峰会推进务实合作

第十三届中国—东盟商务与投资峰会开幕大会与第十三届中国—东盟博览会合并举行，本届中国—东盟商务与投资峰会更加突出推进

---

① 《共建 21 世纪海上丝绸之路 共筑中国—东盟命运共同体》，http：//www.gxdrc.gov.cn/fzgggz/qyhz/fzgggz_ quhz_ gjhz_ 2014/201609/t20160922_ 696298. html。

中国—东盟的务实合作，举办了越南总理阮春福与中国企业 CEO 圆桌对话会、中国—东盟商界领袖论坛、中国—东盟商事法律合作研讨会等一系列活动及斯里兰卡、缅甸、菲律宾等多个国家的专场投资推介会，以促进中国与东盟的多领域合作。峰会期间发布了《中国—东盟（柬、老、缅、越）贸易便利化研究报告》，为推动中国—东盟自由贸易区升级版建设提供了重要参考。

二　第十四届中国—东盟博览会

第十四届中国—东盟博览会的筹备工作在第十三届博览会结束后随即启动。

（一）确定文莱出任主题国

2017 年 1 月 16 日，中国—东盟博览会秘书处与文莱外交与贸易部、首相府能源及工业部、初级资源及旅游部、外国直接投资活动支持中心、文莱经济发展局、国家电子政务中心、达鲁萨兰企业等相关部门和机构举行联席会议。双方就第 14 届中国—东盟博览会筹备工作，尤其是文莱第二次出任东博会主题国，以及在斯里巴加湾共同举办东博会文莱展进行了广泛的交流并达成合作意向。文莱确定接受邀请，出任第十四届中国—东盟博览会主题国。这是文莱继 2007 年第四届东博会后第二次担任主题国。

（二）举办时间、主题和展览设置

2017 年 3 月 13 日，第十四届中国—东盟博览会高官会在中国广西南宁举行。会议确定，第十四届中国—东盟博览会于 2017 年 9 月 12～15 日举办，其中 9 月 15 日为公众开放日。第十四届中国—东盟博览会以"共建 21 世纪海上丝绸之路，旅游助推区域经济一体化"

为主题，继续设置商品贸易、投资合作、服务贸易、先进技术、"魅力之城"五大专题并延续特邀贵宾国机制[①]。

（三）专业展将进一步增加

2017 年，第十四届中国—东盟博览会新增两个专业展，进一步提升专业化水平。其中，2017 年中国—东盟博览会动漫游戏展暨中国—东盟动漫游戏节于 2017 年 5 月 28～30 日在广西南宁国际会展中心举办；第十四届中国—东盟博览会建筑装饰材料展于 2017 年 9 月 22～25 日举办，前期已经发出招商招展公告。

2017 中国—东盟博览会文化展于 2017 年 4 月 13～16 日在广西南宁国际会展中心举办。2016 年 12 月 1 日，中国—东盟博览会秘书处已经发布《2017 中国—东盟博览会文化展公告》，明确了文化展的举办时间、主题、展览内容及主要活动等信息。江西省、云南省等多个省份印发《关于组织参加 2017 年中国—东盟博览会文化展的通知》；2017 年 2 月 16 日，2017 中国—东盟博览会文化展筹备协调会在广西举行，展会筹备及举办事宜顺利进行。

（四）继续赴东盟国家举办展会

2017 年，中国—东盟博览会继续到东盟国家举办展会，其中包括于 5 月 4～6 日在斯里巴加湾举办中国—东盟博览会文莱展、6 月 15～17 日在河内举办中国—东盟博览会机电展（越南）。

中国—东盟博览会文莱展由广西壮族自治区人民政府、文莱外交与贸易部和文莱首相府能源及工业部主办。展会举办地点为文莱国际国防展览中心（BRIDEX），展览面积超过 2000 平方米。展览期间还

---

① 《11 国高官南宁聚首 共商第 14 届东博会筹办事宜》，http：//gx. people. com. cn/n2/2017/0313/c179430 - 29846440. html。

举办了文莱展开展仪式及系列商贸配对促进活动，为中国与文莱参展企业、买家牵线搭桥。此外，文莱微型及中小型企业展同期举办①。

2017 年 2 月 23 日，中国—东盟博览会秘书处发布《2017 中国—东盟博览会机电展（越南）公告》，并开始展会的招商招展。2017 中国—东盟博览会机电展（越南）在越南河内国际会展中心举办，展览面积 5000 平方米，约有 300 个室内标准展位，该展由广西壮族自治区人民政府和越南工业贸易部共同主办。

随着中国—东盟博览会专业化、国际化水平的不断提升，及其创新发展的不断突破，其将在推动中国—东盟自由贸易区升级版建设、培育中国—东盟经贸合作新动能中发挥日益重要的作用，也将为进一步促进本地区的共同繁荣与共同发展和中国—东盟命运共同体的建设做出更加重要的贡献。

---

① 《东博会文莱展将于 5 月在斯里巴加湾举办》，http：//www.gxzf.gov.cn/html/41314/20170301－581419.shtml。

B.4
第九届泛北部湾经济合作论坛
暨中国—中南半岛经济走廊发展论坛

张　磊*

摘　要：　泛北部湾经济合作论坛是泛北部湾合作的重要机制，
自2006年首次举办以来有力地推动了泛北部湾合作
从共识走向实践，从合作走向共赢。第九届泛北
部湾经济合作论坛于2016年5月26日在中国广西南宁
举行，论坛以"携手泛北合作，共建'一带一路'"
为主题，并首次同时举办中国—中南半岛经济走廊
发展论坛。本届论坛活动更加务实，达成了一系列
共识。

关键词：　泛北部湾经济合作论坛　中国—东盟新增长极　互联
互通

2016年是泛北部湾经济合作10周年，10年来泛北部湾经济合
作成为中国—东盟合作的次区域合作之一，得到北部湾沿岸各国的
广泛响应和积极参与。以共建中国—东盟新增长极为宗旨，以促进
泛北部湾区域合作发展为目的已成为泛北部湾经济合作的重要机制。
2006~2012年，论坛每年举办一届，2012年以来每两年举办一届，

---

* 张磊，广西社会科学院台湾研究中心助理研究员。

论坛的议题紧密围绕共建中国—东盟新增长极、中国—东盟自由贸易区建设、泛北部湾经济合作与共同繁荣、共建21世纪海上丝绸之路等主题设计①。泛北部湾经济合作论坛的举办极大地释放了泛北部湾经济合作的平台和品牌效应，论坛的影响力、吸引力也不断得到提升。

一 第九届泛北部湾经济合作论坛暨中国—中南半岛经济走廊发展论坛概况

（一）基本情况

2016年5月26日，第九届泛北部湾经济合作论坛暨中国—中南半岛经济走廊发展论坛在中国广西南宁举办，论坛主题为"携手泛北合作，共建'一带一路'"，并围绕主题同期举办中国—中南半岛经济走廊发展论坛和中国—东盟港口城市合作网络工作会议②。本届论坛由广西壮族自治区人民政府与国家发展改革委员会、交通运输部、商务部、海关总署、国家旅游局、国务院发展研究中心、人民日报社、中国人民银行、国家开发银行、海南省人民政府、广东省人民政府以及泰国商务部等共同主办。本届论坛共有20位中外副部级以上领导出席；来自柬埔寨、印度尼西亚、老挝、马来西亚、缅甸、泰国、新加坡、越南、文莱等东盟国家和法国、日本、以色列等国家与地区及国际机构的110多位境外嘉宾和来自中国有关部委、省市、研究机构、企业等的330多名中方嘉宾参加

---

① 刘华新、庞革平、谢振华：《泛北合作，从共识到共赢》，《人民日报》2016年5月23日。
② 姜木兰：《推动"一廊一网" 服务"一带一路"》，《广西日报》2016年5月22日。

了论坛①。

第九届泛北部湾经济合作论坛在总体框架下同期举办中国—中南半岛经济走廊发展论坛和中国—东盟港口城市合作网络工作会议属首次。中国—中南半岛经济走廊发展论坛以"互利共赢，共建中国—中南半岛经济走廊"为主题，设有"共建中国—中南半岛国际大通道""共促中国—中南半岛运输与通关便利化"两大议题，来自中国及北部湾沿岸其他各国的相关部门负责人、专家学者近百人参会。论坛的举办显示了中国—中南半岛经济走廊作为"一带一路"六大经济走廊之一在中国—东盟合作中的重要性和特殊优势，也展示了泛北部湾经济合作开放包容的鲜明特色。

中国—东盟港口城市合作网络工作会议以"推进中国—东盟港口合作，打造'一带一路'海上桥梁"为主题，出席会议人员包括来自中国以及马来西亚、印度尼西亚、缅甸、柬埔寨、越南、泰国等东盟国家的政府工作人员，港口城市的港口管理部门人员、港口运营商，以及国际航运企业代表等。会议讨论了《中国—东盟港口城市合作网络合作办法》《中国—东盟港口城市合作网络愿景与行动》，成立了中国—东盟港口城市合作网络中方秘书处，标志着中国—东盟港口城市合作网络进入正式运行阶段②。

（二）主要特点

第九届泛北部湾经济合作论坛更加突出广西服务和参与"一带一路"建设的地位与作用，积极以平台促合作，主题更鲜明；旨在推动泛北部湾合作升级发展，面向东盟、陆海统筹、有机衔接，构建

---

① 许荩文、庞冠华：《第九届泛北论坛开幕"一廊一网"促泛北合作升级》，http://gx.people.com.cn/n2/2016/0526/c179430-28405733.html。

② 刘华新、林芮、庞革平、谢振华：《陆海并举 力促泛北合作升级》，《人民日报》2016年5月31日。

陆海联动的合作新格局，重点更突出。与之前的 8 届论坛相比，本届论坛呈现以下特点。

1. 重点突出广西服务"一带一路"建设的重要地位和作用

中国—中南半岛经济走廊是"一带一路"愿景与行动中明确提出的六大经济走廊之一。本届论坛紧紧围绕这一内容设计议题，创新形式，将中国—中南半岛经济走廊发展论坛合并举办，以进一步发挥论坛服务国家发展大局、丰富中国—东盟合作平台内容的作用，凸显广西"一带一路"有机衔接的重要门户地位，是主动参与和服务"一带一路"建设、加快贯彻落实国家战略的重要行动和具体实践[1]。

2. 拓展合作领域，突出陆海结合

本届论坛更加突出广西与东盟陆海相接的特殊区位优势，紧扣这一门户特色，首次创新形式，在论坛总体框架下同期举办中国—中南半岛经济走廊发展论坛与中国—东盟港口城市合作网络工作会议，通过两个分论坛的举办，突出海上合作与陆上合作的有机结合，彰显泛北部湾经济合作陆海统筹的独特作用，并回归论坛源起于"湾"，立足于"海"的初衷[2]。

3. 理论与务实合作相结合，更加突出合作成效

本届论坛既注重理论研讨，又不断深化共识、推动项目落地，内容更加务实。本届论坛发布了《中国—中南经济走廊建设倡议书》，并积极推进中国—中南半岛经济走廊沿线合作项目建设的深入对接，举行了中国—东盟港口合作网络相关项目的启动仪式，进一步促进了泛北部湾经济合作各方的务实合作，有利于实现互利共赢[3]。

---

① 刘华新、庞革平、谢振华：《泛北合作，从共识到共赢》，《人民日报》2016 年 5 月 23 日。
② 刘华新、庞革平、谢振华：《泛北合作，从共识到共赢》，《人民日报》2016 年 5 月 23 日。
③ 蒋美凤：《第九届泛北部湾经济合作论坛的主题与亮点》，http://www.gxi.gov.cn/gjw_zt/jjfz/jjd9jbbwjjhzlt/bbwjjltjj/201606/t20160616_683303.html。

二 第九届泛北部湾经济合作论坛暨中国— 中南半岛经济走廊发展论坛主要成果

（一）开幕式致辞及演讲嘉宾主要观点

第九届泛北部湾经济合作论坛开幕式于 2016 年 5 月 26 日上午举行，与会代表分别发表演讲。广西壮族自治区党委副书记李克主持会议①。

中国商务部部长助理童道驰指出，中国—中南半岛经济走廊和中国—东盟港口城市合作网络建设既是泛北部湾经济合作的重要抓手，也是"一带一路"建设和泛北部湾务实合作的新突破口。中国国务院将通过深化合作、凝聚力量、做好规划、做实项目来推动和促进泛北部湾经济合作，实现将泛北部湾合作打造成为 21 世纪海上丝绸之路合作的机制和平台、进一步动员各国力量参与泛北部湾经济合作、促进基础设施的互联互通和区域经济的深度融合、务实推进泛北部湾的经济合作的目的②。

国家海洋局副局长房建孟指出，在国际经济政治局势深刻变化的背景下，海洋经济将在沿海国家实现可持续发展中发挥越来越重要的作用。他建议泛北部湾合作各方以海洋为纽带，加强海洋经济、海洋防治检测、海洋生态建设等领域的合作，促进"蓝色经济"发展③。

第十届全国人大常委会副委员长、中国—东盟协会会长顾秀莲表

---

① 魏恒、李耿、蓝锋：《推动泛北合作升级发展 构建陆海联动新格局》，《广西日报》2016 年 5 月 27 日。

② 《国务院为推动"泛北"合作提四点建议》，http：//www.gxi.gov.cn/gjw_zt/jjfz/jjd9jbbwjjhzlt/jyjhrhtdfb/201606/t20160616_683329.html。

③ 钟建珊、黄威铭：《中国海洋局副局长提三建议 促泛北部湾加强海洋领域合作》，http：//www.gx.chinanews.com/special/2016/0526/5209.html。

示，虽然北部湾沿岸各国国情各异，但各国利益紧密交融，在推动工业、农业现代化，基础设施建设，产业结构升级，旅游业发展等方面，都有合作需求和较强的优势互补。泛北部湾经济合作已走过 10 年非凡历程，逐步进入互利共赢的收获期。她建议各方应积极总结泛北部湾经济合作的 10 年经验，在此基础上加强战略对接，共建团结互助、平等协商、互利互惠、合作共赢的命运共同体，深化融合发展，以创新的理念积极谋划"一带一路"背景下泛北部湾经济合作创新发展的模式、路径以及平等的机制，推动升级发展。

广西壮族自治区党委书记彭清华指出，广西作为中国与东盟陆海相邻的省区，既是泛北部湾经济合作的积极参与者，也是直接受益者。广西已从昔日的中国西南边陲变为中国面向东盟开放合作的前沿和窗口，从中国交通末梢变为重要的区域性交通枢纽。在泛北部湾经济合作第二个十年里，广西将秉持共商、共建、共享的理念，加强与北部湾沿岸各方的政策和发展战略对接，围绕国际通道、战略支点、重要门户建设，加快推进更高水平的互联互通，构建衔接"一带一路"的重要交通枢纽、产业合作基地、开放合作平台、人文交流纽带和区域金融中心，促进泛北部湾区域与中国西南中南地区联动发展，进一步扩大泛北部湾经济合作的经济腹地和影响力、辐射力①。

广西壮族自治区主席陈武指出，共建"一带一路"、实现陆海统筹需要各方通力合作、携手同行。他对推进泛北部湾经济合作提出以下几条建议：一是重点打造中国—东盟港口城市合作网络，推动海上互联互通；二是共同实施"泛北畅通工程"，加强交通基础设施建设，推动陆上互联互通；三是合力推进国际产能合作，增强泛北部湾区域经济增长新动力；四是共同实施"泛北城市合作行动"，密切沿

---

① 魏恒、李耿、蓝锋：《推动泛北合作升级发展 构建陆海联动新格局》，《广西日报》2016 年 5 月 27 日。

线重点节点城市合作，形成陆海统筹合作示范效应；五是共同完善和创新泛北合作机制平台，强化陆海统筹机制保障；六是把泛北部湾经济合作打造成为"一带一路"的标志性和旗舰性合作平台①。

泰国商务部副部长维尼差·詹张指出，泰国认为"一带一路"倡议的提出正逢其时，将让中国与东盟各国共同受益，项目融资是"一带一路"建设的要素②，泰国对中国设立的中国—东盟海上合作基金以及亚洲基础设施投资银行表示欢迎。泰国政府制定了总额达2万亿泰铢的基础设施发展计划，以促进该国基础设施建设，其中港口建设是重要的组成部分，2016～2020年，泰国港务局计划投资1200亿泰铢，建设多个港口。泰国希望进一步加强泛北部湾经济合作③。

马来西亚总理对华"21世纪海上丝绸之路"特使、巴生港及马六甲港港务局主席丹斯里·江作汉指出，马来西亚一直积极支持"一带一路"倡议，认为"一带一路"倡议对"21世纪海上丝绸之路"沿线所有国家和地区都是重大机遇。2009～2016年，中马互为最大贸易伙伴。在共建"21世纪海上丝绸之路"的框架下，加强港口合作具有重要意义。马来西亚的港口基础设施建设和开发，造船、船舶维修维护等领域具有明显的投资机遇，希望与中国及东盟其他国家加强沟通与合作④。

越南交通部副部长阮鸿长、柬埔寨计划部国务秘书侯泰恩指出，柬埔寨在国家发展过程中不断学习中国经验，中柬两国在基础设施、电信和能源等多个领域的合作正顺利推进。他表示柬埔寨坚定支持泛

① 魏恒、李耿、蓝锋：《推动泛北合作升级发展 构建陆海联动新格局》，《广西日报》2016年5月27日。

② 刘华新、林芮、庞革平、谢振华：《陆海并举 力促泛北合作升级》，《人民日报》2016年5月31日。

③ 黄艳梅：《泰国商务部副部长：将推动"一带一路"基础设施建设》，http://www.chinanews.com/cj/2016/05-26/7884585.shtml。

④ 钟建珊、黄威铭：《江作汉："一带一路"建设对沿线国家蕴含重大机遇》，http://www.chinanews.com/cj/2016/05-26/7883972.shtml。

北部湾经济合作以及"一带一路"建设，希望在"一带一路"框架下进一步推动中国—东盟陆海互联互通①。

缅甸仰光市市长茂茂索指出，孟中印缅经济走廊建设能为沿线四国带来互利共赢的经济效益，增强地区合作。缅甸赞赏中国通过孟中印缅经济走廊建设，在"一带一路"框架下推动区域经济均衡发展的努力。他希望中国—东盟港口城市合作网络能够推动港口城市间在海运物流、港口服务等领域的合作，进一步推动海上贸易合作发展，从而提升区域贸易规模，尤其是中国—东盟的贸易规模，并通过中国—东盟海上合作的深化将中国—东盟友好合作关系推向新高度②。

老挝外交部副部长坎葆·因塔万指出，老挝坚定支持中国—东盟合作，并积极参与到现有的合作机制中，努力提高相关合作机制的合作效率，共同推动区域可持续发展。老挝积极推动老泰友谊大桥等多个项目的建设，制定多项发展政策，以实现从内陆国向对外联动国家的发展。这些项目和政策对促进中国—中南半岛经济走廊建设及中国—东盟经贸合作发挥了重要作用③。

越南交通部副部长阮鸿长指出，越南重视泛北部湾经济合作论坛的平台作用，愿意继续在论坛框架下加强与中国及东盟其他各国的合作。越南希望在经济、投资、基础设施、人员、环境和自然资源保护5个领域的互联互通方面加强与中国及东盟其他各国的合作④。

① 蒋美凤：《柬埔寨计划部国务秘书：在发展当中学习中国经验》，http://www.gxi.gov.cn/gjw_zt/jjfz/jjd9jbbwjjhzlt/dmggjcfb/201606/t20160616_683320.html。
② 冯抒敏：《缅甸仰光市长：孟中印缅经济走廊推动各方互利共赢》，http://www.cankaoxiaoxi.com/china/20160526/1172816.shtml。
③ 冯抒敏：《老挝外交部副部长：支持中国与东盟合作》，http://finance.chinanews.com/gn/2016/05-26/7884603.shtml。
④ 《越南交通部官员：愿与东盟各国和中国加强泛北框架内合作》，http://www.gxi.gov.cn/gjw_zt/jjfz/jjd9jbbwjjhzlt/dmggjcfb/201606/t20160616_683324.html。

（二）中国—中南半岛经济走廊发展论坛主要成果

1. 中国—中南半岛经济走廊建设的内容

中国—中南半岛经济走廊具有巨大的发展潜力，目前沿线不少国家或地区已采取行动，积极推进经济走廊建设。与会者普遍认为，加强互联互通建设，进一步扩大贸易投资规模，不断提升经贸合作层次和水平，进一步密切人文交流，广泛开展教育、科技、文化、旅游、医疗、卫生、生态环境、扶贫、防灾减灾等领域的合作都应是经济走廊建设的重要方面，应软硬件并重，全方位、多层次、宽领域地推进其建设。

中国国家发展与改革委员会西部司副司长翟东升指出，中国—中南半岛经济走廊建设应该是多角度、全方位的。老挝交通运输部计划与合作司司长欧拉·帕东迪认为交通设施不完善、人才缺乏等是老挝推进经济走廊建设面临的突出问题。柬埔寨公共工程与运输部副国务秘书林敦尤认为道路网络建设，尤其是加强与边境国家的道路连通是柬埔寨希望在经济走廊建设中得到关注的。广西发改委主任黄方方指出，广西已通过大通道建设、中国—东盟信息港建设等积极推进中国—中南半岛经济走廊建设。

2. 通关便利化是中国—中南半岛经济走廊建设的关键点

"共促中国—中南半岛运输与通关便利化"是论坛的议题之一，便利化、高效率的通关是实现互联互通的重要前提，也是中国—中南半岛经济走廊建设的关键点之一。

中国海关总署加工贸易及保税监管司副司长胡东升指出，建设海关特殊监管区，与经济走廊沿线国家的海关特殊监管区域进行信息互换、监管互认、执法互助等方面的合作，是实现通道畅顺、合作不断深化的重要保障。他建议将海关特殊监管区域合作纳入泛北部湾经济合作战略规划。林敦尤认为，经济走廊沿线国家需要通力合作，共同采取行动，共同简化海关通关程序，提高通关效率，以提升互联互通

水平。中国国家质检总局通关业务司副司长邸连柱介绍了设立指定口岸、检验检疫证书无纸化、推动贸易便利化协定等中国推动中国—东盟贸易便利化的主要举措。中国南宁海关关长李文健介绍了广西与越南、马来西亚海关实行"两国一检"等降低通关成本的做法。

3. 投融资问题是关注的焦点

中国—中南半岛经济走廊的建设需要大量的资金保障,如何解决投融资问题是与会代表关注的焦点。老挝交通运输部计划与合作司司长欧拉·帕东迪指出,共建中国—中南半岛经济走廊需要多个项目的支撑,资金问题是项目建设有序推进面临的首要挑战。中国人民银行金融研究所副所长纪敏指出,中国—中南半岛经济走廊建设是一个长期推进的过程,需要长期的投融资,因此需要创新长期投融资机制,除了传统的金融机构,还需要各种各样的基金来丰富经济走廊建设所需的长期投融资的主体和方式。他指出,长期投融资要依靠债券市场,而不能以银行贷款为主。

(三)中国—东盟港口城市合作网络工作会议主要成果

1. 中国—东盟港口城市合作网络成为中国—东盟新的合作平台

中国—东盟港口合作网络成立以来,新开通中国与东盟间国际航线10条,成为深化中国—东盟全方位合作的新平台。广西壮族自治区人民政府有关负责人指出,互联互通是中国—东盟港口城市合作网络建设的主要目的,有助于促进中国与东盟经济的一体化和共同繁荣的实现。马来西亚总理对华"21世纪海上丝绸之路"特使、巴生港及马六甲港港务局主席丹斯里·江作汉认为,"21世纪海上丝绸之路"开拓了中国与东盟沿线国家的广阔合作空间,在港口设施运作的发展上,东盟各国都需要做好准备,并希望借鉴中国的有益经验,促进超大港口城市的开发与发展。马来西亚关丹港口财团首席运营官卡斯布拉认为中国—东盟港口城市合作网络有利于促进泛北部湾区域内的港口合作，尤其是电子商务的合作。

2. 积极支持《中国—东盟港口城市合作网络愿景与行动》

本次工作会议讨论了《中国—东盟港口城市合作网络愿景与行动》，与会代表均表现出对其的支持态度。印度尼西亚雅加达特区省长助理萨坦托·苏哈托认为，印度尼西亚需要通过扩大港口开放带动经济发展，高效率的国际港口供应链建设至关重要，因此，印度尼西亚积极支持中国—东盟港口城市合作网络的建设，并希望其建设不要局限于区域合作线路中各国各港口管理机构的合作，还要建立各国中央政府、地方政府间的合作机制，通过机制的建立合理降低港口供应线的时间成本，提高经济效益。缅甸仰光市市长茂茂索认为，《中国—东盟港口城市合作网络愿景与行动》提出的8个方面的合作①将加强海上互联互通合作，进一步促进泛北部湾区域内及中国—东盟间的贸易发展与合作。中国外交部亚洲司参赞郑学方指出，中国外交部将继续支持中国—东盟港口城市合作网络建设，并建议继续发挥中国—东盟海上合作基金等现有机制平台的作用，着力推进海上互联互通、海洋经济、海洋环保、海上安全等务实合作②。

三 第九届泛北部湾经济合作论坛暨中国—中南半岛经济走廊发展论坛的学术成果

（一）达成携手推进"一带一路"建设的重要共识

与会各方高度认同共建"一带一路"给泛北部湾合作带来了重

---

① 具体为构建航运物流服务体系、促进港口投资运营合作、深化临港产业合作、加强旅游人文合作、提升通关便利化水平、务实推进中国—东盟友好港城合作、探索中国—东盟港口城市合作机制建设、建设相关服务设施。

② 杨秋：《联湾共舞 推动海上互联互通——中国—东盟港口城市合作网络工作会议综述》，《广西日报》2016年5月29日。

要机遇，开辟了新的广阔合作空间。泛北部湾合作各方愿意携手合作，共同推进"一带一路"建设，促使泛北部湾合作化愿景为行动，从共识走向实践。

（二）普遍赞成加快实施"陆海并举"，推进共建"一带一路"

共建"一带一路"既有陆上合作，又有海上合作。泛北部湾合作契合了"一带一路"倡议的实施路径。各方普遍赞成泛北部湾合作必须坚持陆海统筹、有机衔接，激发陆的活力，释放海的潜力，连片推进，联湾共舞，合作共赢。

（三）签署实施一批合作项目，务实推进国际产能和经贸合作

本届论坛上，中国广西、湖北、福建、香港与越南、柬埔寨、泰国、缅甸、印度尼西亚等项目代表达成合作，成功签约9个项目①。除此以外，还举行了一批合作项目启用仪式。这些合作项目的签约实施，进一步深化了中国—东盟产能和经贸合作，必将成为推动本区域互利共赢的重要动力。

（四）各方同意基于共同利益，进一步建立健全中国—东盟陆海合作平台机制

本届论坛发布了《中国—中南半岛经济走廊建设倡议书》，相关各方积极响应《中国—中南半岛经济走廊建设倡议书》，赞成共同推进中国—东盟港口城市合作网络愿景与行动，本区域一批港口城市、港口管理机构、港口运营企业和航运物流企业同意加入合作网络。中

---

① 严江萍、邓昶：《第九届泛北部湾经济合作论坛闭幕取得系列成果》，http://news.eastday.com/eastday/13news/auto/news/china/20160527/u7ai5673637.html。

国—东盟港口城市合作网络中方秘书处正式揭牌成立，将无偿为成员提供沟通和协调服务。

参考文献

［1］魏恒、李耿、蓝锋：《第九届泛北部湾经济合作论坛暨中国－中南半岛经济走廊发展论坛在邕举行 彭清华致欢迎辞 陈武等发表演讲》，《广西日报》2016 年 5 月 27 日。

［2］胡广磊：《中国与东盟将开展港口合作网络建设》，《南宁日报》2016 年 5 月 27 日。

［3］简文湘、王克础：《关通天下 天下通关——中国—中南半岛经济走廊发展论坛侧记》，《广西日报》2016 年 5 月 28 日。

［4］杨秋：《联湾共舞 推动海上互联互通——中国—东盟港口城市合作网络工作会议综述》，《广西日报》2016 年 5 月 29 日。

［5］杨秋、胡铁军：《第九届泛北论坛取得系列重要成果》，《广西日报》2016 年 5 月 29 日。

［6］王克础、简文湘：《第九届泛北论坛嘉宾观点撷英》，《广西日报》2016 年 6 月 2 日。

B.5

中国—东盟国际合作产业园区

朱莹莹　雷小华*

摘　要：　为适应全球经济飞速发展，同时积极贯彻国家"走出
　　　　　去"发展战略，在实现中国与泛北国家更好的经济合
　　　　　作发展、贸易互通的大背景下，通过建设经贸合作区，
　　　　　吸引更多的企业到泛北部湾国家投资建厂，由此，诞
　　　　　生了中国—东盟国际合作产业园区。

关键词：　国际合作产业园区　国际合作　泛北合作

一　中国—东盟国际合作产业园区概况

（一）设立背景

21 世纪以来，随着各国经济迅猛发展，世界经济逐步呈现出两大特点：一是经济全球化，二是区域经济一体化。为顺应这两大经济发展潮流、融入经济全球化与区域经济一体化中，中国鼓励企业"走出去"，充分发挥双边优势，开展境外投资，达到共荣互惠的目的，提高技术水平，促进经济发展，共建双赢平台①。2006 年下半

---

　*　朱莹莹，广西社会科学院《东南亚纵横》杂志社编辑；雷小华，广西社会科学院东南亚研
　　　究所副研究员。
　①　从春、建新、周密：《为什么选择西港特区》，《国际商报》2011 年 1 月 3 日。

年，中国商务部会同有关部门筹资 200 亿元建立多个境外经济贸易合作区，鼓励企业"抱团出海"①。自 2010 年中国—东盟自由贸易区成立以来，在"一带一路"倡议、抓住 21 世纪海上丝绸之路建设的发展机遇、积极贯彻"走出去"发展战略等国家政策统筹指导下，为实现中国与东盟国家更好的经济合作发展，在贸易互通的大背景下，通过建设经贸合作区，吸引更多的企业到东道国投资建厂，中国—东盟国际产业园区正是为应对经济全球化中的负面影响和应对区域经济一体化的快速发展而设立。

（二）园区的概况

根据国务院关于推进境外经贸合作区建设的有关文件精神，自 2006 年以来，商务部会同有关部门，按照"政府引导、企业决策、市场化运作"的原则，积极、稳步推进合作区建设②。中国境外投资园区讲究市场原则，企业是市场的主体，企业根据东道国的投资环境和政策优惠情况自主抉择是否投资，以商业运作为基础，以互利共赢为最终目的③。合作园区作为我国企业在海外的集群式发展基地，有效促进了我国与东道国的互利双赢和共同发展。截至目前，中国企业已在"一带一路"沿线国家建设 46 个境外合作园区。其中，中国—东盟沿线的有越南龙江工业园、马中关丹产业园区、泰中罗勇工业园、柬埔寨西哈努克港经济特区、中国印度尼西亚聚龙农业产业合作区、中国印尼综合产业园区青山园区、老挝万象赛色塔综合开发区、中国印尼经贸合作区，对于东道国来说，这些园区建设吸引了中国的投资，提供了就业机会，增加了税收，增加了出口创汇等，进一步推

---

① 肖琪经：《泰中罗勇工业园建设对于推动中国企业"走出去"的研究》，复旦大学硕士学位论文，2010。
② 李红阳：《中国贸促会精准服务企业"走出去"》，《中国贸易报》2016 年 1 月 12 日。
③ 李红阳：《中国贸促会精准服务企业"走出去"》，《中国贸易报》2016 年 1 月 12 日。

动了产业发展和工业化进程，提升了整体经济实力。由于缺乏可借鉴的国际经验，境外经贸合作区的建设也存在一些瓶颈和不足。加强国际产能合作是"一带一路"倡议的重要内容之一，境外经贸合作区已成为我国企业在境外开展汽车、摩托车、机械、电子、化工、纺织、服装等优势产业合作的集聚式发展平台。

中新合作建立的苏州工业园区是我国较早的国际合作产业园区。近年来又相继建立了中国—马来西亚钦州产业园区、中新天津生态城、中新（重庆）战略性互联互通示范项目等两国合作园区。其中，中新天津生态城更是因其低碳产业与环保特色，成为中国与东盟产业合作的新亮点之一。

本报告主要介绍中国印尼经贸合作区、中国印尼综合产业园区青山园区、中国印度尼西亚聚龙农业产业合作区、柬埔寨西哈努克港经济特区、泰国泰中罗勇工业园、越南龙江工业园、中国·越南（深圳—海防）经贸合作区、万象赛色塔综合开发区、马中关丹产业园（见表1）。

二 中国—东盟国际合作产业园区发展特征与制约因素

（一）发展特征

随着中国—东盟自贸区升级建设的不断推进，中国—东盟经贸合作新模式将主要以跨国、跨境园区为主要载体开展产业合作。带动本国经济增长内生动力不断增强，这将直接促进各成员国经济的发展[1]。从近年来我国企业投资的行业看，主要是食品、生物制药、能

---

① 李嘉楠、龙小宁、张相伟：《中国经贸合作新方式——境外经贸合作区》，《中国经济问题》2016 年 11 月 21 日。

表1 中国—东盟国际合作产业园区情况

园区名称	设立时间	园区地址	投资主体	规划与产业定位	投资优势与优惠政策
中国印尼经贸合作区	2008年	印尼首都雅加达绿壤国际工业园内	由广西农垦集团有限责任公司与印尼布米巴拉巴汽车装配公司合作承建	汽车摩托车配件、机械制造、精细化工、仓储物流及新材料等产业	1. 税收政策： 所得税减免； 外企自用机械设备、零配件及辅助设备等基本物资免征进口关税和费用，生产征进口关税及增值税； 外企2年自用生产原材料免征进口关税，出口产品的原材料可退还进口关税； 外企用于研究开发、奖学金、教育和培训以及废物处理的开支可列入毛收入中提扣； 投资统筹部总清单：为符合总清单条件的机械设备和原材料提供关税减免，最高可减除关税税率5%。 2. 外汇管理规定：印尼无外汇管制，外资可自由汇出
中国印尼综合产业园区青山园区	2013年10月	印尼中苏拉威西省Morowali县Bahodopi镇	上海鼎信投资（集团）公司和印尼八星集团公司合资设立	致力于中国与印度尼西亚矿产资源开发合作，以镍矿矿产开采冶炼、不锈钢冶炼、轧钢生产等为主导产业	1. 投资审批：印尼政府推出并加强了投资"一站式"服务，建立了"电子追溯系统"网上公布投资信息，以简化投资申办手续的方式，提升服务的方式促进外商投资。 2. 市场准入：印尼对外国投资总体比较开放，多数行业准予外资进入。 3. 外汇管制方面：印尼实行相对自由的外汇管理制度。印尼盾可自由兑换，资本可以自由转移，外商投资所得利润和红利可自由汇出

续表

园区名称	设立时间	园区地址	投资主体	规划与产业定位	投资优势与优惠政策
					4. 税收优惠：印尼工业部、财政部出台税收优惠，外商投资企业自用设备免征进口关税，出口产品的进口原材料实行退税，在印尼国内购买用于生产出口产品的物资免增值税和奢侈品税，特定行业和大规模投资可申请所得税减免
中国印度尼西亚聚龙农业产业合作区	2006年	印度尼西亚加里曼丹岛人迹罕至的村庄	天津聚龙嘉华投资集团有限公司	最大的棕榈油进口企业和最大的油脂综合加工厂	1. 两国政府方面：中印之间签订了《投资保护协定》《海运协定》《避免双重征税协定》，并就农业、林业、渔业等领域合作签署了谅解备忘录，为中国企业投资印尼提供了保护； 2. 管理服务：合作区实行合管委会负责制，合作区下设咨询服务公司、物业管理公司、生产资料供应公司等平台专业公司，分工明确，各司其职，立足于农业资源开发服务，提升效率及合作区服务水平。同时，合作区所有手续办理实行"一站式"服务
柬埔寨西哈努克港经济特区	2008年	西哈努克市墨德郎乡	江苏太湖柬埔寨国际经济合作区有限公司与柬埔寨国际投资开发集团有限公司	主导产业以轻纺服装、机械电子和高新技术为主	企业用于投资建厂的生产设备、建材、零配件及用于生产用的原材料等免征进口关税； 企业投资后根据产品类最多可享受柬方9年的免税期； 利润用于再投资免征所得税； 产品出口免出口税； 无外汇管制，外汇资金可自由出入； 无土地使用税

续表

园区名称	设立时间	园区地址	投资主体	规划与产业定位	投资优势与优惠政策
泰国泰中罗勇工业园	2006年3月	泰国罗勇府（东部海岸安美德工业城）	由华立集团与泰国安美德城股份有限公司共同组建	主要为汽配、机械、建材、家电和电子等有比较优势的中国产业	自投资之日起8年免缴企业所得税，免税期过后另予5年期限减半缴付企业所得税； 自投资之日起8年免缴进口机器关税； 自投资之日起5年进口原材料免关税； 可将交通、水、电等费用作为成本自所得税中双倍扣除，初次销售之日起为期10年； 基础设施的安装和建设费的25%作为成本在利润中扣除，从有收入之日起10年内可选任何一年扣除上述费用
越南龙江工业园	2007年	越南南部的九龙江平原，距胡志明市中心、国际机场及西贡港均约为50公里	中国浙江前江投资管理有限责任公司	电子、电气类产品、机械、木制品、轻工业、建材、食品、生物制药业、农林产品加工、橡胶、包装、化妆品、纸业、新材料、人造纤维等	入园企业自有营业收入之年起享有15年的所得税优惠期，优惠税率为10%（目前越南的企业所得税为25%）； 自盈利之年起前4年免税，后续9年税率减半； 构成企业固定资产的设备免进口税、免产品出口税； 自企业开始投产之日起，生产所用原材料、物资、零部件进口可免5年进口税； 入园企业可根据自身情况决定成立普通企业或加工出口企业，对于加工出口企业，免原材料进出口税及增值税

园区名称	设立时间	园区地址	投资主体	规划与产业定位	投资优势与优惠政策
中国·越南（深圳—海防）经贸合作区	2008年设立，2012年投入使用	越南海防市安阳县	深越联合投资有限公司（由深圳中航投集团、中深国际、海王集团等7家企业合资成立）	纺织轻工、机械电子、医药生物等	
万象赛色塔综合开发区	2010年	老挝首都万象市主城区东北方的赛色塔县和赛尼县	中老两国政府共同确定的合作项目——老中联合投资有限公司	"农产品出口加工基地、轻工产品出口加工基地、服务和物流中心、保税区、现代化商务区、公共配套和住宅区、休闲旅游区等"为支撑进行综合开发	获得开发区经营许可的入园企业，在开发区外全国范围内进行商品买卖和各种服务的，其增值税缴纳和减免按老挝税法执行；从国外或开发区外引进商品在赛色塔综合开发区内使用、加工、生产或销售的，免缴消费税；获得开发区经营许可的投资者在开发区内进行投资经营时，享受利润税方面的减免政策；用于加工或生产的工厂、建筑材料、原料、半成品、机动车辆利用于生产的配件可免除进口关税；修建仓库所需建筑材料、机械、交通工具及配件可免除进口关税；入驻园区的运输公司（拥有重型装载车辆）用于修建自用房室的建筑材料，用于工程承包所需工程配件、设备、装卸商品配件的车辆，可免除进口关税；赛色塔综合开发区内所有企业缴税最低税

续表

园区名称	设立时间	园区地址	投资主体	规划与产业定位	投资优势与优惠政策
马中关丹产业园	2012年	马来半岛东部—马来西亚首布相纳吉的家乡彭亨州关丹市	由中国—马来西亚双方组建的合资公司负责开发建设和运营，中方参股企业为广西北部湾国际港务集团和钦州市开发投资有限公司；马方则由马来西亚实达集团、常青集团和彭亨州发展机构（以土地作价入股）共同参股	以钢铁、铝材深加工、棕榈油加工、石化、汽车装配、橡胶、清真食品加工等双方具有传统优势的工业；加快发展信息通信、电器电子和环保产业等为主的新兴产业；积极发展以金融保险业、物流业、研发展示等为主的现代服务业	关丹拥有完善的海陆空交通网络，其中包括陆路的东西快通道，空运的关丹机场，科低成本，以及海运的关丹港；市场容量广阔；通过与中、日、新、印、澳和巴基斯坦等多国家签署的自由贸易协议和相关经济合作协议，覆盖总人口数量达35亿以上的广阔市场

源、资源、农林产品加工、轻工业、冶炼、电器电子、物流等中国传统领域行业[①]。而这些行业又可细分为以下几种类型。

1. 商业运输物流型

现今市场产品流动性广而大，有利的交通运输环境成为企业发展及实现盈利的一大助力，现代化物流园区通常涵盖商品展示、货物分拨、物流、仓储、信息服务等配套功能于一体[②]。越南龙江工业园园区项目位于胡志明市经济圈的前江省，所依托的胡志明市是传统的国际货物运输港口城市，货物海运通达全球，十分便利。园区自 2008 年 5 月份开始建设，目前已完成了第一期建设及招商工作，进入第二期的开发阶段，总开发面积超过 350 公顷。主要建设工程包括园区土地平整、道路建设、给排水管网建设、污水处理站建设、供水站建设、供电系统建设、绿化及临时码头建设等，满足了园区内各企业的正常运行。胡志明市还是中国—东盟的 2 小时经济圈空运中心，到广州、香港、新加坡、曼谷、吉隆坡、雅加达、金边等中国与东盟城市的航程都在 2 个小时左右。马中关丹产业园区主要依托关丹港口，服务马来半岛东海岸地区，辐射东南亚，将努力将马中关丹产业园区建设成为马来西亚东部高水平产业集聚地和面向世界的区域性物流加工基地，进而构筑马中经贸合作战略发展新平台，打造亚太地区投资创业新高地，建设中国—东盟经济合作示范区[③]。

2. 加工制造型

为吸引中国投资、创汇及增加就业机会，产业主要定位于轻工业、建材、机械、电子等产业。泰中罗勇工业园位于泰国东部海岸、

① 李嘉楠、龙小宁、张相伟：《中国经贸合作新方式——境外经贸合作区》，《中国经济问题》2016 年 11 月 21 日。
② 李志鹏：《境外经贸合作区的发展实践探索》，《国际工程与劳务》2016 年 9 月 10 日。
③ 郭伟、杜永军、任强、郑少丹：《深化中马教育合作 打造国际化理工大学——访马来西亚彭亨大学副校长柔斯利》，《世界教育信息》2016 年 12 月 10 日。

储、服务于一体的现代化国际经贸合作区和中国优势产业在印尼的重要产供销仓储集散中心。

（二）机遇和制约因素

合作园区面临的潜在风险也不容低估。比如，东道国承诺的优惠政策能否兑现，便利条件能否实现，这为中资企业入驻东道国带来了潜在的风险，这些风险在政权更替频繁的国家显得更为突出。

（1）资金短缺导致融资压力大。在资金方面，产业园区建设先期投入较大，但许多"一带一路"沿线国家融资渠道有限，企业在东道国当地融资压力较大，在东道国金融支持不足的情况下，企业需要借力国内的金融服务。

（2）投资环境不完善导致投资成本高。"一带一路"沿线国家总体上来说大部分是欠发达国家，政治风险较高，基础设施不完善，且这些情况短时间内难以大幅改善。而通过抱团取暖的方式建立境外经贸合作区则提供了一个现实的解决方案，降低关税，提升贸易便利，完善基础设施建设，从而创造一个新的投资环境来推动企业发展。

（3）园区定位不明确，导致重复建设。一些园区的建设存在定位不明确，追求产业多而杂，同时，定位不清也导致了大量的重复建设。

（4）基础设施不完善，导致配套服务较差。基础设施配套不完善导致企业经营成本增高，使相关企业望而却步，不敢投资于东道国。特别是在如水、电、污水处理等基础设施建设领域，单个企业根本无力承担建设成本，因此通过园区统一建设和完善相关配套基础设施则要优越得多。

三 中国—东盟国际合作产业园区发展前景

现今境外经贸合作园区作为促进中国对外直接投资的新模式，已经成为政府帮助中国企业"走出去"的重要平台，对中国国际投资与国际贸易产生了深远的影响，从而推动了泛北部湾经济合作的发展。其具有相对巨大的市场容量和较强的市场辐射能力，拥有完善的公共与工业基础设施，配套政府鼓励外商投资的优惠政策，社会稳定、安全，法律体系完善，这些都使我国优势产业在海外形成集聚效应，也降低了中国企业"走出去"的风险与成本。对于东道国而言，其优惠的政策与优良的地理位置、水陆空全方位交通——这些优势条件吸引中国投资建设园区，这不仅为东道国带来了税收和就业机会，而且完善了东道国的产业和工业体系。对于中资园区来说，政府提供的优惠政策和优惠措施也降低了园区经营风险，园区为入驻企业提供土地、税收、社会服务以及相关配套基础设施，降低了企业经营成本和风险。在地缘风险突出的国家，中资企业"抱团"经营比"单兵作战"能更好地对抗风险和不确定性。

另外，规避发达国家针对我国产品的"双反"调查也是相关类型企业"走出去"到沿线国家投资建厂的一大目的，投资东道国则可以规避"双反"。例如，作为世界上最不发达国家之一，柬埔寨尚未遭遇发达国家"双反"等贸易壁垒阻碍，并且可享受欧美等发达国家和地区给予的特殊贸易优惠政策及额外的零关税优惠[1]。

中国正提速与东盟国家的国际合作产业园区的建设步伐，并推动以此为中国—东盟产业合作的新平台，开创双边产业合作的新模式[2]。建设境外经贸合作园区已成为推进"一带一路"建设和开展国际产能合作的重要载体，也是中国企业"走出去"的平台和名片。

---

[1]　陈宁：《去柬埔寨投资，你准备好了吗?》，《江苏经济报》2014年11月20日。
[2]　程亚丽、汤静莹：《产业合作推动中国—东盟共赢发展》，《国际商报》2014年5月20日。

中国—东盟跨境经济合作区

雷小华　朱莹莹*

摘　要：　2013 年 9 月第 10 届中国—东盟博览会在广西南宁隆重开幕，国务院总理李克强在会上提出中国—东盟自贸区升级建设倡议，打造中国—东盟合作"钻石十年"，得到东盟各国的积极响应。随着中国—东盟跨境经济合作区的成立，在跨境经济合作区建设的协同过程中，中国与东盟各国在多个层面上都有突出的表现，从而使得这一线跨境经济合作区建设得到较好推进。

关键词：　跨境经济合作区　中国—东盟　自贸区升级

一　中国—东盟跨境经济合作区概况

（一）设立背景

近年来，随着经济全球化、一体化进程逐步加快，通过区域合作谋求发展、应对挑战、扩大共同利益、促进区域经济持续快速健康发展，正日益成为世界各国、各地区的普遍共识。跨境经济合作区在这

---

* 雷小华，广西社会科学院东南亚研究所副研究员；朱莹莹，广西社会科学院《东南亚纵横》杂志编辑。

一大背景下应运而生。放眼全国，地处中越、中缅、中俄合作前沿的广西、云南、新疆、内蒙古、黑龙江等省区目前均在加快推进跨境经济合作区建设。2007年10月，中国商务部和越南工贸部共同签署了《关于建设跨境经济合作区谅解备忘录》，拟设立中越东兴—芒街跨境经济合作区、中越凭祥—同登跨境经济合作区、中越河口—老街跨境经济合作区，成为中国—东盟跨境经济合作的"先行先试"区域[1]。跨境经济合作区是内陆沿边开放的重要窗口，是实施"一带一路"战略的重要工具，是贯彻国家"走出去"战略的具体实践，同时也对中国与东盟国家经济一体化具有非常现实的意义，今后也会有越来越多的中国与东盟企业加入进来，通过这一平台实现相互投资，将跨境经济合作区建设成为产业聚集的重要基地。

（二）园区发展概况

当前，跨境经济合作已经成为两国接壤边境地区间的一种紧密发展合作模式。在边境地区对外开放的大背景下，根据其基础、特点和优势，在边境贸易和边境经济合作区发展的基础上，将产业合作基础设施、相关海关优惠政策和随之附属的有利资源结合起来，在两国政府的大力推行下实现两国边境地区往来充分互动和贸易优势互补，进而带动边境地区共同繁荣，实现该区域加快发展，进而通过辐射效应带动周边地区发展，将其打造成为沿边开发开放和边境经济合作新高地[2]；也将传统单一的边境贸易拓展为集贸易、生产、加工、技术、物流、仓储和旅游等于一体的丰富、多功能综合园区[3]。

---

① 马继宪：《中国—东盟自贸区框架下的跨境经济合作区建设》，《国际经济合作》2015年3月20日。
② 孔志坚：《云南与中南半岛五国粮食贸易的SWOT分析及对策》，载《云南财经大学学报》（社会科学版）2012年第2期。
③ 孔志坚：《云南与中南半岛五国粮食贸易的SWOT分析及对策》，载《云南财经大学学报》（社会科学版）2012年第2期。

中国广西与越南海陆相连，是最早提出构建跨境经济合作区的省份。广西与越南陆地边境线长达 1020 公里，随着近年来中越两国领导层的高度重视、往来密切，中越关系不断深入发展，中越经济持续保持良好的发展势头。有关资料显示，2016 年中国依然是越南的最大贸易伙伴国。在建设跨境经济合作区方面，越方积极响应，目前中越双方开展的跨境经济合作区有中国凭祥—越南同登、中国东兴—越南芒街、中国河口—越南老街跨境经济合作区①（见表1）。

2007 年 1 月，中国广西与越南谅山两地商务部门共同签署了《中国广西壮族自治区与越南谅山省建立中越边境跨境经济合作区合作备忘录》，双方提出共同建设中越"凭祥—同登"跨境经济合作区的设想②。中国东兴市与越南芒街市共同签署了《关于建设中国东兴－越南芒街跨境经济合作区的框架协议》，正式提出建设东兴—芒街跨境经济合作区③。2010 年 6 月 8 日，中国云南省与越南老街省签署《关于进一步推进中国河口－越南老街跨境经济合作区建设的框架协议》，提出加快建立中国河口—越南老街跨境经济合作区④。

2014 年 9 月 16 日，在广西南宁市举行的中国—新加坡经济走廊节点城市市长圆桌会上对越南与中国建设芒街—东兴、同登—凭祥、河口—老街、茶岭—龙邦口岸 4 个跨境经济合作区展开高层交流与商榷，并共同确定了总体建设框架，促进东盟各国间与中国共同建设跨境产业园区的投资合作。

---

① 马继宪：《中国—东盟自贸区框架下的跨境经济合作区建设》，《国际经济合作》2015 年 3 月 20 日。

② 马继宪：《中国—东盟自贸区框架下的跨境经济合作区建设》，《国际经济合作》2015 年 3 月 20 日。

③ 马继宪：《中国—东盟自贸区框架下的跨境经济合作区建设》，《国际经济合作》2015 年 3 月 20 日。

④ 马继宪：《中国—东盟自贸区框架下的跨境经济合作区建设》，《国际经济合作》2015 年 3 月 20 日。

表 1 中国—东盟跨境经济合作区一览

园区名称	面积	协议	可研报告	报批进程	国家层面
中国东兴—越南芒街跨境经济合作区	84.1 平方公里，其核心区域 10.1 平方公里	2010 年 9 月，广西与越南广宁省签订《合作协议》	2013 年 10 月，中国商务部与越南贸工部签署了《关于建设跨境经济合作区的谅解备忘录》，明确选择具备条件的地区建设跨境经济合作区。随后，广西又与越南边境省共同签署了越南边境经济共同题达成协议①		中国商务部和越南工贸部牵头负责
中国凭祥—越南同登跨境经济合作区	规划总面积为 93.9 平方公里	2007 年 1 月，广西与越南谅山省两省商务部门签订《备忘录》	2009 年 7 月，中越专家评审通过中方编制的《可研报告》	越南：越南谅山省商务厅已上报谅山省人民委员会 中国：《方案框架》已报商务部	2008 年 6 月，中越两国政府经济第 6 次会议同意同探讨
中国河口—越南老街跨境经济合作区	5.35 平方公里	一是红河州人民政府与惠科电子（深圳）有限公司签订了《红河州河口惠科（电子信息）产业园项目》项目总投资 60 亿元；二是河口县人民政府与云南能投集团公司签订了《战略合作框架协议》	2009 年 5 月，中国方面完成《可研报告》（送审稿）中方合作区建设于 2014 年 4 月 19 日正式启动，越方围网区路网全线贯通，跨境合作区红河大桥选址已上报待批，《中国河口—越南老街跨境经济合作区发展规划（2014~2020）》已获得云南省人民政府同意并批准实施	中国方面正式向国务院及商务部上报了《关于请示批准建设立中缅中老跨境经济合作区的请示》。2016 年 11 月 12 日云南惠科（河口）电子信息产业园主体工程建设项目，云南能投河口跨境经济合作区综合开发项目同时开工建设	2011 年 5 月，国务院出台《意见》明确指出，支持建设中国河口—越南老街、中国磨憨—老挝磨丁、中国瑞丽—缅甸木姐跨境经济合作区②

注：①黄兴忠：《交流促合作 互动谋发展》，载《广西日报》2014 年 12 月 23 日。
②雷小华：《中国—东盟跨境经济合作区发展研究》，载《亚太经济》2013 年第 3 期。

按照中国商务部和越南工贸部签署的《关于建设跨境经济合作区的谅解备忘录》，中国东兴—越南芒街跨境经济合作区将加强贸易投资自由化、人员往来便利化、基础设施互联互通、监管服务高效便捷等方面的合作。近年来，防城港市、东兴市与广宁省、芒街市就合作区建设每年都举行多次正式会晤、会谈。2015 年 10 月，东兴市和芒街市正式缔结为国际友好城市。2015 年 11 月，东兴试验区管委会代表团出访越南，与广宁省经济区管委会、广宁省工贸厅等部门进行会谈，推动中国东兴—越南芒街跨境经济合作区建设。2016 年 2 月 22 日，广西与越南广宁、谅山、高平及河江四省党委书记会谈，共同签署《会谈纪要》，同时与广宁省达成重要共识，商定共同加快推进东兴—芒街、凭祥—同登跨境经济合作区建设。

（三）广西推进建设跨境经济合作区的基础、优势及成效

1. 基础与优势

（1）区位优势凸显。广西地处我国东、中、西三个地带的交汇点，是华南经济圈、西南经济圈、中南经济圈与东盟经济圈的结合部，是西南中南地区最便捷的出海大通道，也是连接粤港澳与西部地区的重要通道。目前，广西全区范围已实现国家战略全覆盖，进入了沿海、沿江、沿边"三沿"全面开放开发新阶段，区位新优势和战略地位日益凸显[1]。

（2）政策优势明显。作为沿海、沿边和西部少数民族地区，广西同时享有民族区域自治政策、西部大开发政策、沿海地区开放政策、沿边开放政策、中国—东盟合作先行先试政策等。国家层面各项优惠政策的叠加使广西具有明显的政策优势[2]。

---

[1] 黄志勇、颜洁：《广西在全国新一轮开放中的 SWOT 分析及战略选择——兼论广西推动"一带一路"建设的总体思路》，《改革与战略》2014 年 11 月 20 日。

[2] 黄志勇、颜洁：《广西在全国新一轮开放中的 SWOT 分析及战略选择——兼论广西推动"一带一路"建设的总体思路》，《改革与战略》2014 年 11 月 20 日。

（3）新的定位彰显特殊优势。近年来，国家对广西不断给出新的多重定位，如将广西打造成为"一带一路"有机衔接的重要门户、西南中南地区开放发展新的战略支点、东盟合作高地，将西江经济带打造成为"我国西南中南地区开放发展新的增长极"等，进一步从全国区域发展和区域开放大格局中明确了广西的新定位和新使命，使广西在我国全球战略"新棋局"和全国区域开放发展"新格局"中的战略定位优势更加突出[①]。

（4）与东盟国家拥有紧密的政治、经济关系。广西拥有中国—东盟博览会、中国—东盟商务与投资峰会、中国—东盟自由贸易区论坛、泛北部湾合作论坛等多个国际合作平台。越南、老挝、缅甸、泰国、柬埔寨等国在南宁设立了总领事馆，广西与东盟国家的科技、教育、文化、旅游、人文交流合作等处于全国领先地位。这些国际合作平台为广西推动跨境经济合作区建设提供了重要的互动优势[②]。

（5）产业互补性较强。广西与越南在资源等产业上有相当强的互补性。例如，广西在矿产资源、林业资源等产业上的生产加工能力较强，而越南矿产资源种类多样，其中越南的煤、铁、铝储量较大。因此，广西从东盟国家进口原料加工后再出口的潜力巨大。同时，广西与越南在农产品深加工、林木资源深加工、旅游资源合作开发等方面也存在较大的合作空间[③]。

2. 建设成效

2013 年 10 月，中越签署《关于建设跨境经济合作区的备忘录》，其中明确"双方通过交流磋商，选择具备条件的地区建设跨境经济

---

① 黄志勇、颜洁：《广西在全国新一轮开放中的 SWOT 分析及战略选择——兼论广西推动"一带一路"建设的总体思路》，《改革与战略》2014 年 11 月 20 日。

② 黄志勇、颜洁：《广西在全国新一轮开放中的 SWOT 分析及战略选择——兼论广西推动"一带一路"建设的总体思路》，《改革与战略》2014 年 11 月 20 日。

③ 莫仲宁：《抓住重大发展机遇，积极推进"两廊一圈"建设》，《桂海论丛》2005 年 12 月 5 日。

合作区",标志着推进中越跨境经济合作区建设取得重大突破。广西十分珍惜这个战略机遇,按照商务部的指导意见和自治区的部署统一规划、分期建设、先行先试。经过全区上下共同努力,广西跨境经济合作区①取得了以下初步成效。

(1)规划先行,规划编制取得阶段性成果。目前,中越双方积极行动,共同完成《中越跨境经济合作区共同总体方案》的制定,已经分别上报双方中央政府,双方政府正在积极研究,争取尽快批复②。《中越东兴—芒街跨境经济合作区东兴园区建设方案》《中越凭祥—同登跨境经济合作区凭祥园区建设方案》经多次修改完善,已上报自治区人民政府和商务部审批③。为了加快推进建设工作,自治区还专门出台《关于印发推进中越凭祥—同登跨境经济合作区建设工作方案》,明确指导思想和工作目标,将工作任务分解到各层次政府和各部门。

(2)多方联动,双边达成广泛共识。跨境经济合作区建设复杂,事关中越两国政府,广西积极与各方加强交流磋商,并就重要问题达成共识。2005年,广西政府代表团与越南高平省、谅山省、广宁省政府代表团在河内举行了工作会晤,双方就建立边境磋商合作机制问题进行商谈,并达成重要共识。2007年6月,广西与越南高平、谅山、广宁三省成立联合工作委员会,后越南河江省加入,建立广西与越南边境四省联合工作委员会。目前,联合工作委员会已经进行了7次工作会晤,双方就跨境经济合作区达成广泛共识,广西与越南广宁

---

① 广西跨境经济合作区统指中国东兴—越南芒街跨境经济合作区、中国凭祥—越南同登跨境经济合作区、中国龙邦—越南茶岭跨境经济合作区等广西大力推进建设的3个跨境经济合作区。

② 蒋士圳:《抓住"三大战略定位"机遇 加快广西沿边开发开放》,《东南亚纵横》2015年第12期。

③ 蒋士圳:《抓住"三大战略定位"机遇 加快广西沿边开发开放》,《东南亚纵横》2015年第12期。

省、谅山省、高平省先后签署相关框架协议（备忘录），关于东兴—芒街和凭祥—同登两个选址方案范围、功能分区、运行模式、园区管理、优惠政策等基本确定，关于"一线放开、二线管住、封闭管理、区内自由"的监管模式已成为共识。此外，广西边境市县与越南相邻市县建立了跨境经济合作区工作会晤机制，积极与越方磋商，加快推进跨境经济合作区建设。

（3）加大投入，基础设施建设取得新成效。尽管《中越跨境经济合作区共同总体方案》还没有获得双方中央政府批准，但广西不等不靠，主动作为，加大投入，积极先行建设中方园区，基础设施建设取得新成效。

——互联互通基础设施建设取得新成效。为促进跨境经济合作区建设，广西重点打造南宁—凭祥—越南谅山—河内、南宁—东兴—越南芒街—海防、百色—龙邦—越南高平"一主两辅"的三条陆路运输通道。为此，广西正加快推进与越南相连的"两高两路两桥"互联互通建设项目，进一步密切与东盟国家的联系。其中，对促进中越两国互联互通具有标杆意义的中越北仑河二桥，至2015年4月1日已完成总投资约45%。预计2017年建成通车后，将与现有的中越北仑河大桥实现客货分流。中国友谊关—越南友谊口岸国际货物运输专用通道已经建设完工。

——口岸开放形成了新格局。广西连接跨境经济合作区的口岸均为国家一类口岸。广西十分重视口岸软硬件基础设施建设，加快口岸开放工作步伐，打造一流口岸，建设"一带一路"海陆交汇枢纽，基本形成了全方位、多层次、立体化的口岸开放新格局。凭祥市边境贸易货物物流中心的辐照中心主体和设备安装基本完成，将成为我国第一个在口岸实施电子辐照检疫、高科技保险的示范工程。目前，广西正加快推动中越友谊关口岸扩大开放至浦寨、弄怀，东兴口岸扩大至北仑河二桥口岸服务区。边境口岸经济发展迅速，凭祥、东兴、龙邦等正逐渐形成广西边境口岸经济带。目前，东兴口岸成为我国出入境人员最多的边境口岸，友谊关口岸成为我国水果进出口和红木家具进口最多的边境口岸。

——园区建设取得新成效。目前，广西跨境经济合作区已完成一批专项规划编制，加快实施了一批重点产业和基础设施建设项目。东兴园区按"1+7"规划布局园区，即1个核心区和7个配套区，总面积84.1平方公里，其中核心区10.1平方公里。规划重点发展金融、进出口加工、商贸服务、现代物流、跨境旅游、海洋新兴产业六大支柱产业。目前，核心区中越北仑河二桥、东兴口岸二桥综合服务区的建设，江平工业园、冲榄工业园、东兴边贸中心及物流加工园等配套园区建设的各项工作进展顺利。凭祥园区凭祥重点开发开放试验区、中越凭祥—同登跨境经济合作区、广西凭祥综合保税区和凭祥边境经济合作区"四区"建设实施"三大行动"，取得了显著成效。此外，龙邦园区已经开工建设万生隆国际商贸物流中心。

（4）创新机制，先行先试积累新经验。广西跨境经济合作区紧紧抓住国家全面深化改革的时代机遇，积极对接国家"一带一路"和广西"三个定位""双核驱动"战略，围绕自治区构建"三区统筹"格局，努力先行先试，改革创新不断取得新突破，积累新经验。

——通关便利化方面。2014年11月，广西正式启动关检"三个一"改革试点，即"一次申报、一次查验、一次放行"通关模式，促进贸易便利，提高通关效率。广西捷城国际物流有限公司总经理周波说，"预计'三个一'启动后，不但可以节约近三分之一的报关报检时间，还可以节省30%以上的通关运作成本"。"一个标准集装箱就可以省下300~400元通关成本，对于企业而言非常可观"。2014年，凭祥口岸车辆出入境17万辆，同比增加44.36%；货物进出口173.86万吨，同比增长0.56%。广西还积极与越方沟通，货物通关"两国一检"通关新模式稳步推进，颁布北部湾经济区口岸通关一体

化工作方案，率先在北部湾经济区内推进行政管理、通关作业、信息技术、综合服务、口岸协调的"五个一体化"以及"六市一关""单一窗口"等 10 项重点任务。

——贸易转型方面。加快建设边民互助合作社，引导边民组建合作社参与互市贸易。东兴以河洲村为试点组建边民互助组，现有互助小组 52 组，发展社员 1000 多人。凭祥已成立边民合作社 3 家，互助小组 63 组，发展社员 2500 人，实现边民人均增收约 1500 元。探索开展"边民互市＋落地加工"边民互市改革，积极推动贸易转型发展取得新成效。南宁海关提出"三大改革"措施，促进边民互市贸易转型升级。广西商务厅联合南宁海关制定《边民互助组参与互市贸易试点工作实施方案》，提出推进互助组参与互市贸易试点工作的核心内容，已经报自治区人民政府审批。凭祥市、东兴市进一步出台了《互市贸易管理办法》，制定专项扶持政策，建立边民互市结算中心，实现对互市合作社的规范管理，实现"真边民、真交易、真实惠"的目标。2014 年，凭祥口岸对外贸易进出口总值突破 190 亿美元，增长 53.6%，友谊关口岸继续保持中国对东盟出口第一大陆路口岸。2015 年上半年，东兴园区实现进出口额 93.8 亿元，增长 16%。

——沿边金融体制改革方面。广西积极以《云南省广西壮族自治区建设沿边金融综合改革试验区总体方案》为指导，深化沿边金融体制改革。目前，广西已经成功设立中国—东盟货币业务中心，计划推动设立人民币对东盟货币挂牌交易中心分中心和沿边大宗商品交易中心分中心，已经开展了 9 个东盟国家货币的柜台挂牌交易，积极培育人民币对越南盾银行间区域交易市场，深入推进跨境人民币贷款试点，已经将个人跨境人民币结算范围扩大至沿边 6 个城市。在改革的刺激下，2014 年，广西跨境贸易人民币结算额达到 1421 亿元，位居西部 12 个省区、8 个边境省区的第一位。2015 年上半年，仅东兴园区跨境贸易人民币结算就达 143 亿元，个人跨境贸易人民币结算71.4 亿元，人民币与越南盾特许兑换 7000 万元。

——跨境旅游方面。自恢复异地办证业务以来，跨境旅游市场持续火热。截至 2015 年 10 月 10 日，东兴市边境旅游异地办证业务共接待 17159 个旅游团队，共为 115267 名游客办理《中华人民共和国出入境通行证》，日均办证量达 407.3 人次，月均办证量超过 1 万人次，较 2014 年同期增长 327%，办证量占到全广西异地办证业务总量的 90% 以上。中国东盟（凭祥）自驾车旅游总部基地开工建设，中越跨境自驾游、跨境自行车骑游实现常态化，现已开通 5 条自驾环线游精品线路。2015 年 8 月 11 日，32 辆来自广东、广西及香港的车辆依次驶出友谊关，112 名自驾游客沿友谊关—河内—荣市—万象—素可泰—清迈—清莱—金三角—磨憨环游 12 天。这也是中国首次开启中南半岛深度自驾环线游。

二 中国—东盟跨境经济合作区发展存在的问题与制约因素

建设中越跨境经济合作区，事关中越两国双边开放开发合作，影响因素多，情况相对复杂，建设难度较大。

（1）从宏观层面看。一是相关因素影响合作进程。中越陆地边界虽已无争议，但中越南海主权争端，不可避免地影响到两国经贸合作，如 2014 年越南反华事件，造成两国跨境经济合作区推进等工作停滞。当前，虽然地方积极性较高，但越方有关中央部委对建设跨境经济合作区的意义认识不一，相关工作推进缓慢。二是《中越跨境经济合作区共同总体方案》（以下简称《共同总体方案》）编制滞后。目前，两国制定的《共同总体方案》均已进入国内征求意见阶段。从目前情况看，中越双方有关部门对《共同总体方案》仍有意见分歧，迟迟未能通过。《共同总体方案》编制的滞后，以及广西、云南希望国家给予跨境经济合作区建设的支持政策未能尽快出台，造成地方跨境经济合作区建设缺乏依据和有效政策支撑，将影响中越跨境经济合作区建设推进和招商引资。三是中越双方同步推进难度较大。从协调推进的角度看，往往越具体的问题越难协调，有关跨境经济合作区建设的诸多实际问题需要耐心谈判和沟通。而且越南边境省份经济实力较弱，跨境经济合作区建设资金主要依靠国家投资，双方同步推进园区基础设施建设的难度很大。特别是，跨境经济合作在监管模式、法律规范等敏感问题上不可避免地要涉及主权让渡问题，推进难度较大。

（2）从东兴、凭祥两个中方园区发展实际来看。一是边境基础设施建设严重滞后，尤其是口岸基础及配套设施相对落后。目前，东兴、友谊关、浦寨口岸都是客货混用，严重制约了货物的通关速度。东兴国家重点开发开放试验区没有配套综合保税区建设，制约了保税物流产业的快速发展。二是土地指标和建设资金缺口大，严重制约跨合区后续建设。东兴是国家重点开发开发试验区，中央和自治区有相应的土地、财税、资金等配套保障，但目前没有真正落实到位。经初步测算，东兴园区（围网区）征地搬迁补偿及正在推进的基础设施项目建设资金缺口达 15 亿元。凭祥园区建设也受土地指标和资金的严重制约，2014 年凭祥市财政收入为 8.6 亿元，而用于建设园区卡凤联检设施投入的资金为 8 亿元，相当于占用了全年的财政收入。三是自治区相关规划和审批调整滞后。2007 年，自治区相关部门规划东兴市珍珠湾岸线为旅游休闲定位。而按照跨合区东兴园区规划，需在此岸线附近建设货物码头，这与岸线原来的旅游休闲定位产生冲突，影响到园区建设的推进。园区年度用地指标使用的调整问题也存在滞后。如园区建设获批的用地指标，在推进的过程中，会因为项目、土地、征迁等的调整，而相应地发生变化，但按照相关规定，获批的用地指标如发生任何改变，都需要重新上报审批。

三 推动中国—东盟跨境经济合作区发展的对策建议

推进中越跨境经济合作建设，既需要上下联动，形成合力，还需要多方协调，求同存异。推进跨境经济合作区首要在于中央政府要加强顶层设计，积极出台政策制度，鼓励各边境省区先行先试。

（1）尽快完成《共同总体方案》的编制。建议商务部等国家有关部委按照中越跨境经济合作区第2次司局级磋商会议确定的工作时间表，尽快完成中方《共同总体方案》的修改完善和报批工作。同时，加强两国政府层面沟通，推进越方尽快完成《共同总体方案》，上报各自国家批准执行。

（2）尽快设立三级机构实施跨境经济合作区管理。跨境经济合作在法律规范、监管模式等敏感问题上会涉及主权让渡问题，许多事务属于国家管理层面，地方权限有限，协调、推进难度较大。建议尽快推动两国建立国家和地方三级联合协调工作机制，跨境经济合作区建设相关事项按照事权分别由国家和地方的工作机制协调解决，明确分工，提高效率。

（3）创新跨境经济合作区发展思路。建议国家尽快出台跨境经济合作区支持政策，按照"以我为主、先行先试、引导越方"的原则，给予广西更大的开放创新自主权，支持广西跨境经济合作区开展金融、通关便利化、口岸监管模式和劳务合作等方面的改革和先行先试工作。建议对跨境经济合作区比照国家境外合作区给予基础设施建设等相应的支持政策，加大建设力度。同时，加强边境经济合作区与我国在越境外合作区的对接，积极打造跨国产业链。由于越南边境省

份经济实力较弱，跨境经济合作区建设资金主要依靠国家投资，双方同步推进园区基础设施建设的难度较大。建议国家利用优惠信贷基金，支持有实力的中资企业联合承建跨境经济合作区越方区域和互联互通基础设施，以解决越方资金难题。

（4）跨境园区建设中要大胆改革，先行先试。广西自身要立足发展实际，解放思想，敢闯敢干。一是配合修改《共同总体方案》，做好园区规划和建设方案。跨境经济合作区建设和园区规划要紧紧围绕跨越边境、口岸联通、区域一体、产业融合这些目标，从产业发展方向、重点开放领域、创新管理体制和政策支持方面等进行设计。并紧跟《共同总体方案》修改动态，及时组织修改东兴、凭祥两个园区的建设方案，加快编制两个园区的总体规划、产业发展规划，研究管理体制机制设计，并适时推动中越龙邦—茶岭跨境经济合作区建设。二是抓好自身改革，争取国家政策支持。一方面，自治区要继续给予东兴、凭祥跨境经济合作区简政放权、资金扶持等支持措施，立足自身先行先试，自主改革。另一方面，自治区各有关部门积极主动向对口上级单位汇报，争取支持。争取国家出台扶持跨境经济合作区建设和发展的财税、金融、产业等优惠政策，给予负面清单管理、管理体制创新、通关便利化等特殊政策和特殊制度设计，在跨境经济合作区内先行先试。三是支持广西跨境经济合作区园区基础设施建设。给予广西在跨境经济合作区基础设施建设资金、互联互通项目和用地指标等方面的支持，加快跨境经济合作区东兴、凭祥两个园区各项基础设施建设，尤其是与越方互联互通的通道等基础设施建设。

（5）加强对越沟通，共同协调推进。目前，广西已初步形成了广西与防城港和崇左两个地级市、凭祥综保区和东兴试验区两个管委会的对越沟通交流工作机制。要充分利用广西与越南边境四省联工委会晤机制和东兴与芒街、凭祥与同登跨境经济合作区定期会晤等工作机制，及时掌握越方政策、建设进度等有关信息，统筹做好双方的沟通、磋商，相互通报信息和交流建设经验，协调、解决跨境经济合作区建设存在的困难和问题，共同推动两国政府出台优惠政策，支持加快跨境经济合作区建设。

（6）基础设施建设先行，开展互联互通合作。目前，国家有关部门已相继出台有关"一带一路"的建设规划。国家制定的规划中，已经把中新经济大通道东西两线列入规划，东线从南宁出发，经越、老等国到新加坡，西线则从昆明出发，经越、老等国到新加坡。"一带一路"倡议和基础设施互联互通将有利于促进中越跨境经济合作区建设，广西将加快建设已确定选址园区周边的交通基础设施，推动与越方通道的互联互通，加快建设业已开工的北仑河二桥，积极推进中越之间合作建设"两高两铁三桥"。

（7）加快发展跨境电子商务。跨境经济合作区建设将有利于促进形成区域性市场，为跨境电子商务、物流提供新的发展机遇。因此，广西将在边境经济合作区和跨境经济合作区加快发展跨境电子商务和跨境物流。目前，广西正在与阿里巴巴等电商企业开展合作，依托跨境经济合作区，努力把广西打造成为面向东盟的跨境电子商务和跨境物流重要节点。

专 题 篇

Special Topics

B.7
泛北部湾国家参与"一带一路"
建设对接研究

雷小华*

摘 要： 泛北部湾国家作为"一带一路"倡议沿线重要国家，
各国政府通过不同方式表示全力支持"一带一路"倡
议，愿意加快与"一带一路"建设的对接。泛北部湾
国家不仅态度积极，在对接潜力上也具有双方发展战
略高度契合、合作协议的签署为战略对接保驾护航、
具有良好的基础和广阔的空间等比较优势。在行动上，
双方在政策沟通、设施联通、贸易畅通、资金流通、
民心相通"五通"方面开展了卓有成效的合作。

* 雷小华，广西社会科学院东南亚研究所副研究员。

关键词： 泛北部湾国家　政策沟通　设施联通　资金流通　贸易畅通

2013 年 9 月 7 日，中国国家主席习近平访问哈萨克斯坦时，提出共同建设"丝绸之路经济带"的倡议；2013 年 10 月 7 日，习近平主席访问马来西亚和印度尼西亚，并在印度尼西亚国会发表演讲，提出共建"21 世纪海上丝绸之路"的倡议，他指出"东南亚地区自古以来就是'海上丝绸之路'的重要枢纽，中国愿同东盟国家加强海上合作，使用好中国政府设立的中国—东盟海上合作基金，发展好海洋合作伙伴关系，共同建设'21 世纪海上丝绸之路'"①。至此，中国完整倡议提出"一带一路"建设。2015 年 3 月 28 日，中国发布了《推动共建丝绸之路经济带和 21 世纪海上丝绸之路的愿景与行动》，正式提出"一带一路"建设中国方案，体现了中国负责任的大国担当。倡议以共商、共建、共享为原则，以开放包容、互利共赢为特色，以构建人类命运共同体为目标，提出 3 年多来，已经有 100 多个国家和国际组织积极响应，已经有 50 多个国家与中国签署了相关的合作协议②。泛北部湾国家作为"一带一路"建设的重要前沿，各国政府通过不同方式做出积极的回应与评价。

一　泛北部湾国家对参与"一带一路"建设的回应与评价

"一带一路"倡议符合泛北部湾国家发展战略需求和改善基础

---

① 王键：《建设 21 世纪海上丝绸之路开创两岸关系新局面》，《现代台湾研究》2014 年第 21 期。
② 曹怡晴：《"一带一路"合作成果超预期》，《人民日报》2017 年 3 月 12 日。

设施的发展愿望，得到了泛北部湾国家的积极评价和响应，泛北部湾国家的领导人在不同场合都表示重视中国提出的"一带一路"倡议，愿意积极参与"一带一路"建设，带动沿线地区经济发展。

2015年11月，中国国家主席习近平访问越南时，越共中央总书记阮富仲表示愿意推进"两廊一圈"和"一带一路"发展合作，欢迎中方加大对越南基础设施、高新技术领域投资，拓展双方在人文、防务、安全、打击犯罪、地方等领域的交流合作①。泰国总理巴育在不同场合都表示，中国是泰国发展的榜样，期待中方在互联互通等领域为推进亚洲合作对话发挥重要作用，表示愿与中方对接两国发展规划，努力推动铁路项目早日开工，支持中方"一带一路"倡议的实施②。新加坡总理李显龙表示，"一带一路"倡议可以促进东南亚、东亚、中亚与欧洲之间的国际合作，希望扩大两国在"一带一路"框架下航空、金融、互联互通等领域的合作③④。马来西亚总理纳吉布认为"一带一路"倡议与东盟建设经济共同体的目标不谋而合，将为马来西亚及本区域带来发展机遇，马来西亚全力支持中国的"一带一路"倡议，东盟将积极参与中国政府提出的"一带一路"建设，造福沿线人民⑤⑥。2014年，佐科总统访问中国时曾表示对中国经济发展的模式非常感兴趣⑦。他曾表示："印尼正在努力建设海洋

---

① 侯丽军、王丰丰：《习近平同阮富仲举行会谈》，《浙江日报》2015年11月6日。

② 杨舟、李颖：《泰国总理巴育会见李源潮》，新华社，2016年10月9日。

③ 纪赟：《"一带一路"给新加坡的挑战与机遇》，《联合早报》2015年5月11日。

④ 刘华、马剑：《国家主席习近平2日在杭州会见新加坡总理李显龙》，www.news.xinhuanet.com/world/2016-09/02/C.1119503588.htm。

⑤ 《全力支持中国"一带一路"倡议　希成立跨族商业联盟》，www.mofcom.gov.cn/article/i/jyjl/j/201601/20160101237632.shtml。

⑥ 赵胜玉、郭金超：《东盟将积极参与"一带一路"建设》，www.chinanews.com/gn/2015/11-23/7637394.shtml。

⑦ 许利平：《从贫民窟到总统府——印尼传奇总统佐科》，社会科学文献出版社，2015。

强国，而中国提出建设'21世纪海上丝绸之路'，这两项倡议高度契合"①。菲律宾总统杜特尔特说，菲律宾目前百业待兴，铁路、港口等基础设施建设亟须加强，但菲方缺少必要的资金支持，希望中国能给予其一定的支持。②

二 泛北部湾国家与"一带一路"建设的对接潜力

正如前述，泛北部湾国家领导多次表示支持中国提出的"一带一路"倡议，并对中国经济发展模式十分感兴趣。那么双方的对接潜力如何呢？

（一）泛北部湾国家发展战略与"一带一路"建设高度契合

"一带一路"建设与印尼佐科政府提出的"全球海上支点"战略构想高度契合。"全球海上支点"包含复兴海洋文化、保护和经营海洋资源、发展海上交通基础设施、进行海洋外交、提升海上防御能力5个方面的内容，其中的重点是发展海洋基础设施，包括优先计划扩建雅加达、泗水、棉兰等主要城市的29个国际性港口，用于改善海上物流系统，这些项目所需资金约达130亿美元。此外，印尼政府准备动工兴建三个国际港口，分别为位于西爪哇省的加拉璜（Karawang）、苏北省棉兰的库瓦拉丹绒（Kuala Tanjung），以及邦加-勿里洞省的勿里洞港口。由于三大国际港口工程耗资巨大，政府无法单靠国家收支预算案拨款，印尼政府拟吸引国内外投资参与建设。柬埔寨制定的"四角发展"战略面临的最大问题就是道路、桥梁、电力、港口等基础设施建设缺乏资金。"一带一路"倡议重要内容之一就是设

① 马博：《"一带一路"与印尼"全球海上支点"的战略对接研究》，《国际展望》2015年第6期。

② 《杜特尔特抵京中菲关系破冰 300商界领袖随团访华》，http://observe.china.

施联通，为此，柬埔寨政府将更多地获得"一带一路"相关基金的支持，从而加快"四角发展"战略建设。菲律宾总统杜特尔特执政后实施的"菲律宾雄心2040"战略，致力于减贫和基础设施建设，与"一带一路"倡议完全吻合。马来西亚五大经济走廊和多媒体超级走廊发展战略注重该国的区域发展平衡，这些都非常期待投资的进入。"一带一路"倡议也与泰国巴育政府提出的八年基础设施建设计划相一致，鉴于泰国铁路发展落后，铁路项目是中泰基础设施建设合作的重点。

（二）合作协议的签署为战略对接保驾护航

为有效对接发展战略，泛北部湾国家不仅在不同场合表达积极支持"一带一路"倡议，在高层互访时更是明确将双方战略的有效对接写进合作协议或共识文件中，这为"一带一路"倡议与泛北部湾国家发展战略的有效对接提供了政策保障。2015年3月，印尼总统佐科访问中国时双方签署了《关于加强两国全面战略伙伴关系的联合声明》。该声明指出"一带一路"倡议与印尼"全球海上支点"战略构想高度契合，双方将携手打造"海洋发展伙伴"。2016年10月，菲律宾总统杜特尔特访华时双方发表《联合声明》，达成争议问题不是中菲关系的全部、不以武力解决争端、中菲双方直接进行友好磋商与谈判等重要共识，中菲关系全面恢复。

2016年11月，马来西亚首相纳吉布访问中国时双方发表《联合声明》，指出中马关系正处于历史最高水平，马来西亚高度重视其在"一带一路"建设中的重要地位。

2016年9月，中国国务院总理李克强访问老挝时，双方签署《共同推进"一带一路"建设合作规划纲要》，这是第一个签署的政府间共建"一带一路"合作文件。

2016年8月，缅甸国务资政昂山素季访问中国时双方发表《联合新闻稿》，指出缅方欢迎中方倡导的"一带一路"和孟中印缅经济走廊合作倡议。

2016 年 10 月,中国国家主席习近平访问柬埔寨时双方发表《联合声明》,指出加快推进"一带一路"建设与柬埔寨"四角发展"战略的有效对接,制定并实施"一带一路"建设合作规划纲要。

(三)合作有良好的基础和广阔的空间

2010 年 1 月 1 日,中国与东盟建立中国—东盟自由贸易区,这是发展中国家最大的自由贸易区,也是中国对外商谈的第一个自由贸易区。10 年来,也就是我们讲的中国—东盟合作的"黄金十年",双边的贸易额以年均 12.7% 的速度增长,几个标志性的年份是 2007 年突破 2000 亿美元,2010 年突破 3000 亿美元,2012 年突破 4000 亿美元,只用了 5 年时间,就实现了贸易额翻一番,现在的目标是向 5000 亿美元冲刺,推动实现 2020 年双边贸易额达到 1 万亿美元的目标。2011 年,东盟正式超越日本成为中国第三大贸易伙伴,目前,中国是东盟最大的贸易伙伴,东盟是中国第三大贸易伙伴,双方累计相互投资已超过 1500 亿美元。2016 年我国与其他泛北部湾成员国进出口情况见表 1。

表 1 2016 年我国与其他泛北部湾成员国进出口情况

单位:亿元,%

国别	进出口合计		出口		进口	
	金额	同比	金额	同比	金额	同比
越　　　南	6493.1	8.9	4033.9	−1.7	2459.2	32.1
马 来 西 亚	5730.8	−5.0	2477.4	−9.1	3253.4	−1.6
泰　　　国	5004.8	6.8	2445.9	2.9	2558.9	10.9
新 加 坡	4646.6	−5.9	2931.9	−9.1	1714.7	0.2
印度尼西亚	3530.5	5.0	2115.6	−0.6	1414.9	14.6
菲 律 宾	3112.1	9.8	1964.3	18.5	1147.7	2.5
柬 埔 寨	314.1	14.2	259.3	11.0	54.8	32.5
文　　　莱	46.9	−49.8	33.3	−61.8	13.6	116.4

为了对沿线国家的贸易和基础设施建设进行融资，促进沿线国家的经济发展和基础设施的改善，中国陆续设立了亚投行、丝路基金、中国—东盟投资合作基金等平台。2010 年，我国设立规模 100 亿美元的中国—东盟投资合作基金；2011 年设立规模 30 亿元的中国—东盟海上合作基金，推动海洋科研与环保、互联互通、航行安全与搜救、打击跨国犯罪等领域合作；2014 年 11 月设立规模 100 亿美元的优惠贷款，此外还有 100 亿美元的中国—东盟基础设施专项贷款，为有关项目提供融资。

由中国中交集团在印尼承建的泗马大桥是东南亚最大跨海大桥，被誉为印中友谊大桥。中国水电建设集团承建的加蒂格迪大坝被印尼视为民族工程，大坝主要用于灌溉，当水库完成蓄水后，下游地区农田灌溉就有了保障，当地居民称赞说，"我们不用再靠天吃饭了，几十年的梦想在中国企业的帮助下实现了"。柬埔寨 9 号公路、上丁湄公河中柬友谊大桥以及大型水电站项目等均为中国企业投资建设。上述一批工程项目顺利完工，为未来合作树立了良好的口碑。

三 泛北部湾国家对接"一带一路"建设在行动

从 2013 年"一带一路"倡议提出至今，泛北部湾国家除了在态度与立场上支持外，更多的是与中国积极地开展务实合作，为"一带一路"的互联互通建设夯实基础。

（一）政策沟通：签署合作框架

"一带一路"倡议提出 3 年来，已经有 100 多个国家和国际组织积极响应，有 50 多个国家已经与中国签署了相关合作协议，部分国家与中国签署了共建"一带一路"合作备忘录，一些泛北部湾国家与中国签署了地区合作和边境合作的备忘录以及经贸合作中长期发展规划。比较有代表性的是中菲签署贸易和经济 6 年发展规划，中越签署《中越两国政府经贸合作五年发展规划延期和补充协议》；中柬将共同制订并实施"一带一路"建设合作规划纲要；中马签署《中马经贸合作五年规划联合进展报告》；中泰签署协议延期《中泰经贸合作五年发展规划》至 2021 年。

（二）设施联通：基础设施建设的节点路段共建逐步展开

2015 年 3 月 18 日上午，在柬埔寨卜迭棉芷省波比市沙干拉分区安隆特摩铭村，沿柬泰边界第 58 号公路举行了动工仪式，这条由中国提供 1.22 亿美元援助修建的公路，是开通柬泰边境经济合作的战略性公路，将为协调边境地区人民的交通往来和发展社会经济打下基础。2015 年 4 月 22 日，中国国家主席习近平在雅加达会见印度尼西亚总统佐科，双方见证了两国高速铁路项目合作文件的签署。2015 年，马来西亚与中国签署了港口联盟的协议，马来西亚巴生港、马六甲、槟榔屿、柔佛、关丹和民都鲁 6 个港口与中国 10 个港口建立港口联盟，将在信息共享、人力资源培训、港口基础设施建设、技术分享、航线开拓、日程协调和港口港务等方面进行合作。2016 年 10 月 19 日，中马合作建设的马来西亚马六甲皇京港深水补给码头举行奠基仪式。中国钦州港与马来西亚关丹港已经缔结为国际姐妹港，同时，广西北部湾港参股关丹港 40% 股份，青岛港与马来西亚关丹港合作开发港口。2016 年 1 月，中印尼合作建设的东南亚地区第一条高铁——连接印尼首都雅加达与万隆的高铁开工。2016 年，中柬合作建设的金边至西哈努克省高速公路开工建设，总造价近 20 亿美元，建成后成为柬埔寨境内首条高速公路。西哈努克港已经与青岛港建立友好港关系。2016 年 10 月，中国企业中标马来西亚南部铁路项目建设，全长 191.14 公里，连接马来西亚金马士与新山。2016 年 11 月 1 日，中国交建与马来西亚铁路衔接公司（MRL）签署了马来西亚东部沿海铁路项目合同，合同金额约人民币745亿元，铁路总长度为620公里，是马来西亚东海岸经济区的重要基础设施项目，建成后将成为马来西亚东西向快速主干线路，实现西部的马六甲皇京港与东部沿海的关丹港之间的互联互通，促进马六甲临港工业园与关丹产业园的有机衔接和互动发展①。2017年2月21日，中文合资企业文莱摩拉港有限公司挂牌成立，正式运营摩拉港集装箱码头。此外，中泰、中马分别合作建设的中泰铁路、隆新高铁项目积极进行前期准备。

2017年3月，中国国务院副总理汪洋访问菲律宾时表示对建造菲律宾 Panay-Guimaras-Negros 桥梁项目和达沃市高速公路项目进行可行性研究，协助菲律宾解决马尼拉的交通问题。

泛北部湾国家基础设施在全球140个国家中的竞争力指数排名情况见表2。

表2　泛北部湾国家基础设施在全球140个国家中的竞争力指数排名情况

国　　家	2015～2016年总体竞争力排名		国　　家	总体基础设施质量	
	分值	排名		分值	排名
新　加　坡	5.68	2	新　加　坡	6.4	4
马　来　西　亚	5.23	18	马　来　西　亚	5.6	16
泰　　　国	4.64	32	泰　　　国	4.0	71
印度尼西亚	4.52	37	老　　　挝	3.9	78
菲　律　宾	4.39	47	印度尼西亚	3.8	81
越　　　南	4.30	56	越　　　南	3.5	99
老　　　挝	4.00	83	柬　埔　寨	3.4	102
柬　埔　寨	3.94	90	菲　律　宾	3.3	106
缅　　　甸	3.32	131	缅　　　甸	2.4	135
中　　　国	4.89	28	中　　　国	4.5	51

① 马来西亚东部沿海铁路全长620公里，连接8个重点城市，包括跨境贸易枢纽丹州道北、农业和旅游中心哥打峇鲁/督巴厘、住宅开发和教育枢纽登州瓜拉登嘉楼、港口/物流及工业活动中心彭州关丹、东部油棕种植园枢纽增卡/马兰，以及中央货运及物流枢纽文德甲/淡马鲁、休闲中心文冬，直到位于大吉隆坡的鹅唛交通综合总站。

续表

国　　家	公路基础设施质量		国　　家	港口基础设施质量	
	分值	排名		分值	排名
新　加　坡	6.2	3	新　加　坡	6.7	2
马来西亚	5.7	15	马来西亚	5.6	16
泰　　国	4.4	51	泰　　国	4.5	52
印度尼西亚	3.7	80	越　　南	3.9	76
老　　挝	3.6	83	印度尼西亚	3.8	82
越　　南	3.3	93	柬　埔　寨	3.7	83
柬　埔　寨	3.3	94	菲　律　宾	3.2	103
菲　律　宾	3.3	97	缅　　甸	2.6	123
缅　　甸	2.3	136	老　　挝	2.2	130
中　　国	4.7	42	中　　国	4.5	50

国　　家	铁路基础设施质量		国　　家	航空基础设施质量	
	分值	排名		分值	排名
新　加　坡	5.7	8	新　加　坡	6.8	1
马来西亚	5.1	13	马来西亚	5.7	21
印度尼西亚	3.6	43	泰　　国	5.1	38
越　　南	3.2	48	印度尼西亚	4.4	66
泰　　国	2.4	78	越　　南	4.2	75
菲　律　宾	2.2	84	老　　挝	3.8	94
缅　　甸	1.8	96	菲　律　宾	3.7	98
柬　埔　寨	1.6	100	柬　埔　寨	3.7	100
老　　挝	—	—	缅　　甸	2.6	132
中　　国	5.0	16	中　　国	4.8	51

国　　家	电力供应基础设施质量		国　　家	可用航空公司座位公里数	
	分值	排名		分值	排名
新　加　坡	6.7	3	泰　　国	2866.9	14
马来西亚	5.8	36	印度尼西亚	2842.6	15
泰　　国	5.2	56	新　加　坡	2349.1	20
老　　挝	4.7	72	马来西亚	1974.2	22
印度尼西亚	4.1	86	菲　律　宾	1206.5	27
越　　南	4.1	87	越　　南	917.7	30
菲　律　宾	4.0	89	缅　　甸	105.3	79
柬　埔　寨	3.1	108	柬　埔　寨	93.6	84
缅　　甸	2.7	118	老　　挝	23.3	117
中　　国	5.3	53	中　　国	15491.1	2

续表

国　　家	每 100 人移动电话持有量		国　　家	每 100 人固定电话持有量	
新　加　坡	158.1	14	新　加　坡	35.5	29
柬　埔　寨	155.1	19	马　来　西　亚	14.6	73
马　来　西　亚	148.8	24	老　　挝	13.4	75
越　　南	147.1	28	印度尼西亚	11.7	80
泰　　国	144.4	31	泰　　国	8.5	88
印度尼西亚	126.1	49	越　　南	6.0	100
菲　律　宾	111.2	76	菲　律　宾	3.1	108
老　　挝	67.0	130	柬　埔　寨	2.8	111
缅　　甸	49.5	135	缅　　甸	1.0	124
中　　国	92.3	107	中　　国	17.9	63

注：参加排名的国家为 140 个，文莱未参加排名，分值为 1~7 分，其中 7 分为最高分。

资料来源：世界经济论坛《全球竞争力指数（2015~2016）》。

（三）贸易畅通：加快推进贸易投资规模与便利化

贸易规模方面，2014 年、2015 年、2016 年，中国与东盟的贸易额分别为 4803.94 亿美元、4721.6 亿美元、4335.5 亿美元，同比增速分别为 8.3%、-1.7%、-8.18%。虽然总量有所下降，但这是由全球经济不景气下的消极影响所造成的。未来，中国与东盟双边贸易规模向着 2020 年 1 万亿美元的目标迈进。

贸易与投资便利化方面，2015 年 11 月 22 日，中国与东盟国家正式签署自由贸易区升级谈判成果文件——《中华人民共和国与东南亚国家联盟关于修订〈中国—东盟全面经济合作框架协议〉及项下部分协议的议定书》，这标志着中国—东盟自由贸易升级谈判全面结束，进入升级建设阶段。

双边贸易畅通方面，中马两国贸易与投资呈现良好发展势头。

2015 年中国对马来西亚制造业投资额达 5 亿美元；2016 年，中国更是超过美国、日本，成为马来西亚第二大外资来源国。在投资领域，马来西亚已经成功吸引中国投资"中心一城""东西两园""南北三路"等 6 个旗舰项目①。印度尼西亚总统佐科上台执政后，印尼高度重视与中国的经贸合作。2015 年，中国国家主席习近平访问印尼时，双方签署超过 1000 亿美元的国际产能合作项目，涉及印尼公路、电站、钢铁厂、港口、能源、矿业等项目建设②。2016 年，中国成为印尼第四大外资来源国，2014 年时，中国还仅是印尼第 14 大外资来源国，投资增长速度之快由此可见一斑。为建设"全球海上支点"，印尼希望中国投资钢铁、石化、金属、塑料等工业领域项目以及开展旅游业领域的合作。此外，印尼与中国合作建设的青山工业园、中国·印尼经贸合作区、中国·印尼聚龙农业产业合作区等境外园区助推了印尼经济发展。

随着中菲关系的全面恢复，中国企业对菲律宾投资呈现"井喷"状态，中国不仅要扩大对菲律宾产品的进口，还将与菲律宾积极探讨在菲合作建设工业园，加强中菲制造业合作，助推当地就业。

（四）资金融通：金融合作不断推进

2014 年 1 月 22 日，富滇银行子银行——老中银行在老挝万象正式挂牌营业。2015 年 3 月 31 日是亚投行创始成员国申请截止的日子，东盟 10 国在这之前就集体加入。

2015 年 4 月 17 日，马来西亚国家银行与中国签署货币互换协议，维持 1800 亿元人民币或 900 亿林吉特的互换额度，有效期为 3

① "中心一城"是指中马合作在吉隆坡市中心打造一个地上、地下联动的交通枢纽和区域经济中心，投资超过 1500 亿马币；"东西两园"是指马六甲临港工业园和关丹产业园；"南北三路"是指马来西亚南部铁路、东部沿海铁路以及吉隆坡至新加坡高铁。
② 中国驻印度尼西亚使馆经商参处：《中国承诺在印尼开展 1000 亿美元产能合作项目》。

年，使两国可以用人民币或林吉特作为双边经贸结算的货币，进一步强化马来西亚与中国的经贸联系。2015年12月25日，亚洲基础设施投资银行在北京正式成立，泛北部湾国家全部都是亚洲基础设施投资银行的创始成员国。2016年1月，印尼央行与中国签署扩大货币互换协议，将人民币互换规模扩大至1300亿元人民币。2017年3月，亚投行为印尼大坝改善项目和基础设施基金分别提供项目融资1.25亿美元、1亿美元，有利于促进印尼基础设施的改善，其他泛北部湾国家正在积极申请亚投行资金以支持自身的基础设施建设。中国与印尼合作建设的印尼雅加达至万隆高铁大胆进行融资模式创新，首次采用企业对企业（B2B）的合作，以纯市场运作经营的方式进行，是中国铁路"走出去"进行金融创新的一次成功实践和大胆创新。

（五）民心相通：人文交流深入拓展

"一带一路"建设更重要的是体现在人员的互动上，其中，旅游业合作将为民心相通注入新的强劲动力。2015年中国与东盟互访人数达2364.5万人次，创历史新高，其中，中国赴东盟国家旅游人数超过1700万人次，占中国赴境外游的14.17%，较2014年增长了49.9%。据相关机构统计，2016年赴东盟国家旅游人次相比2015年更是上涨了近3倍，其中，中国为泰国、印尼、越南的最大客源国，是新加坡、柬埔寨、缅甸的第二大客源国。

此外，中国与东盟国家之间广泛开展文化交流、学术往来、人才交流合作、媒体合作、人才培训、志愿者服务等，通过相互交流，双方加强了解，共同促进"一带一路"建设。

结　语

"一带一路"倡议契合了泛北部湾国家的发展需求和发展战略，

得到了沿线国家的积极响应，不仅各国政府在不同场合表示全力支持"一带一路"建设，更表现在行动上，泛北部湾国家已经在积极融入"一带一路"建设。制度层面上，加强双方的战略发展规划衔接，共同制定双方经贸合作发展规划。项目合作方面，双方积极开展项目合作，充分发挥中国在项目建设上的资金与技术优势，结合东道国的资源进行互补合作，共同开展包括基础设施建设在内的项目合作。合作模式方面，中国与泛北部湾国家探索出了共建工业园区的发展模式，得到了各国的认可和肯定，今后这种合作模式将会被进一步推广到其他沿线国家。人文交流方面，"一带一路"建设的终极目标是促进人员的互动，加强相互了解与彼此尊重，从而做到民心相通，共同促进中国—东盟命运共同体建设。显然，"一带一路"倡议提出后，双边的人员往来与交流更加频繁，双方的相互了解与认识在不断加深。

　　未来，为了更好地促进"一带一路"倡议与泛北部湾国家的对接，双方需要更多地加强技术的转移和人才的培训，共同改善投资环境，让项目合作更多地惠及当地国家和人民，相信"一带一路"倡议与泛北部湾国家合作的明天会更加美好。

B.8
推进中国广西—越南国际
道路运输便利化研究

课题组*

摘　要：　推进中国广西—越南国际道路运输便利化是建设中
国—中南半岛国际经济走廊的重要内容之一。抓住
"一带一路"建设的契机，推进中国广西—越南国际道
路运输便利化，有利于加速推动双方优势互补，在更
广阔的空间进行产业结构调整，促进中国—东盟自由
贸易区升级版建设。

关键词：　中国　越南　国际道路　运输便利化

推进中国广西—越南国际道路运输便利化是建设中国—中南半岛
国际经济走廊的重要内容之一。目前，广西已基本建成以重点城市为
中心、以边境口岸为节点、覆盖沿边地区并向相邻国家辐射的国际道
路运输网络，国际运输大通道建设成效初现。但是，陆路交通网络尚
欠发达，发展不平衡，布局也不够合理，便利化措施的"不到位"限制
了效能的发挥，总体上还不能满足中越两国间经贸合作快速发展的需要，
更未达到高效、快速、便利和低成本的现代物流的要求，严重制约中越

* 课题组组长：吕余生；课题组成员：龙裕伟、刘建文、凌云志、伍丹、林智荣、刘汉富、陈
禹静、冼少华。

之间交通网络的形成和相互之间的交流与合作。在此背景下，加快推进中国广西—越南国际道路运输便利化建设，正当其时。

一　中国广西—越南国际道路运输便利化的重要意义

（一）有利于推动互联互通，打造便捷畅通的陆路大通道

当前，中国广西—东盟交通运输体系建设和发展水平整体处于初级阶段，运输方式衔接度和协调性不够，交通运输发展仍以建设规模和数量的粗放式发展方式为主，突出表现为：虽然广西的陆路口岸与越南对应的口岸都有公路对接，但除了友谊关和东兴口岸外，双方对接的公路等级较低，大多是二级、三级公路；枢纽站场及口岸等关键运输节点仍未形成充分、高效、匹配的集疏运体系；运输企业普遍小而散，货运规模化、集约化程度低，经营模式单一，共享的物流公共信息平台建设滞后，运输服务水平有待提高。当前，中国—东盟合作已进入"钻石十年"，互联互通建设进程逐步加快，大力推进国际公路、铁路等重要通道建设，打造便捷畅通的中国对接东盟的陆路大通道，提升中国广西—东盟国际道路运输服务水平，有助于拉动中国与东盟的经济增长，而且可将中国与东盟主要的经济中心、工业基地、农作物产地、旅游城市与陆上边境口岸、海运港口和机场全范围连接贯通，国际道路运输将更加快捷、畅通，物流成本可望大幅降低，广西作为东盟交通枢纽的地位将得到进一步强化。

（二）有利于扩大交流合作，促进中国—东盟自由贸易区升级版建设

中国与东盟自建立对话关系以来，不断深化在互联互通方面的合

作，并取得了明显的成效，为双方开展经贸合作、人文交流、友好往来提供了重要保障。目前，东盟各国交通基础设施建设及运输业发展水平不一，随着中国—东盟自由贸易区升级版建设不断推进，东盟各国正积极推进交通基础设施建设，加大道路、港口和航空运输便利化改造，重视交通产业对发展区域合作和国际贸易所发挥的重要作用。中国与东盟交通运输业发展迅速，为中国广西—越南国际道路运输合作带来了契机。

抓住中国—东盟自由贸易区升级版建设的契机，推动中国广西—越南互联互通不断取得新进展，将极大地促进中国与东盟之间的相互投资与交流合作。双方通过开展农业、金融、旅游、教育、科技等领域的合作，在更大的区域范围内进行产业结构调整和实现优势互补，打造区域最优产业链，促进产业在开放中升级，加速形成有利于中国—东盟自由贸易区升级版建设的通道经济和经济走廊。

（三）有利于维护边境稳定，巩固发展睦邻友好关系

中国与东盟国家山水相连，互为重要邻居，中国发展需要东盟，东盟发展也需要中国。当前，中国的外交政策已经从原来的简单地与邻国保持睦邻友好关系，上升到通过开展区域合作，建立自由贸易区，实现互利共赢的关系。中国与东盟各国在政治、经济、安全和文化等各方面的共同发展，将进一步促进睦邻友好的地区局势的形成。大力推进中国广西与越南互联互通基础设施建设，将有利于增强双方的相互依存度，促进利益共同体的形成和发展，为双方的和平发展创造更加稳定的周边环境。同时，中国在与东盟国家开展互联互通基础设施建设过程中，对东盟成员国给予的援助和帮助，体现了中国的合作诚意，有助于树立中国作为一个负责任大国的形象，进一步扩大中国的国际影响力。

（四）有利于发挥区位优势，提升广西开放合作水平

广西区位优势明显、战略地位突出、发展潜力巨大，既是粤港澳经济圈、华南经济圈、西南经济圈与中国—东盟经济圈的重要交汇区域，又是西南地区最便捷的出海大通道。对于中国东部沿海、中部以及北部各省区市而言，要从陆路进入越南和东盟市场，广西都是重要的陆路通道。据预测，修通中国友谊关至越南、老挝、泰国的高速公路和铁路后，中国与中南半岛国家的货物将有一半的运量经过陆路大通道运输，广西作为两个大市场之间桥梁的作用将日益突出，作为中国—东盟区域性贸易重要通道的地位日益凸显。因此，推进中国广西—越南国际道路运输便利化，对于提升广西对外开放水平具有重要意义。

随着国家"一带一路"建设不断推进，广西在国家对外开放大格局中的地位更加凸显。今后一个时期，广西沿边地区开放开发面临多重叠加的历史机遇，在建设中国—东盟命运共同体、打造中国—东盟自由贸易区升级版、"一带一路"建设和将广西构建成为我国西南中南地区开放发展的战略支点的重大新形势、新任务、新背景下，发挥区位优势、资源优势和政策优势，积极参与国际分工及区域经济合作，促进经济转型升级，形成广西对外开放新格局，提升广西沿边地区对外开放水平。

二 中国广西与越南开展国际道路运输便利化建设的现状

（一）具备了推进中国广西—越南国际道路运输便利化的基本政策和法律基础

1. 中国与东盟以及越南签订的有关协议提供了政策和法律保障

交通是中国与东盟国家合作的重点领域之一，中国与东盟在交通方面建立的合作机制以及签署的一系列备忘录、规划等，为推进中国广

西—越南国际道路运输便利化提供了基本政策保障。2004 年第三次中国—东盟交通部长会议签署了《中国—东盟交通合作谅解备忘录》，2008 年第七次中国—东盟交通部长会议通过了《中国—东盟交通合作发展战略规划》，2010 年第 17 届东盟首脑会议通过了《东盟互联互通总体规划》，2013 年中国国务院总理李克强在第 16 次中国—东盟领导人会议上进一步提出包括加快互联互通基础设施建设的中国—东盟"2 +7 合作框架"。

早在 1994 年，中越两国就签署了《中华人民共和国政府和越南社会主义共和国政府汽车运输协定》。1997 年 6 月，中国交通部和越南交通运输部在河内签订了《中华人民共和国交通部与越南社会主义共和国交通运输部关于实施两国政府汽车运输协定议定书》。2011 年 10 月，中越两国政府在北京签订《中华人民共和国政府和越南社会主义共和国政府关于修改中越两国政府汽车运输协定的议定书》以及《中华人民共和国政府和越南社会主义共和国政府关于实施中越两国政府汽车运输协定的议定书》（以下简称为"两议定书"），并于 2012 年 2 月 17 日生效实施。"两议定书"重要的意义之一，便是取消了关于客货运输车辆只能在各自边境省的城镇转运和在边境地区居民点换装的规定，将运输范围扩大到了两国的非边境地区，将运输方式由转运、换装改为点到点、门到门的直达运输。2012 年 8 月 22 日开行的南宁至河内直达客运班车，实现了中越汽车运输点到点直达运输方式。

2012 年 5 月 30 日，中越两国交通运输部在北京签订了《中华人民共和国交通运输部和越南社会主义共和国交通运输部关于建立国际汽车运输行车许可证制度的协议》。至此，中越汽车运输完成了国家层面相关文件的签订，从政策法规层面解决了制约中越国际道路运输发展的问题，标志着中越两国汽车运输进入一个新的发展阶段，有利于加强中越双方在国际道路运输领域的合作，把广西建成中国—东盟合作的新高地。

中越国际道路运输的有关法律文件见表1。

表1　中越国际道路运输的有关法律文件

类别	名称	主体	时间	备注
多边运输协定	《大湄公河次区域便利货物及人员跨境运输协定》	中国、缅甸、老挝、泰国、柬埔寨、越南6国政府	1999年11月26日先由老挝、泰国、越南三国政府签署，柬埔寨和中国、缅甸政府分别于2001年11月29日，2002年11月3日，2003年9月19日加入	含17个技术附件和3个议定书。2008年3月31日在老挝首都万象举行的大湄公河次区域（GMS）第三次领导人会议上，中国政府与越南政府分别签署了《中越关于在河口—老街实施便运协定的谅解备忘录》和《中越关于在友谊关—友谊站点及昆明—百色—南宁—友谊关—友谊—谅山—河内路线列入协定议定书—的谅解备忘录》
双边运输协定、议定书、协议	《中华人民共和国政府和越南社会主义共和国政府汽车运输协定》	中越两国政府	1994年11月22日签署，自签订之日起生效	
	《中华人民共和国政府和越南社会主义共和国政府关于修改中越两国政府汽车运输协定的议定书》	中越两国政府	2011年10月11日签署，2012年2月17日生效	
	《中华人民共和国交通部和越南社会主义共和国交通运输部关于实施两国政府汽车运输协定的议定书》	中越两国交通运输部	1997年6月3日签署，自签订之日起生效	2012年2月17日终止

续表

类别	名称	主体	时间	备注
	《中华人民共和国政府和越南社会主义共和国政府关于实施中越两国政府汽车运输协定的议定书》	中越两国政府	2011 年 10 月 11 日签署，2012 年 2 月 17 日生效	
	《中华人民共和国交通运输部和越南社会主义共和国交通运输部关于建立国际汽车运输行车许可证制度的协议》	中越两国交通运输部	2012 年 5 月 30 日签署，自签字之日起生效	
	《中华人民共和国道路运输条例》	中华人民共和国国务院第 406 号令	2004 年 4 月 30 日公布，自 2004 年 7 月 1 日起施行	第四章国际道路运输第四十八条至五十三条和第六章法律责任第七十六条对国际道路运输的线路公布、准入条件、行政许可、运输经营、监督管理及违规行为的法律责任进行规范
	《广西壮族自治区道路运输管理条例》	广西壮族自治区人大常委会公告十届第 92 号	广西壮族自治区第十届人民代表大会常务委员会第二十五次会议于 2007 年 3 月 29 日修订并公布，自 2007 年 9 月 1 日起施行	第二十条对国际道路运输管理机构依法监督检查；第二十一条对国际道路运输经营者办理出入境手续进行规范
国内法规、规章	《国际道路运输管理规定》	中华人民共和国交通部令 2005 年第 3 号	2005 年 4 月 13 日公布，2005 年 6 月 1 日起施行	根据《中华人民共和国道路运输条例》和我国政府与有关国家签署的汽车运输协定，对国际道路运输的经营许可、运营管理、行车许可证管理、监督检查及法律责任进行了细化

2. 中国以及广西出台的相关行业法规提供了政策支持

中国交通运输部先后出台了《国际道路运输管理规定》《国际道路运输识别标志标准规范》等行业法规和标准，各省（区、市）也结合实际积极出台扶持政策，我国已与周边国家签订了44个双边、多边汽车运输条约。1999年12月，中国广西交通厅与越南广宁、谅山、高平省交通运输厅在越南河内签订了《中国广西交通厅和越南广宁、谅山、高平省交通运输代表团关于发展双边出入境汽车客、货运输协议书》，明确两国边境地区开通客货运输线路、站点、运输证照使用等有关事宜。2000年3月15日，中国广西交通厅与越南谅山省交通运输厅在凭祥市签订了《中国广西壮族自治区交通厅与越南谅山省交通运输厅关于双边汽车运输单证使用和查验协议》，同日，中国广西中宁汽车运输有限责任公司和越方谅山省汽车运输公司签订了《凭祥至谅山跨国旅客运输协议》，明确中越双方开行定期旅客班车的车辆投入、班期、费用结算等相关事宜。

2007年广西颁布实施《广西壮族自治区道路运输管理条例》，并按照《广西壮族自治区道路运输管理条例》要求，实施了《广西涉外道路运输管理工作规范》，明确有关审批、办事流程；颁布实施《中国广西与越南汽车运输实施办法》，为国际道路运输提供了政策保障。2014年3月，广西壮族自治区人民政府对《关于促进广西北部湾经济区开放开发的若干政策规定》进行修订，涵盖南宁、北海、防城港、钦州、玉林、崇左6市，明确了支持物流发展和促进通关便利化等方面的措施，加大对国际道路运输线路的扶持力度，助推国际道路运输发展。

（二）中国广西与越南在开展国际道路运输合作方面已取得一定成果

1. 中国与越南国际汽车运输线路开通

中国与越南陆海相连，两国经贸合作密切，人员交往频繁，其中

道路运输是中越两国经贸交往的主要方式。"两议定书"明确了广西可通过友谊关、水口和东兴3个国家一类口岸开展中越国际汽车运输。为了加强出入境汽车运输管理，经中国交通运输部和广西壮族自治区政府批准，由广西交通管理部门组建成立中华人民共和国东兴、水口和友谊关3个交通运输管理站。经过中越双方前期周密的准备工作，2000年1月18日，在中国友谊关口岸和越南友谊关口岸同时举行"凭祥谅山国际汽车运输开通仪式"，同年3月28日，在中国水口口岸与越南驮隆口岸同时举行"龙州驮隆国际汽车运输开通仪式"。2000年4月2日，中越双方同步正式开行凭祥—谅山之间的客运班车，至此，中越两国国际汽车运输班线正式开通。

2. 中越国际道路运输的发展

（1）东兴口岸、友谊关口岸国际道路运输管理处成立。

随着中越国际汽车运输业务日渐频繁，东兴口岸和友谊关口岸的国际道路运输业务增长迅速。经中国交通运输部批准，2008年7月，原来设立的东兴和友谊关2个交通运输管理站分别升格为东兴口岸、友谊关口岸国际道路运输管理处。这2个口岸国际道路运输管理处升格后，将依据"两议定书"及两国交通部门签署实施运输协定的议定事项和相关的法律法规，依法对国际道路运输活动实施行政许可、监督检查、行政处罚，发放和查验有关证件，规划和协调口岸国际运输工作，监督检查国际道路运输的经营活动，协调出入口岸运输车辆的通关等事宜。

（2）中越边境地区汽车直通车的开通。

2000年以来，中越货运车辆一直在口岸接驳，没能实现直通。2009年4月，广西口岸办、交通运输厅、公安厅、外事办以及南宁海关、自治区公安边防总队、广西出入境检验检疫局7个部门联合下发《中国广西凭祥—越南谅山汽车直通车管理办法》，中越开始在边境地区实施汽车直通业务。为了确保中越国际道路运输顺利进行，广西还与越南广宁、谅山及高平 3 个省建立了交通合作磋商机制，双方约定每年定期举行例会，共同协调国际道路运输中出现的问题。

（3）中越国际汽车运输范围逐步扩大。

为了促进中越两国经济贸易和道路客货运输的发展，在 2011 年 10 月中越两国政府签订的"两议定书"中，明确了具有行车许可证的运输车辆可以在两国许可的范围内（包括两国非边境地区）从事点到点直达运输活动。同时，在"两议定书"中还增加了公务车辆相互驶入的有关规定事项，这项规定在中国与相邻国家已签订的政府间双边和多边汽车运输协定中尚属首次。此外，"两议定书"还新增了 1 对国际道路运输口岸即中国龙邦口岸—越南茶岭口岸，新增了 10 条客货运输线路。现有中越国际道路运输车辆通行口岸见表 2。

（4）中越公务及货运车辆实现直通。

2013 年 6 月 9 日，在广西凭祥友谊关口岸举行了中越公务车辆及货运直达车辆开通仪式，至此，中越两国运输车辆可以跨越边境地区向两国许可的范围延伸，运输方式也由接驳方式升级为"点到点""门到门"的直达运输。中越国际运输车辆直通，不仅可以提高两国间的运输能力，而且将大大降低两国间的运输成本，并进一步深化两国在政治、经济、人文交流等多方面的合作。

由于中越公务车直通的过境手续审批涉及的部门多、手续复杂，自开通以来，仅有少量公务车获准开行。

3. 中国广西与越南开通的国际运输线路

自 1999 年至今，广西经中国交通运输部、广西壮族自治区人民政府批准，与越南开行的国际道路运输线路共 28 条，其中，客运线路 15 条、货运线路 13 条（见表 3）；经中越双方共同确认的国际道路运输线路共 20 条，其中，客运线路 12 条、货运线路 8 条；尚有 3 条客运线路、5 条货运线路未经中越双方共同确认；目前实际开通的国际道路运输线路有 14 条，其中，客运线路 9 条、货运线路 5 条。广西南宁至越南河内主要公路路线见表4。

表2 现有中越国际道路运输车辆通行口岸

序号	中国口岸	越南口岸
1	（广西壮族自治区）东兴	（广宁省）芒街
2	（广西壮族自治区）友谊关	（谅山省）友谊
3	（广西壮族自治区）龙邦	（高平省）茶岭
4	（广西壮族自治区）水口	（高平省）驮隆
5	（云南省）金水河	（莱州省）马鹿塘
6	（云南省）天保	（河江省）清水
7	（云南省）河口	（老街省）老街

表3 经批准开行的广西与越南国际道路运输线路

序号	国际运输线路	客运/货运	途经口岸	线路全长（公里）
1	防城港—先安	客、货	东兴—芒街	150
2	凭祥—谅山	客、货	友谊关—友谊	34
3	龙州—高平	客、货	水口—驮隆	112
4	桂林—下龙	客、货	东兴—芒街	780
5	北海—下龙	客	东兴—芒街	420
6	南宁—下龙	客	东兴—芒街	370
7	崇左—高平	客、货*	水口—驮隆	188
8	崇左—谅山	客*、货*	友谊关—友谊	113
9	崇左—下龙	客、货	友谊关—友谊	293
10	南宁—河内	客、货	友谊关—友谊	381
11	南宁—河内	客*、货*	东兴—芒街	530
12	北海—河内	客*、货*	东兴—芒街	570
13	百色—高平	客、货	龙邦—茶岭	260
14	南宁—海防	客、货	东兴—芒街	450
15	桂林—河内	客、货	友谊关—友谊	791

注：带*的线路系未经中越双方共同确认的线路。

资料来源：广西道路运输管理局。

表4　广西南宁至越南河内主要公路路线

通道路线	里程(单位:公里)			口岸	境内道路	境外道路
	合计	境内	境外			
南宁—友谊关—越南谅山—河内	380	210	170	中国友谊关—越南同登	高速公路	二级
南宁—东兴—越南芒街—下龙湾—河内	500	190	310	中国东兴—越南芒街	高速公路、一级公路	三级
南宁—龙州—水口—越南高平—河内	500	210	290	中国水口—越南茶岭	二级公路	三级
南宁—靖西—龙邦—越南高平—河内	540	220	320	中国龙邦—越南驮隆	二级公路	三级

资料来源：据相关资料整理。

（三）中国广西与越南开展国际道路运输存在的问题

1. 口岸设施难以满足国际道路运输发展的需求

自1991年中越两国关系正常化以来，广西边境口岸基础设施建设不断改善，但仍有许多口岸存在配套设施不完善、通关能力弱等问题。目前，广西边境口岸中只有东兴和凭祥2个口岸的基础设施条件较好，但与国内其他一流口岸相比，通关条件仍有较大差距。以东兴口岸为例，目前北仑河二桥已经建成但尚未投入使用，只有中越友谊大桥作为唯一通道，人流、物流都必须经过此桥进出，通行高峰期常造成大量车辆在口岸通道滞留，不但影响了口岸形象，而且影响了通关作业。再如凭祥市的弄尧、浦寨等几个边贸点，受场地狭窄、设施简陋的影响，也经常出现出入境车辆拥堵，严重影响了运输通行效率。

2. 口岸通关效率和服务水平与国际物流要求还有一定的距离

广西涉及国际运输业务的一些口岸管理部门在优化口岸通关环境，以及进一步简化手续、提高效率、方便车辆通行等方面仍然不够

统一；一些部门尽管对发展国际道路运输表示支持，但怕出问题或考虑部门利益，设置的限制条件过多，致使口岸通关环节不畅，制约了中越国际道路运输的发展。

3. 中越国际道路运输管理顶层设计问题还比较突出

当前国际道路运输还处于初步发展阶段，中越双方还存在管理体制不顺、口岸运营管理机构层级低、口岸基础设施不配套、查验能力不足、市场培育不充分等问题；部分国际道路运输企业对开展中越国际运输有畏难思想，对越南的相关法律法规和政策缺乏详细了解，与越方运输企业的沟通合作渠道过窄、信息不通畅。此外，与越方运输企业在相互组织货源客源、相互担保、维修、救济、事故处理、保险理赔等方面缺乏有效的合作，一些线路往往开通了，但未能常态化开行。

4. 受中越关系不稳定因素影响较大

中越关系不时受到中越南海争端的影响，中越国际道路运输也会因此受到冲击。举例来说，2014 年 5 月，越南国内发生了针对外国投资者和企业的打砸抢烧事件，使一些中国企业和人员遭到严重冲击，造成了大量中方人员伤亡，严重影响了中越两国的友好关系。从 2014 年 5 月 20 日起，广西运德集团暂停了广西南宁至越南河内的定期国际直通班线。一些国际运输企业因担心货物运输安全，也暂停开展对越南的运输业务，后经中国公安部对越方提出严正交涉，打砸抢烧事件平息之后，中越国际运输业务才逐步恢复正常，一些暂停的客运线路也逐步恢复开通。

三 推进中国广西—越南国际道路运输便利化的基本路径和对策

（一）优化国际道路运输通道布局

当前，应当从中国—东盟互联互通的战略高度，进一步优化广西与越南道路运输通道的整体布局。

1. 构筑三大出边国际道路运输大通道

从广西陆地边境进入越南，有三大通道口，即从凭祥友谊关口岸进入越南谅山同登口岸，从东兴口岸进入越南芒街口岸，从靖西龙邦口岸进入越南高平驮隆口岸。相应的，可以形成从广西陆上边境进入越南的东、中、西三大国际道路运输干线。

东线：南宁—东兴—海防高速公路。目前，已建成南宁—防城港—东兴高速公路。中国东兴至越南海防下龙湾高速公路建设前期工作已经展开。

中线：南宁—凭祥—河内高速公路。目前，已建成南宁—凭祥友谊关高速公路，需新建中国凭祥友谊关至越南河内高速公路。

西线：百色—龙邦—高平—河内高等级公路。目前，百色—龙邦—高平—河内高速公路已建成百色至靖西段，靖西至龙邦段在建，需新建百色至乐业高速公路，以及中国龙邦—越南高平—河内高等级公路。

目前，广西与越南道路运输以中线为主，应加强东线和西线建设。

2. 实现中国广西—越南出边国际道路运输大通道与西南出海大通道无缝对接

广西与越南道路运输便利化，不仅受到广西与越南出边道路运输大通道的影响，还受到与出边道路运输大通道互联互通的广西境内出海大通道的制约。推进广西与越南国际道路运输便利化，必须加强与出边国际道路运输大通道相对接的西南出海国际大通道建设，实现广西出边和出海道路运输通道全面、便捷、畅通、高效地无缝对接，从而全面提升广西与越南国际道路运输便捷化的效能和水平。

我国西南地区通过广西境内出海的道路运输大通道主要有三条，分别为：云南昆明—百色—南宁—广西北部湾道路交通干线；贵州贵

阳—河池—南宁—广西北部湾道路交通干线；湖南衡阳—柳州—黎塘—广西北部湾道路交通干线。

（1）云南昆明—百色—南宁—广西北部湾道路交通干线。该干线依托国家高速公路网的主线广州—昆明高速公路（横线，编号为G80），起点为云南昆明，进入广西境内经百色到南宁，然后到达广西北部湾港。在高速公路方面，从昆明到广西北部湾港已全线贯通，其中，南宁至钦州段已经将双向4车道升级改造为双向8车道，钦州至北海段也正计划将4车道升级改造为8车道。

（2）贵州贵阳—河池—南宁—广西北部湾道路交通干线。该干线依托国家高速公路网的主线兰州—海口高速公路（纵线，编号为G75），起点为贵州贵阳，进入广西境内经河池到南宁，直达广西北部湾港。在高速公路方面，贵阳—河池—南宁段尚未全线贯通。

（3）湖南衡阳—柳州—黎塘—广西北部湾道路交通干线。它是广西桂北、桂中地区出海的大动脉，也是我国中南地区经广西出海的大通道。该干线主要依托国家高速公路网的主线呼和浩特—北海高速公路（纵线，编号为G59）以及桂林—南宁—北海高速公路。呼和浩特—北海高速公路从湖南省新宁进入广西境内，然后经资源、荔浦、平南、玉林，到达北海（铁山港）。目前，呼和浩特—北海高速公路广西段尚有一半以上的路段没有贯通高速公路，桂林—柳州—南宁—北海高速公路已全线贯通，柳州—南宁正在将4车道改扩建为8车道。对此，应当加快贵阳—河池—南宁高速公路、呼和浩特—北海高速公路广西段的改扩工程建设。

3.推进百色区域性交通枢纽建设①

从交通区位看，百色处于云南、贵州、广西3省（区）的几何

---

① 刘汉富、龙裕伟等：《构建面向东盟的西南国际大通道提升沿边开发开放能力研究》，国家商务部政策研究项目，2013年12月。

中心位置,是云南、贵州西南部地区经由百色连通我国东南沿海及北部湾地区的重要节点,也是四川、重庆等西部省市通往东盟的主要便捷通道之一。基于百色优越的区位条件,在建设西南国际大通道过程中,应当将百色市作为一个区域性交通枢纽进行构建,并作为国家战略的重要组成部分。

将百色构建成为区域性交通枢纽,不仅有利于充分发挥百色市在连接西南地区,沟通华南、北部湾地区走向东盟乃至世界中的重要纽带作用,提升云南、贵州、四川、重庆等西部省市的出边出海运输能力;还有利于促进作为边境地区、革命老区、贫困地区、大石山区、少数民族地区、资源富集区的百色市全面开放开发和全面建成小康社会。

(二)完善中越国际道路运输网络

1. 推动中越国际道路运输常态化

在中越"两议定书"等协定协议基础上,中越两国开通了跨境客货直通车。到 2013 年 11 月,共开通 10 条客运线路、6 条货运线路,并根据上述议定书,商定新增 10 条客货运输线路。但由于受到中越关系波动等因素的影响,原定新增客货运输线路有的到目前为止尚未开通。同时,中越跨境运输尚未实现常态化。因此,应当积极推动中越跨境道路运输网络的不断发展和完善,实现常态化发展。

2. 增加国际道路运输口岸和线路

随着中国与越南经贸合作和人文交流的不断深化,还应当增开国际道路运输通行口岸,在当前中越东兴—芒街、友谊关—友谊、龙邦—茶岭、水口—驮隆、金水河—马鹿塘、天保—清水、河口—老街的基础上,将广西平孟、爱店、硐中、硕龙等重要口岸及其与越方对应的口岸开辟为国际道路运输车辆通行口岸。在此基础上,开辟更多的国际道路运输线路,以适应中越双方不断扩大开放合作发展的需要。

（三）加强国际道路运输通道基础设施和交通运输能力建设

目前，广西通往越南的国际公路节点有 12 个，路况较好的有 4 条公路。其中，境内道路为二级及以上公路，而在越南境内除谅山同登至河内为二级公路外，其他均为三级公路。同时，广西境内与国际道路运输通道相对接的出海道路运输干线以及互联互通道路网络，也存在等级不高、运力不足等问题，急需提升公路等级和运输能力。

1. 建设一批道路运输重大项目

广西境内主要公路项目包括：新建靖西—龙邦、河池—百色等高速公路，改扩建桂林—南宁—北海 8 车道高速公路，以及改扩建广西边境三级路为二级路等。

广西边境到越南河内需新建、扩建的重点公路项目包括友谊关—河内、河内—芒街、中国水口—越南高平—河内、中国东兴—越南海防、中国东兴—越南河内、中国龙邦—越南高平—河内、中国平孟—越南高平等二级和三级公路的升级改造与新线建设。加强与越南的道路交通合作，提高越南境内主要瓶颈公路线路的运输能力。

2. 推进国际道路运输通道口岸基础设施建设

广西沿边地区口岸基础设施建设滞后，有的口岸设立了几十年却至今还没有正式开放，如硕龙口岸、岳圩口岸、爱店口岸等。这些公路口岸是广西—越南国际道路运输通道上的重要节点和"关口"，其基础设施建设的滞后是制约国际道路运输便利化发展的主要"瓶颈"之一。因此，应当加大国家和地方政府对广西边境口岸基础设施建设的投入，加快完善口岸集疏运系统，为推进国际道路运输便利化提供有利条件。同时，要加强与越方对应口岸的交流和合作，推动越方加快完善口岸基础设施和口岸查验，不断提高道路运输通道口岸的通过能力、通关速度和查验效率。

3. 提升国际道路运输水平

（1）成立大型物流企业

通过整合广西各类运输企业，成立大型物流企业，实现规模经营，打造综合性物流企业巨头，推动物流企业建立多式联运网络及发展联运业务。

（2）建设区域性物流信息共享平台

通过建设中国广西与越南运输信息基础设施网络平台，构建覆盖全区域和涵盖公路、铁路、水路、航空等各领域的宽带信息网络及新一代信息处理系统，通过整合公路、铁路、水路、航空等运输行业的信息资源，推进 EDI 系统，使承运人和货主能够通过物流信息平台实现"一次录入、多部门共享"，实现运输效率和资源利用效率最大化。

（3）优化物流环境

在中国广西—越南国际道路运输通道建设中，通过建立并不断完善各通道物流节点，发展大客户运输、大宗货物运输、大载重运输、直达运输等多种业务，优化物流环境。此外，通过建设装备齐全、服务一流的物流园区、物流网络、物流平台，不断提升物流服务功能，以较低的物流费用和高质量的服务，吸引西南、中南、华南乃至西部地区的旅客和货物从西南大通道进出，不断扩大中国广西—越南国际道路运输通道的货源和运量。

（四）加强中越国际道路运输通关便利化合作

1. 构建中越特定商品快速通关"绿色通道"

开展的特定商品海关监管结果互认"绿色通道"快速通关放行模式，可以大大提高跨境运输的通关效率。在中越陆路口岸中，可选择物流量较大且基础条件较好的凭祥—同登、东兴—芒街等一类口岸，开展特定商品快速通关的试点工作。

2. 推动中越 AEO① 互认合作

2005 年 6 月，世界海关组织（WCO）通过了《全球贸易安全与便利标准框架》，框架主要包括 4 个核心元素，即提前递交电子货物信息、成员海关采用一致的风险管理手段、出口国海关应根据进口国合理要求对出口的高风险集装箱和货物进行查验、成员海关要向达到安全标准的企业提供相应的便利。② 该框架内容涉及海关的全面业务和全方位的改革方向，对现代海关发展的模式和蓝图也进行了描述和规划，代表了未来海关发展的方向，也是对世界海关制度的重大改革。因此，根据全球贸易与通关便利化发展趋势，应当把推动中越 AEO 互认安排作为推动中越国际道路运输便利化的一个重要突破口。

（五）推进中国境内边境公路口岸通关便利化

要推进中越国际道路运输便利化，应当深化中国境内边境公路口岸的通关改革，进一步提高境内口岸的通关效率。

1. 在边境公路口岸推广海运、空运分类通关模式

分类通关改革是指在企业守法的基础上，通过风险管理手段，对不同资信的企业和不同风险类别的进出口货物采取分类处置的作业模式。分类通关改革的优点在于"管得住"又"通得快"。实施分类通关改革后，诚信企业和低风险的货物快速审核验放，作业时间进入以"秒"计算的时代，作业速度提升近一倍。目前，分类通关改革已经在全国范围内全面展开，成为中国海关通关作业的主要模式，社会各界对海关分类通关改革给予高度评价。目前，我国还没有在边境公路口岸开展分类通关业务。为适应中国—东盟自由贸易区升级版建设的

---

① AEO 是 Authorized Economic Operator 的缩写，即"经认证的经营者"，由世界海关组织倡导，通过构建海关与商界伙伴合作关系，实现全球供应链贸易安全与便利的目标。
② 《海关总署：专家解读中俄海关合作》，www. sinotf. com/GB/109/1092/2009 – 10 – 14/vMMDAwMDAOMDAvMA 2/html。

需要，建议在中越边境基础较好的一类公路口岸，适时开展我国境内企业分类通关试点工作。

2. 在边境公路口岸推行关检合作"三个一"全覆盖

关检合作"三个一"是关检创新口岸通关模式，推动通关便利化的重大举措。从 2014 年 8 月 1 日起，中国海关总署和质检总局要求将关检合作"三个一"模式全面推行到全国所有直属海关和检验检疫部门、所有通关现场、所有依法需要报关报检的货物和物品。因此，要加强边境公路口岸查检设施建设，提升查检现代化水平，创造条件推动关检合作"三个一"通关模式在边境公路口岸全面实施。这对于推进中越国际道路运输便利化具有重要促进作用。

（六）推进车辆跨境行驶便利化

随着中越旅游、贸易的不断升温，跨境行驶需求将急剧增加，中国和越南之间车辆跨境行驶的政策需要进一步调整和完善：一是实行两地驾驶证互认；二是统一两地车辆管理标准；三是互用两地汽车登记资料；四是采用车辆自动过关系统；五是创新管理模式。对于需要常年多次往来的边民和中越客商等的自驾车，采取一年一次报备的方式；而对于一次性旅游自驾车，则采取一出一报备，这种分类管理模式有效地简化了常态化跨境自驾车的报备、通关手续及办理流程。

（七）加快道路运输便利化合作机制建设

赋予广西便利运输领导小组决策实权，提升其职能作用，并加快与越南建立健全跨境运输管理的协调机制。

1. 协调合作机制

（1）建立国际道路运输协调机制。参照国家 GMS 便利运输委员会模式，建立广西及边境口岸地区便利运输委员会形式的国际道路运输协调机构。加强两国口岸部门之间、中国口岸部门之间的协调和交

流，明确目标任务、部门职责和分工，建立口岸联席会议机制，制定切实可行、灵活的便利化措施，共同推动直通车的健康运行。

（2）建立口岸协调机制。推进口岸"大通关"建设。建立口岸联席会议制度，加强口岸各查验部门的协调配合，通过不断优化口岸执法的程序和方法，提升口岸通关的监管水平和服务质量。加强口岸信息化建设，扩大联网应用范围，实现口岸相关部门信息交换和共享。加强口岸联检部门与其他相关政府部门的联系配合，以及与进出口、运输、报关和有关生产企业的联系与沟通，共同推进口岸通关便利化。

（3）加强海关通关便利化合作。为了提高通关效率，中越两国海关应充分利用 WTO 贸易便利化、世界海关组织贸易便利化、APEC 贸易便利化、亚欧贸易便利化等机制，通过借鉴通关便利化水平较高区域或国家的经验，不断提升通关便利化水平，实现通关标准一致化、人员流动以及查验结果相互认证等。在此基础上，加强与越南国家海关在监管互认、执法互助等方面的合作，进而推动中越公路跨境便利运输合作，并积极探索符合中越两国实际的一站式检查方式。

（4）加强检验检疫部门的通关合作。为了提升中越公路跨境便利运输合作效率，需要中越两国加强检验检疫基础设施及配套设施建设方面的合作，以不断提升通关效率。中越两国在检验检疫领域展开合作的具体措施包括：建立统一的检验检疫标准和信息通报机制，加强检验检疫方面的技术合作，逐步实现两国之间检验检疫结果互认，共同探索适合中越两国实际的检验检疫一站式检查模式。

（5）加强广西边防检查部门的通关软硬件设施建设。首先，广西边防检查部门应积极探索实行便利通关的查验模式，对在越南从事跨境运输诚信度较高的企业给予签发"绿色通行卡"，便于在通关查验时予以免检或抽检放行，提高通关效率。其次，加强广西边防检查部门的硬件建设，为边防检查信息化建设配备相应的硬件设备，扩大边防检查自助查验系统的设立范围。最后，加大广西边防检查部门的技术创新与应用，对现有的自助查验系统进行技术改进和升级，减少和避免因技术问题导致通关不畅等问题。

2. 运营机制

（1）建立国际道路运输应急处置机制。为保证国际道路运输安全，及时应对国际道路运输突发事件，必须建立完善的国际道路运输突发事件应急处置机制。具体包括及时按程序报告、统一应急指挥、调配应急车辆和设备、规范处置及控制措施、人员紧急疏散与撤离、伤病人员的救护与救治、应急救援保障、善后处理等。

（2）建立健全国际道路运输服务机制。第一，中越两国共同成立综合交通运输标准化技术委员会，统筹推进综合交通运输标准的制定、修订和实施工作。通过制定完善的多式联运、综合交通枢纽等方面的服务标准，实现各种运输方式标准的有效衔接。第二，推进货运"一单制"、客运"一票制"、信息服务"一站式"，实现综合运输一体化服务。第三，建立国际道路运输相关的保险经营规范，统一价格与费用管理。第四，加强国际道路运输担保机制研究，探索开展特殊货物的运输管理。

（3）建立健全国际道路运输信息共享机制。建立信息交流沟通制度，不定期开展出入境客货运输便利化通关情况交流和业务研讨会，及时分析情况、查找不足、制定措施，建立业务、政务信息沟通联系机制。中越双方口岸应共建信息发布平台，将涉及中越客货运输的相关政策、法律、法规，以及统计信息、常见问题解答等内容进行发布。

（八）加强跨境道路运输人才培养

推进跨境道路运输便利化的关键在于加强道路运输人才的培

养。我国应加大院校对相关专业人才的培养力度，同时推进行业协会和企业的从业人员岗后培训，这也是提高道路运输人才质量的重要途径。

1. 制定国际道路运输从业人员和执法人员职业标准

制定国际道路运输从业人员和执法人员职业标准，明确国际道路运输从业人员的执业资格和职业规范，是提升国际道路运输质量的客观要求，同时也为相关机构对国际道路运输从业人员进行综合评价、考核、指导和培训等提供了依据。必须加强对国际道路运输从业人员和执法人员的执业资格认证，实行准入制，以不断提高我国国际道路运输从业人员的服务质量和水平。

2. 加大院校对相关专业人才的培养力度

国际道路运输业加快发展，这也对国际道路运输从业人员和执法人员提出了越来越高的要求。而从事国际道路运输相关专业的人才主要来自相关院校，因此，应加大院校对相关专业人才的培养力度，以适应国际道路运输发展对专业人才的要求。相关从事国际道路运输的企业可以与高校签订长期人才定向培养计划，从而使人才的培养更符合国际道路运输和企业的实际需求。

3. 推进行业协会和企业的从业人员岗位培训

交通运输企业要加强对企业员工的培训，以不断提高企业员工的能力，满足企业发展的人才需求。第一，充分发挥行业协会的培训职能，开办交通运输企业员工培训班，使跨境运输企业员工了解跨境运输相关理论的运用及实际操作规则，提高员工的从业能力和业务水平；第二，建立企业的员工培训机制，定期对本企业员工进行业务和能力培训，主要是新业务、新知识、新技术、新制度等内容的培训，以提高企业专业人员的能力和素质；第三，国际道路运输企业委托高等院校进行专业人才培训，为企业的发展壮大储备人才。

（九）完善国际道路运输的扶持政策

1. 各级政府要重视和加强开展国际运输工作

理顺口岸交通运输管理联检制度，实施运输车辆国籍查验，定期通报有关监管政策、法规等，加大中越双方运输市场的开放程度，减少对运输车辆进入对方境内的限制；与越方建立国际运输管理定期例会制度，加强沟通与协调，进一步简化过境的申办程序和手续，简化运输车辆、人员（含司乘人员）、货物的通关手续，对运输车辆及运输作业人员实行"专窗办理、绿色通道"，提高通关效率。

2. 加大口岸建设资金扶持

第一，加大国家财政对国际运输通道相关口岸建设的财政投入力度，确保口岸建设的基本资金需求；第二，拓宽融资方式，加大招商引资力度，广泛吸收社会资本，采取资源开发权参股等方式多渠道筹集资金；第三，建立国际合作专项资金，为国际通道建设提供资金支持；第四，积极争取国际组织的资金支持，可以与越南联合向联合国开发署、亚太经合组织、亚洲基础设施投资银行以及亚洲开发银行等国际组织或机构争取有关国际运输通道建设方面的项目资金支持。

3. 便利化的通关政策

中越国际道路运输不断发展的前提条件是便利快捷和低成本的国际物流，客货跨国运输的便利化，包括国际道路客货运输便利化和海路客货运输的便利化。要制定有利于国际物流发展的政策，既要简化中越车辆进出中越两国的手续，也要降低税费标准。

4. 支持国际道路运输物流企业的政策

（1）财政支持政策。一是鼓励应用先进物流技术与设备。对利用现有厂房或闲置厂房从事国际道路运输业务的物流企业，以及原物流企业进行技术改造，鼓励采用自动化包装设备、集装单元器具、物流仓储设备、装卸搬运设备、流通加工设备、物流运输设备、物流信

息管理系统等先进物流技术与设备，并给予一定的财政支持；二是鼓励国际道路运输物流企业上等级、创品牌。按照国家《物流企业分类与评估指标》标准，对首次被认定为国家 AAA、AAAA 和 AAAAA 及自治区级重点国际道路运输物流企业（物流基地）的国际道路运输物流企业分别给予一次性奖励。

（2）信贷支持。鼓励金融机构进一步创新信贷业务和抵（质）押方式，简化贷款审批手续，合理确定贷款期限和利率，为国际道路运输物流企业提供差异化金融服务。组建政策性再担保机构，为国际道路运输物流企业信用担保机构提供风险分散、信用增级等再担保服务。

B.9
中国—中南半岛国际经济合作
走廊建设国别合作研究

——以马来西亚为例

林智荣*

摘　要：　马来西亚位于中南半岛南端，扼守马六甲海峡，是中国—中南半岛国际经济合作走廊建设及中国与东盟共建"21世纪海上丝绸之路"的重要节点。中国提出"一带一路"倡议后，马来西亚政府积极响应和支持，多项建设规划与中国—中南半岛国际经济合作走廊建设设想相吻合。随着中马两国经贸合作不断深化、中马"两国双园"建设不断推进，为推动中国—中南半岛国际经济合作走廊建设提供了经济动力和产业支撑。建议充分发挥马来西亚在东盟的引领作用，带动中南半岛国家共同推动中国—中南半岛国际经济合作走廊建设。

关键词：　中国—中南半岛国际经济合作走廊　马来西亚　国别合作

2015年3月，由中国国家发展改革委、外交部、商务部联合发

---

* 林智荣，广西社会科学院院刊编辑主任，副研究员。

布的《推动共建丝绸之路和 21 世纪海上丝绸之路的愿景与行动》中提出了中国与"一带一路"沿线国家规划建设的六大经济走廊，中国—中南半岛国际经济合作走廊①是其中之一。该走廊跨度长，途经国家经济发展水平不一，整体推进难度大，宜采取经济实力较强国家带动、分段建设的模式。

一 马来西亚是中国—中南半岛国际经济合作走廊的重要节点

（一）马来西亚在中国—中南半岛国际经济合作走廊建设中具有独特的区位优势

马来西亚包括东马来西亚和西马来西亚两部分。东马来西亚位于加里曼丹岛北部，与印度尼西亚、菲律宾及文莱相邻。西马来西亚位于马来半岛南部，东临南中国海，西濒马六甲海峡，北与泰国接壤，南濒柔佛海峡与新加坡毗邻。首都吉隆坡位于西马来西亚，是马来西亚的政治、经济和文化中心。由于马来西亚位于中南半岛南端，扼守马六甲海峡，独特的区位使其不仅成为中国—中南半岛国际经济合作走廊的重要节点，也成为中国与东盟共建"21 世纪海上丝绸之路"的重要节点。

（二）马来西亚参与建设中国—中南半岛国际经济合作走廊具备良好基础

1.具备较强的经济实力

马来西亚作为一个新兴工业化国家，经济发展保持平稳增长，经

---

① 中国—中南半岛国际经济合作走廊是以中国广西南宁和云南昆明为起点，纵贯中南半岛的越南、老挝、柬埔寨、泰国、马来西亚、新加坡等国家的跨国经济走廊，包括中国（南宁）—中南半岛国际经济合作走廊和中国（昆明）—中南半岛国际经济合作走廊。

济实力不断增强，在 2011 年人均 GDP 即超过了 1 万美元（见表 1），在中南半岛的东盟国家中，其综合经济实力排名前列（见表 2）。瑞士洛桑国际管理发展学院（IMD）公布的年度世界竞争力报告数据显示，近年来马来西亚的全球竞争力指数排名均在 20 名以内（见表 3）。

表 1　2010～2015 年马来西亚人均 GDP

单位：美元

年份	2010	2011	2012	2013	2014	2015
人均 GDP	8754	10058	10429	10538	10830	9766

资料来源：2011～2016 年《中国统计年鉴》。

表 2　2015 年中南半岛国家主要经济指标

国家	GDP（亿美元）	GDP 增长率（%）	人均 GDP（美元）	进出口额（亿美元）
新加坡	2927	2.0	52889	6472
马来西亚	2962	5.0	9766	3759
泰国	3953	2.8	5816	4171
柬埔寨	181	7.0	1159	264
越南	1936	6.7	2111	3282
老挝	123	7.0	1812	62

注：缺缅甸数据。

资料来源：《中国统计年鉴（2016）》。

表 3　2010～2016 年马来西亚全球竞争力排名情况

年份	2010	2011	2012	2013	2014	2015	2016
排名	10	16	14	15	12	14	19

资料来源：据瑞士洛桑国际管理发展学院（IMD）公布的年度世界竞争力报告整理。

2. 具有较为完善的交通网络

马来西亚半岛的陆路交通系统是东南亚国家中最先进和完善的，

主干线直达各大主要城市，可下达新加坡，上联泰国。公路方面，马来西亚的公路网络四通八达，从纵贯马来半岛西部的高速公路，到各种长、短距离的路线，已经形成一个颇为完善、高效的陆路交通网。其中，西海岸线连接吉隆坡、北海、怡保等大城市的南北高速公路，全长950公里，是纵贯马来西亚的交通大动脉，同时也是连接新加坡和泰国的国际交通路线。铁路方面，马来西亚的铁路网贯穿半岛南北，包括西海岸线和东海岸线。其中，西海岸线是重要的国际联运铁路，上联泰国曼谷，下达新加坡。

（三）马来西亚支持中国提出的"一带一路"倡议，多项建设规划与中国—中南半岛国际经济合作走廊建设设想相吻合

马来西亚总理纳吉布明确表示支持中国提出的"一带一路"倡议，积极参与中国—东盟共建"21世纪海上丝绸之路"。2015年8月21日，马来西亚签署《亚洲基础设施投资银行协定》，成为第51个签署国。马来西亚国际贸易与工业部部长穆斯塔法表示，马来西亚支持中国提出的"一带一路"倡议，其将在交通、旅游、贸易、港口、教育和工业领域创造大量机遇，马来西亚愿意充当中国企业开拓其他东盟国家市场的枢纽[①]。2016年12月，马来西亚华人公会（简称"马华"）对华事务委员会在吉隆坡成立"一带一路"中心，主要负责开展与中国提出的"一带一路"倡议相关的调研，目的是帮助马来西亚工商界了解"一带一路"倡议、把握合作发展契机，并为马来西亚企业提供参考咨询服务，协助企业开拓市场并在政府和企业间进行沟通、协调与对接[②]。

[①] 中华人民共和国驻马来西亚经济商务参赞处：《"两国双园"将成为中马产能合作示范园》，http://my.mofcom.gov.cn/article/about/contacts/201507/20150701036753.shtml。

[②] 《马来西亚成立首个"一带一路"中心》，http://news.xinhuanet.com/overseas/2016-12/13/c_129401380.htm。

事实上，1995 年时任马来西亚总理的马哈蒂尔提出的"泛亚铁路"① 在中南半岛上的路线走向与中国—中南半岛国际经济合作走廊交通路线是基本一致的。马来西亚历届政府高度重视本国交通基础设施建设和与相邻国家的交通互联互通。在 2015 年发布的马来西亚第 11 个五年计划（2016～2020）中，其六大战略方向之一即是加强基础设施建设。在高速公路建设方面，马来西亚政府将关注大巴生谷以外区域，其中位于东马的泛婆罗洲高速公路将有效增强沙巴和沙捞越两州的连通性。马来西亚政府还计划进一步提升连接吉兰丹和彭亨州的中枢大道、吉兰丹的哥打巴鲁至瓜拉吉赖的高速公路以及东海岸高速公路，进而实现西马半岛与东海岸更好的连通性。西海岸高速公路预计将于 2019 年完成，该项目将更好地实现西海岸霹雳州和雪兰莪州的连通性②。在铁路建设方面，据马来西亚交通部部长廖中莱介绍，马来西亚将以发展铁路建设为契机，通过新建/改建北接泰国、南通新加坡的铁路干线，特别是通过建设吉隆坡—新加坡国际高铁线路，大幅提升马来西亚铁路的客/货运输能力，促进新加坡、马来西亚与泰国 3 个国家间的贸易往来，并带动与其他东盟国家的商业贸易和旅游业的繁荣。目前，在东盟成员国中，马来西亚是铁路建设投资最多、建设最积极的国家③。此外，马来西亚还计划兴建一条从新加

① 在 1995 年 12 月举行的东盟第五届首脑会议上，时任马来西亚总理的马哈蒂尔提出修建一条始于马来半岛南端的新加坡，往北经马来西亚、泰国、柬埔寨、越南、缅甸，连通中国昆明的"泛亚铁路"倡议。该倡议一经提出即得到了东盟首脑和中国政府的认同。1999 年 9 月，东盟在越南河内召开第五次交通部长会议，专门研讨"泛亚铁路"路网问题并签署了谅解备忘录，以增强东盟诸国间的交通连接。2006 年 4 月，经过多年的筹备和调研后，在印尼举行的联合国亚洲及太平洋经济社会委员会第 62 届大会上，《泛亚铁路网政府间协定》获得通过。同年 6 月 11 日，联合国亚洲及太平洋经济社会委员会在泰国首都曼谷宣布《泛亚铁路网政府间协定》正式生效。同年 11 月 10 日，泛亚铁路涉及的 28 个国家中的 18 国在协定上正式签字，根据协定，亚洲国家将建设和连通 4 条、总长度为 8.1 万公里的泛亚铁路动脉。
② 中华人民共和国驻马来西亚经济商务参赞处：《第 11 个马来西亚计划重点关注综合交通系统》，http://my.mofcom.gov.cn/article/jjdy/201505/20150500983450.shtml。
③ 《马来西亚以发展铁路促进经济增长》，《铁道通信信号》2017 年第 3 期。

坡沿着马来半岛东海岸，连接吉兰丹的"东海岸—新加坡高速公路"，这条高速公路全长规划 700 多公里，往北连接泰国，经过泰国继续北上最终通往中国①。这条公路与中国—中南半岛国际经济合作走廊设想中的公路通道基本一致，其一旦建成，将成为联通新加坡、马来西亚、泰国、柬埔寨、越南、老挝、缅甸等东盟国家以及中国的国际大通道，带动马来西亚东海岸经济加速发展。

4. 马来西亚与中南半岛邻国各领域合作不断加强

马来西亚与中南半岛上的新加坡和泰国为邻，作为老东盟成员国，马来西亚与新加坡、泰国的关系密切。在东盟国家中，新加坡和泰国分别是马来西亚的第一大和第二大贸易伙伴，2015 年，马来西亚对新加坡出口 278.08 亿美元，对泰国出口 114.03 亿美元。马来西亚向泰国提供石油和天然气，从泰国进口大米。马泰两国先后签订了渔业协定、农业合作协定、马来西亚火车经泰国运货协定、联合开发暹罗湾海床石油资源协议。

2013 年 2 月，马来西亚和新加坡两国为了缓解吉隆坡和新加坡两城之间的交通拥堵，进一步促进双边经济发展，同意共同建设连接吉隆坡和新加坡的高速铁路，该项目投资金额近 400 亿令吉，计划2020 年完工。马新高铁的建设，将进一步完善中国—中南半岛国际经济合作走廊的交通基础设施。

为了给泰国和马来西亚边境的大量通勤族以及来两国旅游的国际旅客提供交通便利，2015 年 12 月，由泰国和马来西亚共同运营的一条"穿梭火车"正式开通，该列车往返于泰国南部宋卡府最大的城市合艾和位于泰马两国边境的马来西亚小镇巴东勿刹之间，每天往返两次。该线路的开通，不仅为马来西亚大规模运

---

① 付志刚：《马来西亚将建连通东盟 5 国和中国的高速公路》，《光明日报》2014 年 6 月 28 日，第 8 版。

输提供了便利通道，而且为未来东盟经济共同体的发展提供了交通支持①。

二 中国与马来西亚各领域合作的不断深化是 推动中国—中南半岛国际经济合作走 廊建设的重要因素

（一）中马两国建立全面战略伙伴关系为推动中国—中南半岛国际经济合作走廊建设提供政治保障

自 1974 年中国与马来西亚正式建立外交关系以来，两国高层互访和接触频繁，签署了一系列战略性合作文件和声明。2013 年，两国建立全面战略伙伴关系。2014 年是中马两国建交 40 周年，双方以此为契机，在经贸与投资、金融、基础设施建设、农业、人文交流等领域不断深化互利合作。2015 年 11 月，中国国务院总理李克强应邀访问马来西亚，两国在发表的联合声明中指出，"马方欢迎中方提出的共建丝绸之路经济带和 21 世纪海上丝绸之路（'一带一路'）合作倡议，双方同意在该框架下加强发展战略对接，推进务实合作"。②随着中马两国政治互信的不断增强，战略沟通日益紧密，为两国推动中国—中南半岛国际经济合作走廊建设提供了良好的政治保障。

（二）中马两国经贸合作不断深化为推动中国—中南半岛国际经济合作走廊建设提供经济动力

马来西亚地处热带，油气、橡胶和棕榈油油脂资源丰富，资本比

---

① 《泰国与马来西亚之间"穿梭火车"服务正式开通》，http：//world. huanqiu. com/exclusive/ 2015－12/8233543. html。

② 《中华人民共和国和马来西亚联合声明》，http：//news. xinhuanet. com/world/2015－11/24/ c_ 128459810. htm。

较充裕而劳动力匮乏。而中国地处温带和亚热带，有色金属与稀土资源比较丰富，地表和石油资源相对匮乏，劳动力相对充足。马来西亚的优势产业主要集中在棕榈油、橡胶、天然气、石油等资源型产业，中国则在纺织、服装、鞋、食品、水稻种植、建筑材料、机电、化工通信及装备工业等产业上具有比较优势。生产要素、资源禀赋互补决定了两国产业结构的差异性和互补性，两国开展经济合作具备了前提条件。此外，马来西亚华人占马来西亚人口总数的24.6%，遍布马来西亚各大城市，马来西亚的华文教育水平在东盟国家中也比较高，为两国经贸往来和经济合作提供了共同的文化观念和语言交流上的便利。

自1974年中马两国宣布建立外交关系以来，两国通过高层互访，签订合作协定或协议，为两国不断深化经贸合作关系提供了机制保障。1988年，两国签署贸易协定和投资保障协定，成立"中马经济和贸易联合委员会"。2002年4月，两国决定成立双边商业理事会。2013年10月，中国国家主席习近平在访问马来西亚期间，两国政府又签署了《中马经贸合作发展五年规划》，该规划包括农业、制造业、工业园区、基础设施建设、能源与矿业、交通等领域的内容，还设定了到2017年底两国双边贸易额达到1600亿美元的目标，为深化两国经贸合作确定了发展蓝图。

中马两国由于有了一系列的经贸协议及政策作为保障，两国间贸易总额逐年攀升。1977年，中国对马来西亚出口即达1.05亿美元。2002年，中马双方贸易额首次突破100亿美元，马来西亚成为东盟10国中中国最大的贸易伙伴。2003年双方贸易额突破200亿美元，2008年达534.69亿美元，提前两年（原定2010年）实现500亿美元目标。2013年，双方贸易额突破1000亿美元，马来西亚成为除日本、韩国外第三个与中国贸易额超过1000亿美元的亚洲国家。中马贸易额占中国与东盟贸易额的比重近年来保持在20%以上（见表4）。截至2016年，马来西亚已连续8年为中国在东盟的第一大贸易伙伴，中国则是马来西亚的最大进口市场和第二大出口市场。在投资方面，截至 2015 年 6 月底，马来西亚实际对中国投资 70. 2 亿美元；截至 2015 年 5 月底，中国对马来西亚非金融类投资 10. 86 亿美元。中国自马来西亚进口主要商品有集成电路、计算机及其零部件、棕榈油和塑料制品等；中国向马来西亚出口主要商品有计算机及其零部件、集成电路、服装和纺织品等①。

表4　中国与马来西亚进出口贸易统计

年份	中马进出口总额（亿美元）	中国与东盟进出口总额（亿美元）	中马进出口总额占中国与东盟进出口总额比重（%）
2005	200. 93	1304. 00	15. 4
2006	235. 72	1608. 00	14. 7
2007	286. 97	2026. 00	14. 2
2008	321. 01	2311. 00	13. 9
2009	323. 36	2130. 00	15. 2
2010	504. 47	2928. 00	17. 2
2011	621. 37	3630. 80	17. 1
2012	948. 32	4001. 40	23. 7
2013	1060. 83	4435. 90	23. 9
2014	1020. 06	4804. 00	21. 2
2015	972. 58	4707. 15	20. 7

资料来源：2006～2015 年《中国统计年鉴》及 2016 年《中华人民共和国国民经济和社会发展统计公报》。

（三）中马"两国双园"模式为推动中国—中南半岛国际经济合作走廊建设提供产业支撑

国际经济合作需要产业作为支撑。2012 年 4 月在中国广西钦州

---

① 《中国同马来西亚的关系》，http：//www.fmprc.gov.cn/web/gjhdq_ 676201/gj_ 676203/yz_ 676205/1206_ 676716/sbgx_ 676720/。

开园的中马钦州产业园区①和 2013 年 2 月在马来西亚关丹开园的马中关丹产业园区②分别位于中国—中南半岛国际经济合作走廊的两端，是中国与马来西亚为推动两国产业合作与转型升级开创的世界上首个"两国双园"模式。其不仅有利于深化中马经贸合作和发展双方关系，带动两国产业集群式发展，而且也为推动中国—中南半岛国际经济合作走廊建设提供了产业支撑。

目前，在中马两国政府的积极推动下，"两国双园"正在努力打造中国—东盟产能合作示范园。中马钦州产业园区方面，园区经过 5 年的发展，已基本实现了"三年打基础"的目标（基本完成"七通一平一绿"，具备产业和城市项目集中入驻条件）。从 2016 年开始，园区进入"五年见成效"新阶段。目前，中马钦州产业园区正致力于建设高端产业集聚区、产城融合示范区、科教和人才资源富集区、国际合作和自由贸易试验区的第四代开发园区③。截至 2017 年 3 月，园区已有 50 多个产业项目落户，总投资超过 280 亿元。其中，已经投产运营的有中马粮油项目，试投产的有慧宝源项目，已经开工的项目有鑫德利光电科技项目、保利协鑫分布式能源项目、弘信创业工场项目；一批新引进的项目，如华亿科技、贝玛教育、尚德光伏、炎志医疗设备、大西新能源电机等也在 2017 年上半年启动建设④。马中关丹产业园区方面，由马来西亚政府投资约 24 亿元人民币的园区一

---

① 2011 年 4 月，中国国务院总理温家宝在访问马来西亚时与马来西亚总理纳吉布达成共建中马钦州产业园区的共识。在同年 10 月 21 日第八届中国—东盟博览会期间，温家宝与纳吉布亲自见证了两国商务部和贸工部签署中马钦州产业园区合作文件并为园区揭牌。2012 年 3 月 26 日，中国国务院批复设立中马钦州产业园区。2012 年 4 月 1 日，中国国务院总理温家宝与马来西亚总理纳吉布共同出席中马钦州产业园区开园仪式并为园区奠基。

② 2012 年 6 月，中马两国在吉隆坡签署了《关于马中关丹产业园合作的协定》。2013 年 2 月 5 日，马中关丹产业园区在马来西亚关丹正式开园。

③ 黄春斯：《中马钦州产业园迈向第四代园区》，《国际商报》2016 年 3 月 24 日。

④ 武丰有：《中马钦州产业园区成立五周年：开放合作，扬帆再出发》，http://www.qip.gov.cn/news/Detail/a3a3d34b - 5dbf - 41af - b1f0 - 9af7f7aa708b。

期 6 平方公里外部配套基础设施建设已经基本完工，"三通一平"建设也预计于 2017 年内完工。园区二期用地及基础设施建设计划于 2017 年内开始施工。截至 2016 年底，马中关丹产业园累计入园项目总投资额已超过 200 亿元人民币①。其中，首个落户马中关丹产业园的 350 万吨钢铁项目也计划于 2017 年底实现部分产能投产运营。该项目由广西北部湾国际港务集团与广西盛隆冶金有限公司共同投资建设，项目总投资 14 亿美元，项目采用国内现行的长流程工艺，投产后将是东南亚第一条 H 型钢生产线②。此外，中国广西仲礼瓷业、广投铝型材、顺风太阳能装备制造基地、龙建新材料和中科恒源新能源等多个项目已经签订入园协议③。

三　加强中马合作，合力共建中国—中南半岛国际经济合作走廊的建议

（一）以增进政治互信为基础，以互利共赢为目标

中国倡导的中国—中南半岛国际经济合作走廊交通路线和马来西亚提出的泛亚铁路路线走向基本一致。作为走廊的重要两端，中国和马来西亚合力推进走廊建设至关重要。由于走廊途经的国家多、线路长、资金需求量大，沿线各国要合力推进走廊建设，需要以增进政治互信为基础，以互利共赢为目标。

近年来，中马两国建立了多项有效对话机制，两国全面战略伙伴关系步入了全面、稳定、务实的发展轨道，并且两国在应对国际危

---

① 童政：《马中关丹产业园项目投资超 200 亿元》，《经济日报》2017 年 2 月 14 日，第 12 版。
② 周红梅：《马中关丹产业园联合钢铁项目主体工程施工》，《广西日报》2016 年 11 月 24 日。
③ 童政：《马中关丹产业园项目投资超 200 亿元》，《经济日报》2017 年 2 月 14 日，第 12 版。

机、能源安全、国际和地区事务上的观点相似。两国高层互访频繁，双方领导人亲自敲定了许多重大合作项目，如中马两国双园项目等均在两国各级政府的支持下得以顺利推进。正如马来西亚总理纳吉布所说，由中国投资550亿马币的马来西亚东海岸铁路衔接计划的落实，也主要得益于马来西亚与中国维持稳固的信任及友好合作关系①。

以中马合作为基础，中国—中南半岛国际经济合作走廊沿线各国正在合力推进走廊建设。由于涉及各国方方面面的利益，因此必须以互利共赢为目标，让沿线各国人民分享走廊建设带来的成果。当前，中国与东盟正合力推动中国—东盟自由贸易区升级版建设，需要以互联互通为基础，积极推动基础设施、体制机制和交通网络之间的整合，最终实现共同建设，共享成果。

（二）中马双方应不断加强基础设施建设项目的合作

中国—中南半岛国际经济合作走廊建设首先是基础设施建设，其中，最基本的是加强本国的基础设施建设，然后是推进与相邻国家的基础设施互联互通，最后是沿线各国实现基础设施互联互通。据《南洋商报》2015年9月8日报道，马来西亚第10个五年计划中公共基础设施建设预算为2300亿马币。而在第11个五年计划中，公共基建发展支出继续增加300亿马币，合计达2600亿马币。一批大型基建项目逐步启动，如马新高铁项目（400亿马币）、槟城交通大蓝图（270亿马币）、泛婆罗洲大道（270亿马币）、金马士至柔佛铁路项目（80亿马币）等交通基础设施项目。鉴于中国在铁路建设方面具有明显的技术优势，建议中国企业抓住马来西亚新一轮基础设施建设的机遇以及与马来西亚已经形成的劳务派遣关系，积极承接马来西

---

① 《东海岸铁路计划落实得益于马中友好关系》，http：//www.chinanews.com/gj/2016/12－18/8097397.shtml。

亚基础设施建设项目。事实上，在轨道交通基础设施建设方面，中国与马来西亚已开展了卓有成效的合作。比如，中国南车株洲电力机车有限公司（中国中车公司）与马来西亚交通部在2010年签订了38列首个城际米轨动车组项目合同，2012年，该项目车辆已批量投入运营；2014年12月，该公司再次与马来西亚交通部签订了约4亿元人民币的动车组维保服务合同订单①。以此为基础，中国与马来西亚在轨道交通方面的合作不断深入。2015年7月，具备年制造200辆城轨车辆和高水平深度检修150辆车能力的中国中车（马来西亚）轨道交通装备有限公司正式建成投产，使马来西亚成为东盟国家中第一个拥有轨道交通装备产品制造能力的国家。同年12月，中车马来西亚公司生产的城际动车组在马来西亚最繁忙的南北城际线路之一——森美兰州的金马士（Gemas）至北部玻璃市州的巴东勿刹（Padang Besar）线路上投入运营。此后，马来西亚本土化生产的车辆又开始陆续服务于另外两条轻轨线路②。可以说，中国中车公司已成为马来西亚轨道交通装备发展最大的推动者。2015年，中国国务院总理李克强在访问马来西亚并同马来西亚总理纳吉布会谈时指出，中国将加强以技术与成本优势同马来西亚基础设施建设需求相对接，通过积极探讨开展马来西亚—新加坡高铁建设、马来西亚南部铁路建设和中马港口联盟等合作，加强区域互联互通，助力两国经贸往来③。

（三）充分发挥马来西亚在东盟的引领作用，带动中南半岛国家共同推动走廊建设

马来西亚不仅是东盟的主要创始成员之一，还是环印度洋区域合

---

① 《中国南车再获马来西亚4亿元动车组维保合同》，http://finance.chinanews.com/cj/2014/12 - 13/6874356.shtml。

② 《马来西亚：中车本土化 深度合作实现共赢》，http://news.cctv.com/2017/04/29/ARTI8tY0LcVp9DfDpT7PUsrU170429.shtml。

③ 桂涛、全晓书：《中方愿参与马新高铁建设》，《北京晨报》2015年11月24日。

作联盟、亚洲太平洋经济合作组织、英联邦、不结盟运动和伊斯兰会议组织的成员。马来西亚同其他东盟国家政治、经济、文化关系密切，高层互访频繁，并注意在重大国际地区问题上发挥协调作用。在外交方面，马来西亚坚持独立自主、中立、不结盟的外交政策，把东盟作为其外交政策的基石，优先发展与东盟国家的关系，并重视发展同大国的关系。在经济方面，马来西亚是亚洲新兴的多元化经济国家，在20世纪90年代发展迅猛，是"亚洲四小虎"之一。如今马来西亚已成为亚洲地区引人注目的多元化新兴工业国家和世界新兴市场经济体，在东盟国家中，也是经济实力较强的国家之一。在推动东盟内部互联互通建设方面，马来西亚不仅提出了建设泛亚铁路的倡议，而且积极实施与相邻国家的基础设施互联互通建设。在推进中国—中南半岛国际经济合作走廊建设过程中，应充分发挥马来西亚在东盟的引领作用，推动走廊沿线国家通力合作，共同推进走廊建设，早日造福沿线国家及广大民众。

B.10
共建21世纪海上丝绸之路背景下中国—东盟非传统安全领域合作与发展研究

周可达*

摘　要：　随着中国—东盟自由贸易区功能的不断完善，双方关系呈现全方位制度化发展态势。在我国海上丝绸之路的国家战略背景下，为维护本地区可持续、稳定、和平的发展环境，关注中国—东盟区域非传统安全问题具有重大的现实意义。本报告通过对非传统安全理论进行系统性梳理，对中国—东盟非传统安全合作发展的现状、合作困境进行分析，对非传统安全合作问题的相关影响因素进行探讨，并提出了加强本地区非传统安全问题合作战略构想和政策建议。

关键词：　中国—东盟　非传统安全　合作　发展

中国—东盟非传统安全合作在曲折往复中发展，共同的安全需求及合作的现实利益使这种合作在领域上不断扩展，在深度上不断加深。这一合作是不可逆转的趋势，而破解由历史与现实的诸多原因形成的障碍也在考验着合作双方的智慧。

---

* 周可达，广西社会科学院社会学研究所研究员。

一 对非传统安全问题的理解

（一）内涵

非传统安全问题是当今国际社会十分关注的人类重大发展问题。20 世纪 70 年代后期以来，人们将以政治军事安全为主旨的安全称为传统安全，将政治军事安全以外的安全称为非传统安全。相应的，将除政治军事以外的其他对国家与人类生存发展构成威胁的因素，统称为非传统安全威胁因素。

广义的非传统安全涵盖经济、社会、文化、生态、环境等各领域。主要包括以下五个方面：一是自然灾变问题，如地震、环境污染、生态失衡等；二是社会失控问题，如经济危机、非法移民等；三是跨国犯罪问题，如走私、贩毒等；四是非国家行为体对现存秩序破坏问题，如武器扩散、极端组织等；五是科技利用不当引发的问题，如药物伤害、核泄漏、跨国犯罪等。

（二）产生原因

1. 国际秩序不公

国际法准则要求：国家不论大小、贫富、强弱一律平等，各国应平等相待，和睦共处。但西方世界长期主导的不公正国际政治秩序，成为引发非传统安全问题的重要原因。通过严重不公的国际秩序，个别发达国家对一些发展中国家的资源财富肆意掠夺，造成民族矛盾、发展失衡、贫富分化等大量历史遗留问题，成为引发一些地区国家冲突和政治动荡的根源。

2. 发展不平衡

全球化给各国带来共同发展的红利，同时也拉大了穷国与富国的差距。据2013年联合国有关机构统计：过去40年，穷国与富国间的贫富差距增加了一倍。世界经济发展不平衡所导致的贫穷和落后为非传统安全问题的形成和扩散创造了条件，导致一些发展中国家内部矛盾加剧。

3. 人与自然关系不和谐

随着现代社会科学技术飞速发展，人们控制和改变自然的能力越来越强，人类社会的活动打破了自然界的生态平衡，对人类生存安全构成了严峻挑战。

4. 国际应对能力缺失

尽管国际社会为化解各类非传统安全问题进行了长期努力，但从目前全球对此类问题的治理情况看，尚未形成完整、系统、有效的国际防范机制和应对能力，发生在一个国家和地区的危机，往往会波及数国和其他地区。

（三）特点

1. 长期性

非传统安全问题滋生于各国社会、经济、文化的土壤中，带来的威胁关系到国家和地区乃至整个人类的生存与发展环境。应对非传统安全问题，各国需要一起付出巨大努力，大力发展自身经济，消除非传统安全问题形成的条件，完善社会制度建设。但这些都不是短期能办到的。

2. 复杂性

非传统安全问题有历史形成的，也有现在产生的；有的属于政治、经济、社会领域，也有的属于自然生态环境领域；有的存在于一个国家之中，有的跨国存在于地区之中，形式多种多样，具有不确定性。非传统安全问题突发后往往快速扩散，伴随有连锁反应，随时可能因环境变化而转化为传统安全问题。傅勇（2007）认为不同时期

非传统安全领域的不同问题，在国家安全中的地位作用和重要性不同，随着时空变化会不断变化。

3. 跨国性

非传统安全问题从一个国家和地区向另一个国家和地区扩散时，会使一国的问题变成地区乃至全球性的问题。由于非传统安全问题不限定在一个国家的范围内，而广泛存在于多个国家乃至全球，往往以一国力量难以解决，需要多国努力合作。如金融危机、气候变化、跨国犯罪等非传统安全问题，需要各国携手应对，才能共同走出困境。非传统安全问题的跨国性、全球性决定了非传统安全问题治理的难度大、过程长、综合性强，非少数国家能够解决，化解消除非传统安全问题，需要加强国际合作。

二 中国—东盟非传统安全合作与 发展领域及意义

（一）主要合作与发展领域

1. 经济合作

从 2010 年起，中国一直是东盟第一大贸易伙伴，2014 年中国与东盟贸易额达到了 4803.9 亿美元，累计双向投资总额达到了 1269.5 亿美元。目前东盟是中国第三大贸易伙伴、第二大进口来源地和第四大出口市场。中国—东盟的经贸关系进入全方位、多领域、深层次发展的时期。双方确定了新阶段的发展目标：2015 年双方贸易额将实现 5000 亿美元，2020 年将实现 1 万亿美元。

2. 禁毒合作

1993 年中国与缅甸、泰国、越南、老挝、柬埔寨五国签定了《东亚次区域禁毒谅解备忘录》，拉开了双边禁毒合作的序幕。从

2006 年起，中国分别与缅甸、老挝政府签定禁毒合作协议，加强在缅北、老北地区的卫星遥感监测，推进以替代种植为核心的境外资源战略，在帮助缅老两国在金三角罂粟种植区推广替代种植方面取得了相应成效。在 2011 年湄公河 "10.5" 惨案发生后，中国与东盟加大了打击贩毒分子合作的力度，中老缅泰四国通力合作，摧毁了以糯康为首的特大武装贩毒集团，有力遏制了湄公河流域毒品犯罪活动的高发态势。

3. 能源合作

中国与东盟各国都不同程度地存在能源供应不足的瓶颈问题，这严重影响和制约了各国经济快速发展。经过多年努力，双方能源合作大格局已经形成，能源开发、能源运输、能源贸易等合作全面发展。在 "10 + 3" 框架下，建立了中国—东盟能源部长对话机制，就地区的互联互通能源基础设施建设和能源储备建设等方面的合作进行了协商。

4. 生态环保合作

在环境保护方面，中国与东盟围绕环境政策、环境管理、清洁生产、环境影响评价、环保合作战略、地区绿色产业发展与合作、执法能力建设等主题，举行了一系列研讨会。2003 年中国与东盟签署的面向和平与繁荣的战略伙伴关系联合宣言中，确定了环境合作的主要领域，从此开启了双方环境合作序幕。

5. 疫病控制合作

2005 年中国与东盟各国卫生部建立了部长级会议，对推动地区卫生合作、疾病联防联控以及深化卫生各领域合作进行了专门研讨。2012 年 7 月，中国与东盟正式签订卫生合作谅解备忘录，双方高层一致同意将卫生合作推至新的高度和深度。2014 年 9 月在越南河内召开的第五届中国—东盟和第六届中日韩东盟卫生部长会议上，中方提出加强地区的防控，提出加强对诸如禽流感和埃博拉等疫病的监

测、实验室能力建设、疫苗研发等方面合作的倡议，受到与会各国的认同。

6. 反恐合作

中国与东盟地理上互为近邻，双方互为对方发展的外部环境支撑，相互交往频繁，在反恐领域具有共同利益，客观上要求双方加强合作。2009年东盟与中国的"10+1"部长级会议对非传统安全领域合作备忘录做了相应修订。2011年双方再次重申加强反恐合作。湄公河惨案的沉痛教训，促使双方加大了对跨国犯罪的打击力度，2011年中泰老缅四国开始在湄公河联合执法，双方在反恐方面的合作迈上新台阶。

7. 海上安全合作

抢劫、走私、偷渡和毒品枪支贩运等海上违法犯罪活动在中国—东盟地区海域时有发生，各种海上跨国犯罪活动不断增多，已经成为困扰各国海洋经济发展的严重问题。2013年10月，中国国家主席习近平在访问东南亚国家时，提出了建设"中国—东盟命运共同体"和"21世纪海上丝绸之路"的倡议，得到了东南亚各国的积极响应。2014年中国提出了解决南海问题双轨思路，与东盟进行了有效沟通与对话。双方根据《南海各方行为宣言》，加快推进达成南海行为准则的协商工作，努力让南海成为造福地区的和平合作之海，积极推进海上务实合作。

8. 打击跨国犯罪合作

跨国犯罪呈现区域化、国际化和组织化发展态势，已严重威胁本地区的稳定和发展。2013年双方续签《中国—东盟非传统安全领域合作谅解备忘录》。当年，中方同东盟国家开展多次联合执法行动，并为东盟国家举办打击网络犯罪、禁毒、刑侦技术等多个培训班。2014年9月18日，首届中国—东盟网络空间论坛在广西南宁举行，中国与东盟将进一步加强互联互通，深化网络空间合作，共同打造中国—东盟信息港，使之成为建设"21世纪海上丝绸之路"的信息枢纽。

（二）合作与发展的意义

1. 应对非传统安全问题需要同东盟合作

进入 21 世纪以来，我国逐渐面临多方面的非传统安全问题，涵盖从经济发展、资源能源、生态环境，到公共卫生、跨国犯罪等各领域。随着开放不断扩大和国际化程度日益提高，我国也进入非传统安全问题高发期，加强同世界各方特别是东盟地区各国的合作，联手解决非传统安全问题势在必行。

2. 营造周边地区和平稳定环境需要加强合作

一方面，中国与东盟各国均需要有一个持久稳定和平的环境作为依托，来推进本国现代化建设。另一方面，中国—东盟区域一体化已进入一个新的发展时期，共同的利益关切不断增加，需要地区各国树立地区安全新理念，合力打造新的地区安全共同体。

3. 非传统安全合作需要增进双方互信

中国与东盟地区面临的一些非传统安全问题与挑战将长期存在，某些安全问题可能会上升为地区的重大威胁。中国与东盟可以在中国—东盟自由贸易区等框架下，继续就非传统安全议题进行对话协商，加强合作，进一步有效地传达双方的善意，增加共识，促进互信，提高应对非传统安全威胁的能力，进一步巩固发展双边关系。

三　中国—东盟非传统安全合作与发展面临的挑战及发展方向

（一）合作与发展的主要障碍

1. 国情差异性的制约

中国与东盟地区的情况可谓复杂，各国在政治制度、经济发展水

平、社会结构、意识形态、文化信仰、价值观念等方面存在巨大差异；加之各国所处的发展阶段不同，对安全需求的重点不同，各国参与非传统安全问题国际合作的行为动机、利益目标、手段措施等也不尽相同，增加了在此问题上协调各国立场的难度。

2. "中国威胁论"在东盟的影响

一是个别东盟国家对中国崛起的猜忌从未间断，担心中国强大起来后会给各国带来安全威胁。二是由于中国与个别东盟国家仍存在海陆领地主权争端等历史遗留问题，个别东盟国家担心地区安全秩序的改变；三是由于中国人口众多，经济发展势头强劲，个别东盟国家担心地区资源流失和地区市场垄断，使自身的发展受到影响。

3. 域外大国介入的影响

特别是近年来，美国、日本、印度等国家为了扼制中国发展或抗衡中国，纷纷从政治、经济、军事等方面加强与东盟各国的关系，力图扩大自身对这一地区的影响；同时制造各种矛盾和不和谐因素，达到影响中国与东盟地区关系的目的。

4. 我国地区非传统安全战略谋划有待加强

一是缺乏相关法律法规的规范和系统的政策措施。二是中国—东盟非传统安全保障的研究和相关机制建设滞后。三是中国—东盟非传统安全执法体制创新不足。当前地区非传统安全执法，主要通过各国行业部门合作来进行，这其实是简单地将各国国内的行业管理方式套用到地区国际事务，是各国国内相关管理职能的向外机械延伸。这种执法体制权力结构松散，综合协调能力差，难以形成合力，适应不了地区非传统安全管理发展变化的需要。四是缺乏系统的非传统安全保障合作机制。

（二）合作与发展方向

1. 坚持尊重国家主权

对于基于国家利益的非传统安全合作，中国与东盟双方必须在坚持尊重国家主权、互不干涉内政、维护好国家利益的前提下进一步加强非传统安全合作。始终坚持互利共赢的合作原则，以合作促进互信，以互信增强合作，加强非传统安全合作的顶层设计，使中国—东盟非传统安全合作步入可持续发展的快车道。

2. 坚持平等对话协商

地区各国要相互尊重彼此在政治制度、发展道路、社会文化等方面的差异，相互借鉴，取长补短，平等互利、自主自愿、协商一致地开展非传统安全合作。

3. 坚持权力自我约束

一定意义上的合作是制度的共建，是权力的让渡，是规则的遵守。中国与东盟双方为了在非传统安全合作中的共同利益，必须对自身权利进行自我约束，使非传统安全合作不断地朝大家认同的制度化方向发展。

4. 坚持重点优先性原则

中国与东盟各国通过平等对话协商，针对地区各国所共同面临的非传统安全问题，根据威胁的敏感度和严重性进行排序，确定中国与东盟国家在非传统安全领域合作的重点。重点优先，先易后难，以点带面，灵活有序地应对。

四 完善中国—东盟非传统安全合作
与发展的建议

（一）提升中国—东盟非传统安全合作与发展的愿景

中国与东盟应以有效应对本地区非传统安全问题威胁的共同需求为导向，大力增强地区各国共同安全意识，完善地区安全战略，健全地区非传统安全机制；采取协调有效的合作方法与措施，提高各方应

对非传统安全问题的能力。通过促进机制建设、增强地区认同，双方加快非传统安全共同体建设，维护地区和平与安全，促进各方的稳定与发展。同时，各国应有长期艰苦努力的思想准备，树立安全共同体理念，推进地区安全共同体认同，从合作程度较低的领域逐步向合作程度较高的领域梯次推进，先易后难地促进地区非传统安全合作的制度化与机制化。

（二）加强地区非传统安全治理能力建设

中国与东盟要通过治理能力建设，加快提升地区非传统安全治理水平，为地区持续稳定发展所需要的安全环境提供强有力的保障。当前围绕地区非传统安全治理能力建设，在深化现有各领域合作、完善已有制度安排、充分发挥本地区所属各种国际组织和各种双边/多边管道平台作用的同时，重点确定长期合作领域，制定务实战略，重点加强非传统安全领域合作原则、合作政策、合作法律、合作制度、合作机制的创设，建立健全地区共同安全、合作安全、综合安全的系统性新机制和新制度，大幅提高中国与东盟地区整体及各国的非传统安全治理能力。

（三）创新中国—东盟非传统安全多边合作与发展制度

中国与东盟要在继续完善本地区现有非传统安全多边合作制度、进一步夯实非传统安全领域合作基础的同时，努力创新地区非传统安全多边合作制度，为本地区定期举行非传统安全问题对话构建多种新型管道，保证双方关系的可持续发展。中国与东盟可从创建各类非传统安全领域的合作理事会入手，将本地区各国的非传统安全理论研究机构、民间智库、专家学者以及管理工作者联系起来，组成地区非传统安全理论研究合作联盟，对地区非传统安全合作框架构建、非传统安全治理能力建设、各类非传统安全领域合作等问题，开展全面、系统的研究和商讨，为本地区各国开展合作提供建议和思路，为合作执法提供理论引导，支持专家和学者将其研究成果转化成地区协议，提升本地区非传统安全领域的民间合作水平，充分发挥非官方社会团体在非传统安全合作中的第二轨道作用。

（四）以点带面推进区域非传统安全合作与发展

从中国与东盟地理相邻的特点出发，采取以点带面策略，通过重点突破，带动合作领域不断拓展和细化，构筑起多层次、多形式的地区非传统安全合作架构。工作重点是自然灾害、社会问题、跨国犯罪等非传统安全领域的合作，可以先在关乎整个地区稳定与发展的领域，诸如环境治理、疫病防治、打击跨国犯罪、防范海盗、打击恐怖活动等领域，通过重点领域合作示范效应，形成地区非传统安全治理共识，带动本地区非传统安全的全面合作。

（五）完善地区非传统安全领域合作与发展对话机制

顺应地区非传统安全领域不断向纵深发展的趋势，发挥中国与东盟双方善于以对话协商方式解决分歧和问题的优势，民间与官方两轨并行，积极拓展和丰富双方对话关系，加强对话协商，完善对话机制。充分利用中国—东盟已有的各种峰会和论坛平台，推进双方在非传统安全领域的合作对话，密切双方关系，增强双方互信，促进双方认同。各种对话机制要就需要解决的非传统安全领域的重大问题，主动创设双方领导人会晤议题，促成地区各国政府高层对话，寻求全面合作解决的方案，发挥好官方渠道的主导作用，密切双方合作，切实提升中国与东盟在非传统安全领域的合作层次和合作水平。

（六）建立健全地区预警机制和信息交换系统

中国与东盟各国要以共建 21 世纪海上丝绸之路为契机，以共同安全的新安全观为引导，地区各国之间建立健全运转有效的预警机制与信息交换系统。有效灵活的预警机制建设，包括使用现代信息技术建立监测体系和预报预警系统、建立和完善预警制度、各国之间人员交流信息和情报共享等，这些是应对地区非传统安全问题的有效措施。根据地区各国共同面临的急需治理的非传统安全问题，按其影响程度大小排序，制定各种预案，增强地区各国协调能力，在反恐禁毒等一些地区重要非传统安全领域，加快与地区内各国执法部门建立热线电话，及时沟通情况，交流情报信息，协调一致、统一行动；设立各类联合培训中心，提高地区执法队伍的非传统安全执法水平。

参考文献

［1］ 曹云华、唐翀：《新中国—东盟关系论》，世界知识出版社，2005。

［2］ 傅勇：《非传统安全与中国》，上海人民出版社，2007。

［3］ 葛红亮：《非传统安全与南海地区国家的策略性互动》，《国际安全研究》2015 年第 2 期。

［4］ 陆忠伟：《非传统安全论》，时事出版社，2003。

［5］ 廖丹子：《"多元性"非传统安全威胁：网络安全挑战与治理》，《国际安全研究》2014 年第 3 期。

［6］ 李晓、薛力：《21 世纪海上丝绸之路：安全风险及其应对》，《太平洋学报》2015 年第 7 期。

［7］ 吴淼、吴锋：《国家治理视角下的非传统安全》，《华中科技大学学报》（社会科学版）2015 年第 5 期。

［8］ 王义桅、郑栋：《一带一路面临的非传统安全挑战》，《开放导报》2015 年第 4 期。

［9］ 韦红：《东南亚地区非传统安全合作机制架构与中国的策略思考》，《南洋问题研究》2013 年第 2 期。

［10］余潇枫：《共享安全：非传统安全研究的中国视域》，《国际安全研究》2014年第1期。

［11］周章贵：《中国—东盟湄公河次区域合作机制剖析：模式》，《问题与应对》，《东南亚纵横》2014年第11期。

［12］朱陆民、龙荣：《试论非传统安全合作对东盟国家间关系的推动作用》，《东南亚纵横》2012年第2期。

［13］张蕴岭：《中国与周边国家：构建新型伙伴关系》，社会科学文献出版社，2008。

附 录

Appendices

B.11
泛北部湾研究文献综述

冯海英*

一 著作

2015～2016 年出版的著作有：刘澈元等《泛北部湾经济合作与两岸关系和平发展》，肖祥《泛北部湾区域生态文明共享模式与实现机制研究》，秦勇、时永久《北部湾崛起》，叶大凤、王天维《广西北部湾经济区政策创新研究》，李强《印象北部湾》，李志峰等《北部湾中国沿海城市旅游化改造研究》，姜发军、陈波《广西北部湾海洋环境生态背景调查及数据库构建》，广西北部湾经济区和东盟开放合作办公室《北部湾深化改革进行时——广西北部湾经济区 2014 年

---

* 冯海英，广西社会科学院信息中心副主任，副研究员。

政策文件及相关媒体报道汇编》，陈丽琴《广西环北部湾地区少数民族民间文艺生态研究》，范航清等《广西北部湾典型海洋生态系统——现状与挑战》，广西北部湾经济区规划建设管理委员会办公室等《广西北部湾经济区开放开发报告（2014～2015）》，朱坚真《北部湾区域合作与产业发展研究》，胡宝清《北部湾科学数据共享平台构建与决策支持系统研发及应用》，王新哲、熊娜《社会转型期北部湾经济区农村劳动力流动问题研究》，韦铁《资源约束区域技术创新生态系统研究 以广西北部湾经济区为例》等。

出版的著作中，刘澈元等《泛北部湾经济合作与两岸关系和平发展》围绕"两岸视野下的泛北部湾经济合作""泛北部湾经济合作与两岸共创南海和谐""北部湾经济区开放开发与泛北部湾经济合作区域借鉴"等主题展开讨论。

肖祥《泛北部湾区域生态文明共享模式与实现机制研究》对区域生态文明共享的伦理原则、基本内容、共享模式、存在问题及原因、实现机制等进行分析；并从国家战略层面对区域生态文明共享模式及实现机制进行审视，提出具体实施的战略任务。

秦勇、时永久《北部湾崛起》系统地论述了我国如何走经济和平崛起道路，重点阐述世纪之初国内社会环境深刻的变化，启动西部大开发战略，不断深入寻求西部地区发展的新思路与新方法，走出传统的发展模式，抓住西部大开发战略带来的战略机遇，促进西部地区以及全国经济的不断发展。

叶大凤、王天维《广西北部湾经济区政策创新研究》包括导论、政策构成要素创新、广西北部湾经济区人才政策创新、广西北部湾经济区财政与金融政策创新、广西北部湾经济区产业与环境政策创新等内容。

李强《印象北部湾》记录了中央实施北部湾开发以来，北部湾人如何寻求发展良机、思谋发展良策，以时不我待、只争朝夕的开放

和创新精神，让这片土地焕发出新的生机与活力，创造了令人赞叹的
"北部湾奇迹"。

李志峰等《北部湾中国沿海城市旅游化改造研究》包括城市旅游
化概述、北部湾中国沿岸历史变迁与城市沿革、今日北部湾、北部湾
城市旅游发展评析与策略、环北部湾（广西）城市旅游化建设、环北
部湾（广东）城市旅游化建设、国际旅游岛省会城市——海口旅游化
发展态势，以及研究个案：海口城市旅游化的提升实践共内容。

姜发军、陈波《广西北部湾海洋环境生态背景调查及数据库构
建》针对广西北部湾开发建设中的海洋环境生态日趋严峻、海洋环
境生态背景数据匮乏的问题，开展了广西北部湾海洋环境生态背景调
查及数据库构建方面的研究。

广西北部湾经济区和东盟开放合作办公室《北部湾深化改革进
行时——广西北部湾经济区2014年政策文件及相关媒体报道汇编》
主要收录了自治区领导有关北部湾经济区改革开放的重要讲话，自治
区党委、政府出台的有关北部湾经济区的最新政策和文件以及国内外
媒体关于北部湾经济区的相关报道。

陈丽琴《广西环北部湾地区少数民族民间文艺生态研究》全面
介绍了广西环北部湾地区少数民族民间文艺，以及这一地区少数民族
民间文艺的生存与发展状态，以求积极调适、优化影响与制约其生长
的生态环境，谋求对这一地区少数民族民间文艺以及传统文化的传承
和可持续发展。

范航清等《广西北部湾典型海洋生态系统——现状与挑战》介
绍了广西滨海湿地结构、功能、变化与发展、所受到的影响与威胁，
以及应对的对策及方法。

广西北部湾经济区规划建设管理委员会办公室等《广西北部湾
经济区开放开发报告（2014~2015）》立足于广西北部湾经济区经
济、社会、文化生活等领域的客观情况，全面、细致地回顾了2013~

2014 年发展中取得的成绩，深入剖析了面临的挑战和问题，并对广西北部湾经济区未来的发展态势进行了展望，提出了建设性的意见和建议。

朱坚真《北部湾区域合作与产业发展研究》介绍了环北部湾区域在发展海洋经济过程中遇到的机遇与挑战，加之其海洋产业结构型矛盾的存在以及资金、技术、人才等相对弱势的影响，环北部湾的经济发展任重而道远。本书提出了一系列建议和意见，以及如何抓住环北部湾特色的内容进行开发和带动当地产业发展。

胡宝清《北部湾科学数据共享平台构建与决策支持系统研发及应用》遵循了"数据—模型—系统—服务"一体化的地理空间信息方法论，提出了北部湾经济区科学数据共享建设框架和研究思路，进一步推动广西北部湾经济区系统研究和科学数据共享的发展。

王新哲、熊娜《社会转型期北部湾经济区农村劳动力流动问题研究》以广西北部湾经济区农村劳动力流动现状为基础，对影响因素、成因、经济增长贡献、体制机制、风险等一系列问题展开研究，指出广西北部湾经济区城乡一体化基础上的城市化制度创新可以破解农村劳动力城市化的"内卷式"难题。

韦铁《资源约束区域技术创新生态系统研究——以广西北部湾经济区为例》基于复杂系统研究视角，运用博弈模型、MAS 模型、仿真及案例研究等方法，深入探讨创新资源约束下区域技术创新生态演化规律及调节机制。

二　论文

利用中国知网"中国学术期刊全文数据库"，通过对篇名中含有"泛北部湾""北部湾"等关键词的文章进行检索，发现 2015～2016 年全国共发表有关泛北部湾研究方面的论文 567 篇，其中刊载于核心

期刊的论文有 160 篇。

已发表的有关泛北部湾研究方面的论文，主要探讨了泛北部湾合作（包括经济合作与地方政府）、中国区域农民、旅游、物流、民族及其他等方面。专门研究北部湾方面的论文，主要探讨了北部湾经济区政府、政策（包括财税政策）、经济（包括经济一体化、经济发展）、产业、工业、旅游、物流（包括交通、运输）、港口、国土、城市群、生态环境、区域创新、人才或人力资源、教育、自贸区建设等方面。

有关泛北部湾合作方面的论文主要有：周忠菲《"丝绸之路经济带"与亚欧经济互动——兼论泛北部湾与印度的经贸合作》，吕余生、曹玉娟《一带一路"建设中"泛北部湾"产业合作新模式探析》，施梅超《深化泛北部湾区域合作——广西打造新经济增长极》，孟祥宁、张林《技术外部性视角下的泛北部湾区域经济合作战略研究》，李康波《泛北部湾经济合作的地缘文明形势及对策分析》，张林、葛雷《异质性视角下泛北部湾经济区能源合作战略》等。

有关泛北部湾区域经济合作与地方政府实践方面的论文主要有：杨毅《中国外交决策中的地方政府——以广西推动"泛北部湾区域经济合作"为例》，贺刚《叙述、参与实践与地方政府的对外合作——以广西参与泛北部湾经济合作为例》等。

有关泛北部湾中国区域农民方面的论文主要有：李丹《泛北部湾中国区域农民对子女的教育期望研究——基于对广西荔浦与全州两县的抽样调查》，刘澈元等《泛北部湾中国区域农村居民社会信任水平的影响因素探讨》，周娜等《泛北部湾中国区域农村居民养老方式选择的影响因素分析——以广西全州、荔浦两县为例》等。

有关泛北部湾旅游方面的论文主要有：贺剑武、袁琳《泛北部湾经济合作区旅游合作发展与对策研究》，刘又堂《泛北部湾区域旅游合作战略研究》，宫斐《发展泛北部湾海上旅游合作的要素分析》，刘又堂、陈晓梅《泛北部湾旅游合作对策思考》，周武生《泛北部湾旅游合作进程中的政府主导型战略研究》，罗亚萍、唐燕勤《泛北部湾旅游环境法律保护合作机制研究》，阳国亮等《泛北部湾旅游产品结构优化研究》，吴郭泉、袁玲《泛北部湾经济合作区与桂林旅游》，陈邦瑜、麻名佳《环（泛）北部湾—东盟海上旅游合作开发策略——基于 21 世纪"海丝路"合作倡议之探索》等。

有关泛北部湾物流方面的论文主要有：邓昀《基于 Zachman EA 的泛北部湾西江"黄金水道"物流信息化总体规划研究》，黄飞舟《搭建丝绸之路桥梁　打造泛北部湾物流中转枢纽》等。

有关泛北部湾民族方面的论文主要有：廖杨、蒙丽《泛北部湾地区的民族问题及对策分析》，杨晓《民族伦理多元样态的和谐共处——以泛北部湾区域合作为例》等。

有关泛北部湾其他方面的论文主要有：黄鹏《泛北部湾边境公共品提供的跨境财政协作研究》，刘秋芷、梁旋《泛北部湾经济合作区知识产权法律协调机制之浅析》，韦月洲、杨斌《浅谈泛北部湾背景下的高职英语专业实训改革》，罗二虎《秦汉区域社会研究的又一力作：〈泛北部湾地区秦汉时代的古族社会文明〉》等。

专门研究北部湾的论文中，有关北部湾经济区政府方面的论文主要有：张燕华、吕丽芳《广西北部湾经济区政府合作机制探讨——基于整体性治理的视角》，黄明宇《广西北部湾经济区政府合作治理模式探究》，熊瑛《广西北部湾经济区地方政府招商引资问题研究》等。

有关北部湾经济区政策方面的论文主要有：张立国《广西北部湾经济区物流园区建设政策优化研究》，宁琳映等《新区域主义视角下的区域产业政策协调研究——以北部湾经济区产业结构趋同问题为例》，应优优等《协同学语境下的区域生态政策协调研究——以广西北部湾经济区内污染转移问题为例》，吕丽芳《区域公共政策冲突现

象、原因和解决对策——以北部湾经济区为例》，李力部《北湾经济区城镇基本医疗保险政策进一步完善》等；有关北部湾经济区财税政策的论文主要有：庞少军等《北部湾经济区税收优惠政策效应研究——以防城港市为例》，苏毓敏、胡华《广西北部湾经济区财税政策效应的实证研究》，张载志等《加快物流产业发展的税收政策研究——以广西北部湾经济区为例》，韦宁卫《支持广西北部湾经济区新兴产业生态建设的财税政策研究》等。

有关北部湾经济区经济方面的论文主要有：许露元、李红《城市空间经济联系变化的网络特征及机理——以珠三角及北部湾地区为例》，张帆等《广西北部湾经济区与越南北部三省经济合作边界效应研究》，李荣翔、李业锦《基于引力模型的广西北部湾经济区经济联系研究》，梁辉《北部湾航运经济"迎风招展"》等；有关北部湾经济区一体化方面的论文主要有：冯楠《"三关四港"共促环北部湾经济一体化》，阳国亮《试论岭南—北部湾经济一体化——粤桂琼合作战略的思考》，张晓钦、韩传峰《中国区域一体化的整体性治理模式研究——以广西北部湾经济区为例》等；有关北部湾经济区经济发展方面的论文主要有：刘冠勤《广西北部湾经济区发展模式分析——基于区域经济发展模式视角》，朱念等《广西北部湾海洋经济可持续发展研究》，杨海涛《国际船舶登记制度对北部湾港经济发展的影响研究》，全胜跃《广西北部湾经济区生态经济可持续发展研究》，程冕《北部湾自贸区的建立对广西经济发展的影响及对策》，殷敏、李朝章《基于 GIS 技术的北部湾经济区县域经济发展格局的研究》，陈竞成《广西北部湾经济区经济发展凸显新亮点》，施梅超《深化泛北部湾区域合作　广西打造新经济增长极》，陈艳华《提高劳动要素效率促进北部湾经济区经济增长的思考》等。

有关北部湾产业方面的论文主要有：柯颖、史进《基于模块化三维框架的产业价值网形成与发展战略——以广西北部湾产业群为例》，黄建英《广西北部湾经济区产业结构优化升级的路径选择与策略取向》，蒋海勇《广西北部湾经济区新能源产业发展与财税支持政策研究》等。

有关北部湾工业方面的论文主要有：赵天宝《新常态下北部湾经济区核心城市工业发展探究》，张协奎等《基于系统耦合协调度的工业产业协同创新实证分析——以广西北部湾经济区为例》，卢庆毅《"绿色"北部湾：大工业与白海豚同在》等。

有关北部湾旅游方面的论文主要有：宫斐、吕观盛《北部湾广西区中心城市旅游经济联系度测量与评价——基于动态分析视角：2009～2013年》，陈文捷、王坤《北部湾海洋旅游资源整合模式研究》，杨熊炎、叶德辉《以海洋文化为核心的北部湾旅游纪念品设计》，黄松、李燕林《广西北部湾经济区地质公园建设及特色旅游开发探析》，潘冬南《共生理论视角下民族地区区域旅游竞合模式探讨——以广西北部湾为例》，张银玲《国家级历史文化名村旅游开发模式探析——以北部湾经济区玉林市高山村为例》等。

有关北部湾物流方面的论文主要有：郭真、黄瑜艳《港口物流与腹地经济协同发展研究——以广西北部湾港为例》等，石荣《CAFTA条件下广西北部湾经济区物流发展对广西经济影响分析》，潘文昊《基于AHP－PROMETHEE的广西北部湾港口物流能力研究》，乔鹏亮、潘文昊《新战略支点驱动下北部湾物流通道建设研究》，黄桂媛《浅析新闻传媒对物流业发展的影响——以广西北部湾经济区为例》，唐湘雨《20世纪30年代北部湾地区交通建设研究》，何鹏、黄珊《北部湾经济区交通一卡通建设运营对策研究》，李崇蓉《广西北部湾港集装箱运输发展研究》，赵婧《蒙西煤炭运往广西北部湾港铁路运输径路方案比选研究》等。

有关北部湾港口建设方面的论文主要有：崔忠亮《北部湾港：我国西部最大港口一体化发展成效与问题》，施梅超《加快广西北部

湾港口建设与东盟海上互联互通》，杨清《"四港合一"背景下广西北部湾港口发展现状研究》，黄莎莎《浅谈广西北部湾港口联盟建设模式——以"钦关"姐妹港为例》，任民《北部湾港牵手国际港口企业实现提速发展》等。

有关北部湾国土问题的论文主要有：王尧《广西北部湾经济区国土开发风险评估研究》，程力《优化国土资源配置分类调控国土空间——解读〈广西北部湾经济区国土规划（2014~2030年）〉》等。

有关北部湾城市群方面的论文主要有：吴冬霞等《北部湾城镇群可持续发展风险评价分析》，何翔等《北部湾城市群低碳城镇化对策研究》，毛蒋兴、古艳《环北部湾城市群城市生态位测度评价》，冯娟《"十三五"时期北部湾经济区城市群发展战略探讨》，韦玮《空间经济学理论对广西北部湾经济区城市群发展的启示》等。

有关北部湾生态环境问题的论文主要有：安翠娟等《生态文明视角下资源环境承载力评价研究——以广西北部湾经济区为例》，胡秋灵、李雅静《基于 AQI 的滇中、黔中和北部湾城市群空气污染统计规律比较研究》，杨斌等《低影响开发下的新区水绿生态规划方法与实践——以广西北部湾龙港新区总体规划为例》，苏相琴《广西北部湾生态系统构成与格局及其变化评估》等。

有关北部湾区域创新方面的论文主要有：韦铁等《资源约束下区域技术创新生态系统演化影响因素研究——以广西北部湾经济区为例》，张协奎等《促进区域协同创新的模式与策略思考——以广西北部湾经济区为例》，王威峰《基于"双向驱动"下的北部湾港口物流协同创新研究》等。

有关北部湾人才或人力资源方面的论文主要有：王彩燕《北部湾经济区人才集聚对经济发展的影响研究》，王洪涛、石定华《开放开发背景下广西北部湾经济区经济学类应用型人才培养研究》，廖明岚《基于熵值法的广西北部湾人力资源与区域经济发展耦合协调度研究》，蒙永亨、周临青《广西北部湾经济区人力资源与经济协调发展度实证分析——基于南宁、北海、钦州、防城港四市的对比》，陈艳华《北部湾经济区人力资本积累与产业结构优化互动发展模式分析》等。

有关北部湾经济区教育方面的论文主要有：宁雪梅、覃家金《高职教育与区域经济联动发展方式的探索——以广西高职教育服务北部湾经济区为例》，郭云卿《地方高校协同创新适应区域经济发展对策研究——以"广西高校服务北部湾行"为例》，韦联桂《经济管理类院校创新教育体系建构探析——以广西北部湾经济区为背景》，李晓《振兴北部湾经济区高等教育摭论》，杨斌成《北部湾经济区高校新闻学专业特色及其教育改革探索——以钦州学院为例》等。

有关北部湾自贸区建设的论文主要有：何宝峰、刘红军《广西发展北部湾自贸区的对策研究——基于对广东自贸区的历史考察》，杨珍等《钦州市在北部湾自贸区建设中的机遇与应对——基于国税部门服务北部湾自贸区建设的视角广西钦州市国家税务局课题组》，程冕《北部湾自贸区的建立对广西经济发展的影响及对策》，赵序海、曹汝华《"一带一路"战略下的中国（北部湾）自贸区建设思路研究》等。

发表的论文中，廖杨、蒙丽华《泛北部湾地区的民族问题及对策分析》剖析了泛北部湾区域民族问题的类型、表现、成因及影响，提出了相应的对策建议。

孟祥宁、张林《技术外部性视角下的泛北部湾区域经济合作战略研究》认为泛北部湾国家可通过模仿和学习中国资本密集型和技术密集型进口产品提升国内企业的技术水平。相比 FDI，中国与泛北部湾国家的进口贸易更能促进泛北部湾国家全要素生产率的提高。提高泛北部湾国家的人力资本对技术的吸收能力能够有效扩大经济合作的技术正外部性。

陈慧《"一带一路"背景下中越经济合作示范区建设研究——以北部湾经济区为例》认为在新形势下探讨中越经济合作示范区建设极具研究价值和实践意义。提出促进中越经济合作示范区建设的政策建议：一是加强中越两国各级政府对话机制，推出务实可行的合作政策；二是加快合作区内互联互通的基础设施建设，提高口岸通行服务效率；三是加快高新科技引进和创新，培养高素质综合人才；四是走可持续发展之路，发展经济和保护环境"双促进"。

张晓钦、韩传峰《中国区域一体化的整体性治理模式研究——以广西北部湾经济区为例》基于复杂系统理论，提出区域一体化发展的全新治理范式，明确区域一体化发展的动力逻辑。中国区域一体化的整体性治理要坚持系统性、协同性原则，注重子系统的关联作用，在设施联通、产业发展、要素集聚、城市群建设、合作治理机制、软实力提升等方面实现突破。

王尧《广西北部湾经济区国土开发风险评估研究》一文在 ArcGIS 技术和建模技术的支撑下，建立国土开发风险评估指标体系和三维魔方风险评估模型，研究北部湾经济区资源环境承载力、国土开发动力和国土开发潜力的影响因素、作用机理及空间分布特征，并进行国土开发风险评估，提出相关风险防范的对策建议。

柯颖、史进《基于模块化三维框架的产业价值网形成与发展战略——以广西北部湾产业群为例》以广西北部湾产业群为例，从专业化水平、协同能力、对接东盟市场等方面分析存在的问题，从推动广西北部湾产业价值网形成与发展的角度提出相应的战略思路。

施梅超《加快广西北部湾港口建设与东盟海上互联互通》提出了促进与东盟海上互联互通发展的建议：一是加快老港区的功能调整和转移以及大型专业化码头建设；二是扩大港口周边的物流园区建设及与东盟各国港口物流标准的有效对接；三是逐步放开铁路运价与国家政策接轨；四是加快平陆运河建设，完善港口集疏运系统；五是进一步完善和扩大北部湾与东盟的港口合作建设；六是建立大通关平台。

黄松、李燕林《广西北部湾经济区地质公园建设及特色旅游开发探析》认为地质遗迹是广西北部湾经济区的优势特色旅游资源，地质公园建设及特色旅游开发是推动该区重要支柱产业即旅游业创新发展的有效途径。

苏毓敏、胡华《广西北部湾经济区财税政策效应的实证研究》通过分析广西北部湾经济区 2000～2012 年的统计数据，发现存在财税政策较为固定单一等问题，认为应继续加强经济区政府部门体制改革及创新；继续加大对北部湾经济区的转移支付力度；积极推动适当调整税收制度的相关工作。

B.12
2016年至2017年6月泛北部湾区域大事记

马金案*

2016年

1月

2日　中国外交部发言人华春莹就中国南沙群岛永暑礁新建机场校验飞行活动答记者问时表示，中国对南沙群岛及其附近海域拥有无可争辩的主权，中方不接受越方对中国政府征用民航飞机对南海机场进行校验试飞的无理指责。

6日　中国政府征用的两架民航客机先后从海口美兰机场起飞，成功降落南沙永暑礁新建机场后返场，完成对南海机场的校验试飞。

11日　越南通讯社报道，越南政府总理阮晋勇正式批准越南2020年和2030年愿景国际经济一体化总体战略。

12日　在菲律宾和美国外交部部长、国防部部长"2+2"会谈前的几个小时，菲律宾最高法院宣布，菲律宾与美国2014年4月签署的《加强防务合作协议》（为期10年）"不违宪"，这为美军重返菲律宾敞开大门。

△中国—东盟教育交流年工作磋商会在泰国曼谷举行，标志着中国—东盟教育交流年正式启动。

---

* 马金案，广西社会科学院《东南亚纵横》编辑部副研究员。

16 日　由中国倡议成立、57 国共同筹建的亚洲基础设施投资银行在北京正式开业。在亚洲基础设施投资银行理事会成立大会上，楼继伟被选举为首届理事会主席，金立群当选首任行长。

17～21 日　越中陆地边界联合委员会第 6 次会议在胡志明市举行。

21～29 日　越南共产党第十二次全国代表大会在越南河内举行。大会选举产生中央政治局等越共新一届领导集体，阮富仲继续留任越共中央总书记。

22 日　越通社报道，东盟 10 国旅游部部长正式启动旅游推广 10 年计划，力争到 2025 年实现旅游业对东盟经济增长贡献率为 15%。

26～27 日　中国—印度尼西亚高层经济对话第 1 次会议在北京举行。会议就落实两国领导人达成的共识并就双方经贸和投资等重大合作深入交换意见。

27 日　国际货币基金组织宣布 2010 年份额和改革方案正式生效。中国开始成为国际货币基金组织第三大股东。

28 日　马来西亚上议院通过《跨太平洋伙伴关系协定》。

2月

3 日　中共中央政治局委员、中央政法委书记孟建柱在北京会见马来西亚副总理兼内政部部长扎希德。

3～6 日　应中国国务委员杨洁篪邀请，柬埔寨副首相兼外交国际合作部大臣贺南洪访问中国，与杨洁篪共同主持中柬政府间协调委员会第 3 次会议。

4 日　文莱、马来西亚、新加坡、越南参加在新西兰奥克兰市举行的、包括美国在内的 12 个环太平洋国家的贸易部部长《跨太平洋伙伴关系协定》签字仪式。

5 日　越南《经济时报》报道，欧盟正式公布越南—欧盟自由贸

易区协定全文。协定将于 2018 年初正式生效。

15~16 日 美国—东盟领导人峰会在美国加利福尼亚州召开。会议内容涉及贸易、海事安全和反恐等，会后发表峰会联合声明。

17 日 印度与东盟举行主题为"东盟—印度关系：新范式"的论坛。

22 日 中国 3 艘军舰停泊柬埔寨西哈努克省港口，开始在高龙岛、高龙撒冷岛和竹岛之间海域与柬埔寨海军举行首次联合训练演习。

24 日 澜沧江—湄公河合作第 3 次高官会在中国三亚市举行。会议旨在为澜沧江—湄公河合作首次领导人会议作准备。

△首届"东盟 10 + 3"毒品监控网络工作组会议在泰国曼谷召开。来自东盟 10 国和中、日、韩及联合国毒品与犯罪问题办公室，以及来自东盟秘书处的 100 多位代表出席了会议。会议落实各方达成的共识，共同建立"东盟 + 3"区域性反毒信息共享机制。

26~27 日 东盟外长非正式会议在老挝万象召开。这是东盟共同体宣布成立后举行的首次外长非正式会议。会上，东盟外长就有效落实东盟共同体 2025 年愿景的方式和方法以及东盟领导人在第 27 届东盟峰会上的 3 个蓝图进行讨论。

28 日 应中国外交部部长王毅邀请，新加坡外交部部长维文对中国进行正式访问。

29 日 中共中央总书记、国家主席习近平在北京会见越共中央总书记阮富仲特使、中央对外部部长黄平君。

3月

1 日 中国全国政协副主席王家瑞在北京会见越共中央总书记阮富仲特使、中央对外部部长黄平君。

△中国国务委员杨洁篪会见新加坡外长维文一行。

△第7次越南—新加坡防务政策对话在新加坡举行。

1~2日 越老陆地边界勘界立碑联合委员会非正式会议在越南河内举行。

3日 第22届东盟经济部长非正式会议在泰国清迈举行。会议重点讨论老挝2016年东盟轮值主席国优先目标、东盟经济部长经济工作小组所提出的建议，以促进融入地区及促进东盟与中国、韩国、日本、印度、澳大利亚和新西兰6个国家《区域全面经济伙伴关系协定》谈判等进程；更新东盟与各伙伴国的自由贸易协定，为东盟经济部长与欧盟委员会贸易总司代表团磋商会做好筹备工作等。

4日 题为"为女企业家提供便利条件，推动东盟经济共同体发展"的第2次东盟女企业家论坛在越南河内举行。

8~9日 东盟工会理事会与东盟雇主联盟在泰国曼谷举行首次磋商会。国际劳工组织（ILO）亚太地区局及国际工联亚太区域组织等的53位代表出席会议。

9~10日 以"亚洲合作对话：前行之路"为主题的亚洲合作对话第14次外长会在泰国曼谷举行。

14日 第13届东盟国家武装部队首脑非正式会议在老挝万象举行，东盟各国同意加强协作，应对传统及非传统安全领域的挑战。

15日 新加坡金融管理局与中国人民银行宣布续签双边货币互换协议，协议期3年。

△中国外交部新闻发言人陆慷在例行记者会上表示，中国3月15日至4月10日通过云南景洪水电站向湄公河下游实施应急补水。柬埔寨外交与国际合作部对中国政府的决定表示欢迎。

17日 第13届东盟新闻部长会议、第4届东盟—中日韩新闻部长会议在菲律宾宿务举行。

△新加坡海军RSS Endurance207号军舰抵达越南庆和省金兰国际港，开始对越南进行访问。这是越南金兰国际港开港运行后首次迎

来外国船舰。

17~18日 第18次东盟—印度高官会在越南河内举行。双方通过了东盟—印度2016~2020年行动计划。

22~25日 以"亚洲新未来：新活力与新愿景"为主题的博鳌亚洲论坛2016年会在中国海南举行，来自62个国家和地区的2100名嘉宾参加论坛活动。

23日 中国国务院总理李克强在海南三亚主持召开澜沧江—湄公河合作首次领导人会议，并与泰国总理巴育、柬埔寨首相洪森、老挝总理通邢、缅甸副总统赛茂康、越南政府副总理范平明等东盟国家领导人，围绕"同饮一江水，命运紧相连"的会议主题，就推进澜沧江—湄公河合作机制建设、加强次区域国家全方位合作、促进地区一体化进程等深入交换意见。

24日 中越《关于延展司法合作谅解备忘录的协议》在北京签署。

27~31日 应越南国防部部长冯光青大将的邀请，中共中央军委委员、国务委员、国防部部长常万全上将对越南进行正式友好访问。28日，中越两军在谅山举行第3次边境高层会晤。30日，常万全、冯光青在凭祥共同主持中越两军第3次边境交流活动总结会议。

4月

1日 中国驻越南大使馆、驻越媒体、中资机构和留学生代表同越南同志一起，来到安沛省安平县盛兴、朗达两个中国烈士陵园，祭奠长眠于此的243名中国援越抗战烈士英灵，深切缅怀和铭记他们为中越友谊所做的伟大贡献。

△第4届东盟法院院长会议由越南最高人民法院在越南胡志明市承办。

3日 第20届东盟财长会议在老挝举行。

△越南第 13 届国会第 11 次会议在河内召开。会议选举陈大光为新一任越南国家主席。

4 日　柬埔寨国会通过由首相洪森提出的内阁改组方案。据该方案，越南外交与国际合作部、邮电部、公共工程与交通部、商务部、林渔业部、农村发展部、城市规划、建设和土地管理部、礼仪宗教部将被任命新部长。

6 日　中国全国人大常委会委员长张德江在北京会见泰国公主诗琳通。张德江表示，中泰两国是好邻居、好兄弟、好伙伴，各领域交流与合作密切。

7 日　中国与东南亚安全部门反恐对话在北京举行。

△越南第 13 届国会第 11 次会议选举产生越共中央政治局委员、副总理阮春福担任新一任政府总理，任期 5 年。

11 日　中国—东盟建立对话关系 25 周年国际研讨会在北京举行。

△中国决定继续对澜沧江—湄公河下游国家实施应急调水。

12～15 日　印度尼西亚海军举办代号为"科摩多—2016"的联合演习。中国、美国、俄罗斯、法国、澳大利亚等 16 个国家海军的 48 艘舰艇、8 架直升机和 4 架固定翼飞机参加演习。

14 日　马来西亚政府首次举行公开销毁查获的象牙活动，以显示打击野生动物盗猎与野生动物制品走私犯罪行为的决心。活动共销毁象牙 9.55 吨。

18 日　中国—文莱经贸磋商第 4 次会议在斯里巴加湾市举行。

△2016 亚洲防务展在马来西亚吉隆坡开幕。中国国家国防科技工业局组织 3 家国有军贸企业以"中国防务"国家展团形式参展。

21～23 日　中国外交部部长王毅先后访问文莱、柬埔寨和老挝。

24 日　2016 东盟防务高级官员会议在老挝万象举行。会议重点讨论如何提升成员国之间的防务合作，探讨开发其他可合作的新

领域。

27～28日 第22次中国—东盟高官磋商在新加坡举行。会议围绕推进中国—东盟关系和东亚区域合作进行讨论，并为中国—东盟建立对话关系25周年纪念峰会等重大活动做预备。

28日 亚洲相互协作与信任措施会议第5次外长会议在北京举行。中国国家主席习近平在开幕式上发表题为《凝聚共识，促进对话，共创亚洲和平与繁荣的美好未来》的重要讲话，强调坚持和践行共同、合作、可持续的亚洲安全观，凝聚共识，促进对话，加强协作，推动构建具有亚洲特色的安全治理模式，共创亚洲和平与繁荣的美好未来。

5月

1日 由文莱与新加坡联合主持的联合海上安全及反恐演习分阶段在文莱、新加坡举行。演习为期10天，有18个国家的3000名海军和特种部队官兵参与。

5日 越南国家主席陈大光在河内会见中国驻越南大使洪小勇。陈大光在会见中强调，越南党、政府和人民始终重视对中国关系，发展越中两党、两国和人民的友好合作关系是越南对外政策的优先方向。

7～8日 东盟与中日韩高官会、东亚峰会高官会和东盟地区论坛高官会分别在老挝琅勃拉邦举行。会议为下半年举行的东亚合作领导人系列会议和系列外长会做预备。

9日 中国、印度尼西亚高层经济对话第2次会议在雅加达举行。

9～10日 中国国务委员杨洁篪访问马来西亚。马来西亚总理纳吉布、外交部部长阿尼法、国防部部长希沙姆丁先后与杨洁篪举行会晤。马来西亚外交部部长在会晤结束后公开表示，两国同意根据

《南海各方行为宣言》解决相关问题，同意加快完成《南海行为准则》制定。

10 日　越军报网站报道，越共中央政治局委员、中央组织部部长范明政代表越共中央政治局宣布 2015～2020 年任期的越南中央军委成员名单。越南中央军委成员共 23 人，其中 7 人为留任。

13 日　越共中央总书记阮富仲在河内会见到访的中共中央政治局委员、上海市委书记韩正。

△第 4 届中泰农产品贸易合作指导委员会会议在北京举行。会上，中泰双方就已签署合作谅解备忘录的第二项 100 万吨大米贸易合同进行讨论。

16 日　中国—东盟中心与文莱外交与贸易部在文莱斯里巴加湾市联合举办中文投资贸易洽谈会。

19 日　中泰两军在泰国举行"蓝色突击—2016"海军陆战队联合训练。联训以人道主义救援为课题，分为海上输送及进驻、海上联合训练、陆上联合训练和总结回撤 4 个阶段，时间持续到 6 月 10 日。联训旨在促进两国海军友好交流与务实合作，提高共同应对非传统安全威胁与挑战的能力。

19～20 日　俄罗斯—东盟纪念峰会在俄罗斯索契举行，以纪念双边对话伙伴关系 20 周年。峰会上发表《索契宣言》，提出将研究在欧亚经济联盟和东盟之间建立自由贸易区。在南海问题上，宣言主张尽快通过《南海各方行为准则》。

24 日　中越两国在中国广西南宁联合举办《中越陆地边界勘界议定书》、《关于中越陆地边界管理制度的协定》和《关于中越陆地边境口岸及其管理制度的协定》执行情况总结会。

25 日　以"促进防务合作，实现活跃的东盟共同体"为主题的东盟国防部长会议在老挝万象举行。

26 日　第 9 届泛北部湾经济合作论坛暨中国—中南半岛经济走

廊发展论坛在中国南宁举行。论坛以"携手泛北合作，共建'一带一路'"为主题，集中讨论中国—中南半岛经济走廊建设与发展和中国—东盟港口城市合作网络两个主题。来自东盟国家和中国的500名代表参加论坛。

△2016中国—东盟港口城市合作网络工作会议在中国南宁举行。

△第9届东盟教育部长会议、第3届东盟+3教育部长会议及第3届东亚教育部长峰会在马来西亚吉隆坡举行。

30日 菲律宾国会参、众两院召开联席会议，宣布杜特尔特成为新一届菲律宾总统，罗夫雷多为副总统。

31日 应中国外交部邀请，文莱外交与贸易部无任所大使哈嘉玛诗娜公主对中国进行正式访问。中国国家副主席李源潮在北京会见哈嘉玛诗娜公主。

6月

1日 中国人民对外友好协会和文莱驻华大使馆6月1日晚在北京联合举办招待会，庆祝两国建交25周年。

△菲律宾候任总统杜特尔特在记者会上表示，其就任后菲方将奉行独立外交政策，在处理中菲关系时不会依赖长期盟友美国，而是自主决定菲中关系方向。

3日 中国国家主席习近平在北京与柬埔寨国王西哈莫尼举行会谈。双方一致同意巩固睦邻友好，深化互利合作，推动中柬全面战略合作伙伴关系不断向前发展，给两国人民带来更多福祉。

△由中国驻东盟使团主办的中国—东盟建立对话关系25周年研讨会在印度尼西亚三宝垄举行。印度尼西亚、泰国、菲律宾等东盟国家和中国的30位专家学者，对双方建立对话关系25年进行回顾，并对东亚安全形势和东亚安全机制构建、南海问题等进行讨论。

3~5日 第15届香格里拉对话会在新加坡举行。中共中央军委联合参谋部副参谋长、海军上将孙建国出席对话会并分别会见新加坡国防部部长黄永宏、泰国武装部队最高司令宋迈、文莱国防部副部长阿齐兹、柬埔寨副首相兼国防大臣迪班、越南国防部副部长阮志咏、老挝国防部副部长兼总参谋长苏温。

4 日　以"建立具有活力的东盟共同体——化愿景为现实"为主题的东盟第 15 届社会文化共同体理事会部长级会议在老挝琅勃拉邦举行。

6 ~ 10 日　由文莱首相府部长兼外交与贸易部第二部长林玉成、首相府能源与工业部部长亚斯敏共同率领的文莱政府高层代表团访问广西，以加快推进文莱—广西经济走廊建设。

7 日　应缅甸总统廷觉邀请，新加坡总理李显龙访问缅甸。李显龙分别与缅甸总统廷觉、缅甸国家顾问昂山素季举行会谈。双方就修订 1999 年签署的避免双重征税协定、扩大新加坡对缅投资、加强包括增开新加坡航空公司赴缅航线在内的旅游合作、增加对缅甸职业培训合作等问题交换意见。两国签署双边互免签证协议，规定双方持普通护照公民停留期 30 天互免签证。

9 日　中国与东盟国家在越南举行落实《南海各方行为宣言》第 12 次高官会。与会各方就妥善处理南海有关问题表达了关切，就全面有效落实《南海各方行为宣言》、加强海上务实合作及磋商"南海行为准则"等议题深入交换意见。

12 日　越南国家主席陈大光对老挝进行国事访问。

13 ~ 14 日　中国—东盟国家外长特别会议在中国云南玉溪市举行。会议回顾和总结了中国—东盟对话关系发展经验，并对双方关系未来发展做出展望，为中国—东盟建立对话关系 25 周年纪念峰会做准备。

14 日　中国全国人大常委会副委员长张平在北京会见由玛巴尼院长率领的泰国宪法法院代表团一行。

△中国全国政协副主席齐续春在北京会见柬埔寨参议院外委会主席迪波拉西。

△第3次东南亚地区经济合作与发展组织论坛在越南河内举办，来自东盟及国际组织的200名代表出席。

15~16日 应柬埔寨国王西哈莫尼邀请，越南国家主席陈大光对柬埔寨进行国事访问。

16日 越共中央政治局委员、越南祖国阵线中央委员会主席阮善仁在河内会见中国驻越南大使洪小勇。

16~18日 第13届中国—东盟博览会越南展在河内举行。

17日 应越南国防部请求，中国海军派出4艘舰艇前往北部湾海域，协助搜救14日在南海上空失事的越南空军飞机和海警飞机以及机组人员。

20日 第4次东盟儿童论坛在越南河内举行，东盟各国儿童代表与东盟成员国负责社会福利和发展事务的高官代表出席。

22日 第四次东盟儿童论坛在越南河内召开。东盟各国儿童代表同东盟成员国负责社会福利和发展事务高级官员和越南相关机构代表出席会议。

△以"东盟无国界：生态旅游集群和旅游走廊的发展战略路线图"为主题的2016东盟生态旅游论坛在老挝占巴塞省召开。东盟国家旅游部官员、东盟秘书处副秘书长林康宪、联合国世界旅游组织亚太区主任徐京及东盟国家旅游公司代表出席论坛。

22~24日 第10届中国—东盟社会发展与减贫论坛在中国桂林举行。来自中国和东盟国家的政府官员、专家学者及国际组织代表等150多人出席。会议围绕"'一带一路'与中国—东盟减贫合作"主题展开讨论。

23日 中国国务委员兼国务院秘书长杨晶在北京会见马来西亚总理府秘书长兼高铁公司主席阿里·哈姆萨一行。

26～28 日 中国国务委员杨洁篪访问越南，并与越南政府副总理兼外交部部长范平明主持召开中越双边合作指导委员会第9次会议。

27 日 中共中央政治局常委、国务院副总理张高丽在北京会见泰国副总理颂吉。

△马来西亚总理纳吉布公布内阁人事重大调整方案，更换多名部长。

△以"教育与领导"为主题的第2届东盟—中国青年领袖交流会在柬埔寨暹粒举行，来自东盟国家和中国的236名青年代表参加会议。

27～28 日 中越双边合作指导委员会第9次会议在越南河内举行。

28 日 柬埔寨人民党在金边举行成立65周年庆典。上万名党员及支持者出席庆典仪式。

29 日 中国外交部发言人洪磊就菲律宾南海仲裁案仲裁庭声称将公布所谓最终裁决发表谈话，不接受任何强加于中国的南海争端解决方案。

30 日 菲律宾新总统杜特尔特正式就任菲律宾第16任总统。菲律宾新内阁同时宣誓就任。

△越共中央致电中共中央，祝贺中国共产党成立95周年。

△中国全国政协副主席马飚在北京会见应中国人民对外友好协会邀请来华访问的越南友好组织联合会主席武春鸿一行。

7月

1 日 泰国国防部部长巴威·翁素万宣布，泰国将从中国购买3艘潜艇，总价值约10亿美元。

3 日 《环球时报》报道，马来西亚交通部部长廖中莱表示，马

来西亚计划与中国合资建设巴生第三港口。

4 日 中国全国政协副主席王家瑞在北京会见柬埔寨参议院主席赛冲，双方就推动两国关系深入发展、深化中国全国政协与柬埔寨参议院的交流合作交换意见。

6 日 越共中央委员、中央军委常委会委员、国防部副部长阮志咏上将到中国驻越南大使馆，感谢中方在 CaSa – 212 飞机搜救工作中给予越方极大帮助。

7 日 中共中央政治局常委、中央纪委书记王岐山在北京会见老挝人民革命党中央政治局委员、中央纪委书记、政府副总理本通率领的老挝人民革命党代表团。

△中国驻菲律宾大使赵鉴华前往菲律宾总统府，拜会菲律宾新任总统杜特尔特。

△第 5 届印度—东盟经济论坛在印度新德里举行。论坛由印度商业和行业相关商会主办，是被视为面向第 14 届东盟—印度峰会和第 11 届东亚峰会的首个活动。

10 日 第 7 届世界城市高峰会市长论坛在新加坡举行。来自世界 110 多个城市的市长出席论坛。

13 日 中国国务院新闻办公室发表《中国坚持通过谈判解决中国与菲律宾在南海的有关争议》白皮书。

14 ~ 16 日 中国国务院总理李克强在蒙古国乌兰巴托出席第 11 届亚欧首脑会议时分别会见老挝政府总理通伦、越南政府总理阮春福、柬埔寨首相洪森、缅甸总统廷觉。

21 ~ 27 日 第 49 届东盟外长会议在老挝万象举行。东南亚无核地区委员会会议、东盟外交部长与各伙伴会议、第 17 次东盟与中日韩部长级会议、第 6 次东亚峰会外长会议、第 23 次东盟地区论坛外长会等系列相关会议同时召开。

25 日 中国与东盟国家外交部部长在万象发表关于全面有效落

实《南海各方行为宣言》的联合声明。

△以"凝聚共识"为主题的第8届东盟与中日韩媒体合作研讨会评论员对话会在北京举行。

25～29日 应中国全国人大常委会委员长张德江邀请,柬埔寨国会主席韩桑林率团访问中国。

27日 中国国家主席习近平、国务院总理李克强、全国人民代表大会常务委员会委员长张德江分别致电祝贺新当选的越南国家主席陈大光、政府总理阮春福、国会主席阮氏金银,中国国家副主席李源潮致电祝贺邓氏玉盛当选越南国家副主席。

△印度尼西亚总统佐科改组内阁,新内阁当晚就职。

29日 为期8天的越南第14届国会第一次会议闭幕。

30日 为纪念中国—东盟建立对话关系25周年,中国宋庆龄基金会、中国足球协会与中国—东盟中心共同在北京举办"宋庆龄杯"中国—东盟青少年足球友谊赛,中国国家副主席李源潮出席开幕式。

31日 中国国务院副总理刘延东在中国贵阳市分别会见出席第9届中国—东盟教育交流周的柬埔寨副首相兼内阁大臣索安、泰国副总理巴津。

8月

1日 东盟秘书处在万象举行东盟经济高官会议,为第48届东盟经济部部长会议及相关会议做好准备。

2日 第12届世界伊斯兰经济论坛在印度尼西亚雅加达举行,来自100个国家的2500多人出席论坛。

3～6日 第48届东盟经济部长会议及系列会议在老挝万象举行。东盟国家的经济部部长及东盟秘书长等出席会议。其间,第30次东盟自由贸易区理事会议、第19次东盟—中日韩经贸部长会议、第13次东盟—韩国经贸部长会议相继召开。

4 日 东盟驻南非委员会与越南、印度尼西亚、马来西亚、缅甸、菲律宾、新加坡、泰国 7 国驻南非大使馆，在南非比勒陀利亚市联合举行东盟成立 49 周年庆典。

5 日 东盟共同体国家在越南河内举办展览会，纪念东盟共同体建成和东盟成立 50 周年。

7 日 泰国新宪法草案全民公投，赞成通过新宪法草案的票数占 61.4%，否决票数占 38.6%。

8 日 马来西亚海军司令卡马鲁扎曼上将访问越南。

10~11 日 菲律宾前总统拉莫斯与中国驻菲前大使傅莹、中国南海研究院院长吴士存在中国香港会面，以私人身份探讨如何推进中菲之间的和平与合作。

13 日 第 17 届东盟美食节在中国澳门特别行政区举行，东盟各国驻中国香港和澳门总领事及副总领事出席活动。

15~16 日 中国与东盟国家在中国满洲里市举行落实《南海各方行为宣言》第 13 次高官会和第 18 次联合工作组会。与会各方就全面有效落实《南海各方行为宣言》以及"南海各方行为准则"磋商等议题进行深入探讨，取得积极成果。会议审议通过"中国与东盟国家应对海上紧急事态外交高官热线平台指导方针""中国与东盟国家关于在南海适用《海上意外相遇规则》的联合声明" 2 份成果文件，决定将此作为成果提交中国—东盟领导人会议发表。

15 日 由越南欧洲商会首席代表米切尔·贝伦斯率领的欧洲企业协会代表团访问越南胡志明市。米切尔·贝伦斯表示，欧洲商会将努力加快签署《欧盟—越南自由贸易协定》进程，在力所能及的范围内为胡志明市的发展提供援助。

24 日 第 7 届东盟文化部长会议和东盟—中日韩文化部长会议在文莱斯里巴加湾市举行。

26 日 菲律宾政府和菲律宾全国民主阵线在挪威奥斯陆签署联

合声明，一致同意无限期停火。

△中国公安部副部长、中国海警局局长孟宏伟在北京与越南海警司令部司令阮光淡举行中越海警首次工作会晤，共同签署《中越海警第一次工作会晤会议纪要》。

26～28日 应文莱苏丹邀请，越南国家主席陈大光对文莱进行国事访问。

28～31日 以越共中央政治局委员、中央军委副书记、国防部部长吴春历大将为团长的越南高级军事代表团对中国进行正式友好访问。

9月

2日 中国国家主席习近平在杭州分别会见前来出席二十国集团领导人杭州峰会的印度尼西亚总统佐科、老挝国家主席本扬、新加坡总理李显龙。

3日 印度总理莫迪访问越南。莫迪与越南总理阮春福共同见证了两国间多份双边合作协议的签署，表示将共同把现有的双边关系提升到"全面战略伙伴关系"的水平。莫迪表示印方愿意为越南提供5亿美元贷款以开展国防合作。

5日 菲律宾总统杜特尔特宣布菲律宾进入"无法律状态"，并邀请军方和警方管理菲律宾各项事务。

△第2次东盟防长扩大会人道主义援助救灾与军事医学联合演练在泰国曼谷、春武里府及其附近海域拉开帷幕。中国、俄罗斯、美国、东盟国家等东盟防长扩大会18个成员国军队1200多人及多艘舰船和飞机参演。演练以东盟某国遭受自然灾害侵袭、各国协商一致提供人道主义援助为背景进行指挥所演练和实兵演练。

6～9日 东盟峰会、第19次东盟—中国领导人会议暨中国—东盟建立对话关系25周年纪念峰会、第19次东盟—日本领导人会议、

第18次东盟—韩国领导人会议、第19次东盟与中日韩（10＋3）领导人会议、东盟—澳大利亚领导人会议、第8届东盟—联合国领导人会议、第14次东盟—印度领导人会议、第4次东盟—美国领导人会议以及第11届东亚峰会等在老挝万象举行。

8日　第9届中国—东盟智库战略对话论坛在中国南宁开幕。论坛由中国社会科学院和广西壮族自治区人民政府联合主办，以"21世纪海上丝绸之路与中国—东盟命运共同体建设"为主题，重点讨论21世纪海上丝绸之路与中南半岛经济走廊建设、21世纪海上丝绸之路与中国—东盟国际产能合作、21世纪海上丝绸之路与中国—东盟海上合作、东盟共同体建设与中国—东盟合作发展、21世纪海上丝绸之路与中国—东盟智库交流机制建设5个议题。

△新加坡海军"坚定号"护卫舰对中国上海进行为期4天的友好访问。

10日　中共中央政治局常委、国务院副总理张高丽在广西南宁分别会见出席第13届中国—东盟博览会和中国—东盟商务与投资峰会的柬埔寨首相洪森、越南政府总理阮春福、缅甸副总统吴敏瑞、老挝副总理宋赛、泰国副总理巴金。

10～15日　应中国国务院总理李克强邀请，越南政府总理阮春福对中国进行正式访问。访问期间，中共中央总书记、国家主席习近平会见阮春福，国务院总理李克强同阮春福举行会谈，中国全国人大常委会委员长张德江、全国政协主席俞正声分别会见阮春福。14日，双方发布《中越联合公报》。阮春福还出席了在中国广西南宁举行的第13届中国—东盟博览会和中国—东盟商务与投资峰会，访问广西和香港特别行政区。

11～14日　以"共建21世纪海上丝绸之路，共筑更紧密的中国—东盟命运共同体"为主题的第13届中国—东盟博览会、中国—东盟商务与投资峰会在中国广西南宁举行。

13 日　中国国务委员杨洁篪在北京会见访华的文莱首相府部长兼外交与贸易部第二部长林玉成和首相府能源与工业部部长亚斯。

18～21 日　越中海上低敏感领域合作专家工作组第九轮磋商在越南河内举行。

19～24 日　第 4 届东盟＋3 村官交流项目在中国上海举行。交流活动由中国国际扶贫中心主办，上海市人民政府合作交流办公室协办，东盟秘书处及亚洲开发银行等机构支持。来自东盟和中国、韩国等国家的政府官员、村官、专家学者，东盟秘书处、亚洲开发银行、中国—东盟中心等国际组织代表以及企业界、新闻界代表 60 多人参加，是落实中国国务院总理李克强 2013 年东盟＋3 领导人会议倡议的年度机制化交流活动。

21～22 日　中国（广西）—东盟教育开放合作交流会在中国南宁举行。中国国务院侨务办公室代表和来自泰国、缅甸、印度尼西亚、老挝、柬埔寨等 9 个国家的 69 所华文学校、华教机构及各国教育部门的近 200 名代表参会。

22 日　以"用更清洁能源，重建绿色社区"为主题的第 34 届东盟能源部长会议在缅甸举行。会议就《东盟能源合作行动计划（2016～2020 年)》，包括改善能源使用效率、提高民众对绿色能源的认识等问题交换意见。

23～26 日　以"华文教育的类型转型与质量提升"为主题的第 11 届东南亚华文教学研讨会在印度尼西亚日惹举行，来自东南亚 7 国和中国的 140 名专家学者、华文教育工作者出席了会议。

24 日　越南国家主席陈大光在河内会见赴越主持中越两国公安部第 5 次合作打击犯罪会议的中国国务委员、公安部部长郭声琨。

28～29 日　应越南国家主席陈大光邀请，菲律宾总统杜特尔特对越南进行正式访问。

30 日　以"活跃的东盟议会联盟，进步的东盟共同体"为主题

的第 37 届东盟议会联盟大会在内比都举行。

△中国驻越南大使馆大使洪小勇率中国驻越南大使馆馆员、中国驻越媒体、中资机构和留学生代表，到位于河内的中国烈士陵园扫墓，举行"烈士纪念日"主题活动。越中友好协会副主席阮荣光陪同出席有关活动。

10月

6 日 中国外交部副部长刘振民在北京与到访的菲律宾外交部副部长马纳罗举行会谈，主要就中菲关系总体情况交换意见。

8~11 日 应泰国政府邀请，中国国家副主席李源潮赴曼谷出席亚洲合作对话第 2 次领导人会议。

10~12 日 第一届东盟网络安全部长级会议在新加坡召开。

10~15 日 柬埔寨副首相兼国防大臣迪班到中国出席第 7 届香山论坛并正式访问中国。访问期间，中方决定向柬军提供一批医疗器材和办公用品等物资，以深化两军务实合作。

13~14 日 应柬埔寨国王邀请，中国国家主席习近平对柬埔寨进行国事访问。访问期间，习近平主席分别会见柬埔寨国王西哈莫尼和首相洪森。访问期间，两国发表联合声明，签署《中柬两国政府经济技术合作协定》等31 份合作文件。

14 日 以"走向战略伙伴"为主题的第 21 届东盟—欧盟外长会议在泰国曼谷开幕。

16 日 越南国防部副部长阮志咏和美国国防部代理副助理部长卡拉·阿伯克龙比在越南河内共同主持召开第 7 次越美国防政策对话。

18~21 日 应中国国家主席习近平邀请，菲律宾总统杜特尔特对中国进行国事访问。访问期间，习近平与杜特尔特总统举行会谈，就双边关系及共同关心的国际和地区问题深入交换意见。中国国务院总理李克强、全国人大常委会委员长张德江分别与杜特尔特举行会见，中国国务院副总理张高丽与杜特尔特总统共同出席中菲经贸合作论坛开幕式并致辞。21日，中菲双方发表《联合声明》。

19日 以"在老越柬融入国际社会的背景下社会科学领域人力资源发展"为主题的越老柬社会科学第5次国际研讨会在老挝万象举行。

19~20日 第5次东盟禁毒合作部长级会议在新加坡举行。来自东盟的100名代表出席会议。

19~21日 为落实越中两党、两国高层领导所达成的协议，越共中央政治局委员、中央书记处常务书记丁世兄访问中国并出席越共中央政治局代表与中共中央政治局代表会晤。20日，中共中央总书记、国家主席习近平会见丁世兄，习近平在会见中表示，中越山水相连、唇齿相依，是具有战略意义的命运共同体。

20日 越南国防部与印度国防部在越南国家炸弹地雷行动中心共同主持召开东盟防长扩大会人道主义扫雷行动专家组第4次会议。东盟防长扩大会人道主义扫雷行动专家组18个成员国代表参加会议。

21日 由中国新加坡商会携手财新传媒主办的2016中国新加坡高层论坛在北京举行。

△越柬第2次国防政策对话会在越南国防部总部举行。

22日 中国海军第23批护航编队抵达越南金兰港，开始对越南为期5天的访问。这是中国军舰首次造访金兰湾。

24日 越中陆地边境口岸管理委员会第4次会议在河内召开。

△菲律宾中央银行发表声明，把中国货币人民币列入菲律宾国际货币储备范围。

24~26日 第7届伊洛瓦底江—湄南河—湄公河经济合作战略组织峰会和第8届柬老缅越峰会在越南河内举办。

25日 世界经济论坛湄公河会议在越南河内举行。越南政府总

理阮春福、柬埔寨首相洪森、老挝总理通伦·西苏里、缅甸总统廷觉、泰国副总理颂吉出席会议。

26～28 日 应越南国家主席陈大光的邀请，缅甸总统廷觉对越南进行国事访问。

31 日至 11 月 5 日 应中国国务院总理李克强邀请，马来西亚总理纳吉布对中国进行正式访问。其间，中国国家主席习近平、国务院总理李克强、全国人大常委会委员长张德江分别与纳吉布总理举行会见会谈，就推进中马全面战略伙伴关系以及共同关心的地区和国际问题深入交换意见。

11 月

2 日 中国国务委员兼国防部部长常万全在北京会见来华开展中越第 9 次国防部防务安全磋商的越南国防部副部长阮志咏。

4 日 中国海军郑和舰抵达印度尼西亚雅加达市丹戎不碌港，开始为期 4 天的友好访问。

8 日 东盟文化和信息委员会第 51 次会议在老挝万象举行，东盟国家信息文化领域官员出席会议。

8～11 日 应越共中央政治局委员、国会主席阮氏金银邀请，中共中央政治局常委、全国人大常委会委员长张德江率党政代表团对越南进行正式友好访问。访问期间，张德江出席了中越人民友好交流活动、第 3 届中越青年大联欢并致辞，考察中越友谊宫项目建设情况，访问越南岘港市和广南省。

9 日 以"加强国际合作，有效打击跨国犯罪"为主题的第 10 届东盟—中国总检察长会议在老挝万象举行。

10 日 中国海警 46305 舰应邀对越南海防市进行为期 3 天的友好访问。这是中国海警舰船首次出访越南，也是中国海警舰船首次正式出访南海周边国家。

14 日 以"从东盟各成员国的关系看海牙国际私法会议公约"为主题的东盟法律论坛在越南河内举行,东盟成员国代表、海牙国际私法会议秘书处及东盟秘书处代表等出席会议。

15 日 以"东盟 10 国首都在东盟全球化过程中的承诺与责任"为主题的第 4 届东盟国家首都市长会议在万象开幕。

△第 11 届东盟财政部长投资者研讨会在印度尼西亚雅加达举行。

15~17 日 东盟国防部长非正式会议和东盟—日本国防部长非正式会晤在老挝万象举行。

18 日 中国商务部亚洲司司长吴政平率工作组访问菲律宾,就落实菲律宾总统杜特尔特访华期间两国领导人在经贸合作领域达成的共识、增强经贸合作与菲律宾相关部门进行具体商谈。

18~21 日 第 4 届中国—东盟太极交流会在中国桂林市举行。

19 日 中国国家主席习近平在秘鲁利马分别会见出席亚太经合组织第 24 次领导人非正式会议的菲律宾总统杜特尔特和越南国家主席陈大光。

21 日 首届东盟交通警察论坛在越南河内举行。

21~23 日 柬、老、越发展三角区高官会和柬、老、越发展三角区第 9 届峰会在柬埔寨暹粒市举行。越南政府总理阮春福、柬埔寨首相洪森、老挝政府总理通伦出席峰会。

29 日 泰国国家立法议会主席蓬贝宣布,泰国王储哇集拉隆功继承王位,成为泰国新国王。

30 日 2016 越中国际贸易展览会在越南高平省复和县举行。

△东盟秘书处在印度尼西亚雅加达举行参加第 31 届夏季奥林匹克运动会及残疾人奥林匹克运动会的东盟运动员表彰大会。

12月

1 日 泰国新国王拉玛十世哇集拉隆功正式登基。

△首届柬埔寨—中国企业家论坛暨金融发展论坛在柬埔寨金边举行，论坛由柬埔寨首相洪森和中国民生投资集团董事局主席董文标共同发起，由中国民生投资集团牵头举办。

4～7日 越通社报道，应印度国防部部长马诺哈尔·巴里卡邀请，越共中央政治局委员、国防部部长吴春历大将率高级军事代表团对印度进行访问，双方签署了空军合作备忘录。

6日 由中国国际贸易促进委员会、印度尼西亚工商会馆中国委员会、中国国际贸易促进委员会浙江省委员会共同主办的中国—印度尼西亚企业家峰会暨产业对接洽谈会在印度尼西亚雅加达举办。

6～8日 以"增强互信、管控分歧、全面合作"为主题的中越人民论坛第8次会议在中国杭州举行。会议由中国人民对外友好协会、越南友好组织联合会共同主办，浙江省人民对外友好协会协办。

8～9日 第3届东盟医疗设备委员会会议在文莱举行，来自东盟国家卫生部门、相关机构和行业的40名代表出席。

9日 中泰贸易、投资和经济合作联合委员会第5次会议在北京举行。会议期间，两国签署了包括铁路合作谅解备忘录在内的多份合作文件。

△由越南、柬埔寨两国经济合作发展协会联合举行的第7届湄公河论坛在金边开幕。

11～26日 中柬两国军队在金边举行名为"金龙－2016"的人道主义救援减灾联合训练。

12日 中国国务院总理李克强在北京会见到访的泰国第一副总理巴威和来华出席中泰贸易、投资和经济合作联委会会议的泰国副总理颂奇。

△中共中央政治局常委、中央书记处书记刘云山在北京会见越共中央政治局委员、中央书记处书记、中央组织部部长范明政率领的越南共产党代表团。

13 日　马来西亚吉兰丹州苏丹穆罕默德五世宣誓就任马来西亚第 15 任国王，任期 5 年。马来西亚总理纳吉布等政府高官出席仪式。

△应柬埔寨国王邀请，菲律宾总统杜特尔特对柬埔寨进行为期 2 天的正式访问。

14 日　泰国交通部部长阿空·丁披他耶拜实表示，泰中铁路曼谷—呵叻段于 2017 年初开工建设，工期 3 年。

15 日　中国国务委员杨洁篪在北京会见柬埔寨副首相贺南洪。

19 日　东盟外长非正式会议在缅甸仰光召开，会议就缅甸若开邦局势展开讨论。

20～21 日　应越南政府总理阮春福邀请，柬埔寨首相洪森率领政府高级代表团对越南进行正式访问。

22 日　越共中央总书记阮富仲在河内会见访越并出席第 12 次越中两党理论研讨会的中共中央政治局委员、中央书记处书记、中央宣传部部长刘奇葆一行。

23 日　澜沧江—湄公河合作第 2 次外长会在柬埔寨暹粒举行。中国外交部部长王毅、柬埔寨国务兼外交大臣布拉索昆、泰国外长敦·帕马威奈、老挝外长沙伦赛、缅甸外长觉丁、越南副总理兼外长范平明出席会议。各方围绕"同饮一江水，命运紧相连"的主题，回顾首次澜沧江—湄公河合作机制领导人会议成果落实情况，规划下一步发展。

△马来西亚、印度尼西亚、泰国的中央银行签署双边谅解备忘录，期盼未来能打破贸易堡垒，直接以本币结算贸易和投资。

25 日　中国—老挝铁路全线开工仪式在老挝琅勃拉邦举行。老挝总理通伦率双方代表挥铲破土并亲自鸣锣祝贺。

27 日　中共中央政治局委员、中央政法委员会书记孟建柱在北京集体会见出席湄公河流域执法安全合作机制成立 5 周年部长级会议的各国代表团团长。

27～28 日 越南外交部、越中双边合作指导委员会常务机关以及有关单位在河内联合召开"促进越中经济合作"研讨会，集中讨论中国外交经济政策、两国地方经贸与旅游合作关系、两国地区互联互通若干倡议框架内的合作等。

2017年1～6月

1月

1 日 中国国家主席习近平就菲律宾受台风"洛坦"灾害向菲律宾总统杜特尔特致慰问电。习近平指出，中菲是友好邻邦，我们对菲律宾百姓遭受灾害、流离失所深感忧心，愿向灾区提供紧急救灾援助。

12～15 日 应中共中央总书记、中国国家主席习近平邀请，越共中央总书记阮富仲对中国进行正式访问。访问期间，阮富仲分别与中国多位党和国家领导人举行会见，出席庆祝中越建交67周年暨2017年迎新春友好活动，并前往浙江省参观访问。

16～20 日 以"共同打造我们的旅游业"为主题的2017东盟旅游论坛在新加坡举行。

17 日 中共中央军委联合参谋部副参谋长马宜明在北京会见到访的由柬埔寨国防部副国务秘书昆武率领的高级军官见学团。

△中国外交部副部长刘振民与新加坡外交部常秘池伟强在新加坡举行第十次外交磋商，就双边关系、东亚区域合作以及共同关心的地区和国际问题交换意见。

18 日 越共中央总书记阮富仲、国家主席陈大光，总理阮春福、国会主席阮氏金银分别与中共中央总书记、国家主席习近平，国务院总理李克强，全国人大常委会委员长张德江互致贺电，庆祝越南与中国建立外交关系 67 周年。

22 ~ 24 日 菲律宾财政部部长多明格斯率政府代表团应邀访问中国，与中方就落实两国元首达成的合作共识、深化双边务实合作等交换意见。

2月

8 日 马来西亚国际贸易和工业部发布 2016 年贸易数据表明，马来西亚与中国贸易额较上年增长 4.4%，达到 2409 亿林吉特（约合 543 亿美元），中国自 2009 年起均为马来西亚最大贸易伙伴。

△越南—老挝政府间合作委员会第 39 次会议在越南河内举行，越南总理阮春福和老挝总理通伦共同主持会议。阮春福会后表示，两国决定在年内努力将双边贸易额增加 10%，并继续在人力资源、连接越老交通基础项目投资、管理和可持续利用水资源和其他自然资源方面加强合作。

9 日 由新加坡财政部部长王瑞杰领导的未来经济委员会发布报告，提出新加坡未来 10 年经济发展策略，希望通过三大途径、七大策略以实现每年 2% ~ 3% 的经济增长。

10 日 中国外交部副部长刘振民在北京集体会见东盟 10 国驻华使节，向他们致以新春问候，并表示中国—东盟建立对话关系正由成长期迈向成熟期。

13 日 中国外交部部长王毅就菲律宾遭受地震灾害、造成人员伤亡和财产损失向菲外交部部长亚赛致慰问电，表示中方愿为菲方救灾积极提供援助。

16 ~ 17 日 中国外交部、中国驻越南大使分别就中国游客被越口岸人员殴伤一事向越方提出严正交涉。17 日，越南国家旅游总局以书面形式做出回复，表示向游客收取不符合国家规定的费用是非法的，越南欢迎中国游客，并将采取措施为中国游客进入越南提供更多

便利条件。

20～21 日　东盟外长非正式会议在菲律宾长滩岛举行。

20～22 日　为落实《中国海警局和菲律宾海岸警卫队关于建立海警海上合作联合委员会的谅解备忘录》，中菲海警在苏比克举行海警海上合作联合委员会第二次筹备会暨成立会议。

21 日　第 50 届东南亚国家联盟外长会议在菲律宾举行。会议强调要全面有效执行《南海各方行为宣言》，争取年中与中国共同完成"南海行为准则"框架，为制定"南海行为准则"打好基础。

24 日　由中国商务部、菲律宾贸工部主办的"中菲经贸投资论坛"在马尼拉举行。

25～26 日　印度尼西亚总统佐科对澳大利亚进行访问。双方发表联合声明，宣布全面恢复两国军事关系。其间，两国签署"海洋边界保护"协定。

26 日　亚太经合组织（APEC）第一次高官会及其框架下的贸易投资委员会、经济委员会、粮食安全政策伙伴关系机制、海洋与渔业工作组、旅游工作组、电子商务指导组、供应链联盟、竞争政策与法律工作组、市场准入工作组等系列会议在越南芽庄市举行。

△东盟罗马委员会在越南驻意大利大使馆总部举行以"增进内部团结加强伙伴合作"为主题的 2017 年第一次例行会议。

27 日　中共中央政治局常委、中国国务院副总理张高丽在北京会见新加坡副总理张志贤，并共同主持中新双边合作联委会第十三次会议、苏州工业园区联合协调理事会第十八次会议、天津生态城联合协调理事会第九次会议和中新（重庆）战略性互联互通示范项目联合协调理事会第一次会议。

△第 19 次落实《南海各方行为宣言》工作组会议在印度尼西亚巴厘岛举行。

△由印度商工部和工业联合会联合举办、题为"柬老缅越与印

度经济一体化：走向可持续发展之路"的第四次柬老缅越与印度企业家会议在斋浦尔市举行。

3月

1日 越南政府颁布《批准越南社会主义共和国政府与美利坚合众国政府关于对所得避免双重征税和防止偷漏税的协定及议定书的决议》。

1~2日 第32届东盟与日本论坛在文莱斯里巴加湾市举行。

6日 老挝国会主席巴妮·雅陶都一行访问越南。越南国会主席阮氏金银与巴妮·雅陶都举行会谈，签署《越南国会与老挝国会的合作协议》。

7日 中国与菲律宾两国政府经贸联委会第28次会议在菲律宾首都马尼拉举行。

△越南交通运输部、老挝交通运输部在越南河内举行双边会议，就年内完成万象—永昂港铁路项目的可行性研究报告达成一致意见。

10日 澜沧江—湄公河合作中国秘书处成立仪式在中国外交部举行。中国外交部部长王毅及湄公河5国驻华使节、国际组织代表等嘉宾约200人出席。

△东盟各成员国经济部长会议在马尼拉举行。与会部长一致认为在《区域全面经济伙伴关系协定》谈判取得显著进展。

11日 柬埔寨教育、青年与体育部同柬埔寨金边皇家大学联合举行东盟与中日韩联欢会。

13日 中国—马来西亚钦州产业园区与马来西亚中华总商会签署马来西亚城项目建设合作谅解备忘录，双方携手在园区内合作建设"马来西亚城"，为马来西亚中小企业营造更加便利适宜的投资兴业环境。

14日 中国外交部副部长刘振民会见菲律宾新任驻华大使何

塞·圣地亚哥·罗马纳，双方就中菲关系和共同关心的问题交换意见。

15 日 越柬经贸、文化与科技合作混合委员会第 15 次会议在金边举行。

16 日 中国—东盟艺术高校联盟成立仪式在中国广西南宁举行。

16 ~ 19 日 2017 中国—东盟旅游合作年开幕式在菲律宾马尼拉举行。中国国务院总理李克强和菲律宾总统杜特尔特分别向开幕式致贺词；中国国务院副总理汪洋应邀对菲律宾进行正式访问，与菲律宾内阁经济管理团队举行会谈，出席中国—东盟旅游合作年开幕式并致辞，其间还出席中菲经贸论坛开幕式并发表主旨演讲。

18 日 "华彩之塑"——中国传统彩塑艺术研究与创作展在泰国曼谷举行。

20 日 标志中国与东盟水果班轮直航航线开通的首批东盟水果在中国广西防城港入境。这条东盟水果班轮航线由中远海运公司投入 4 艘 1100 标箱载量的轮船运营。

21 ~ 23 日 第 24 届东盟—新西兰对话会在新西兰举行。双方就近期在包括人民战略及繁昌战略两个核心战略在内的 2016 ~ 2020 年阶段东盟—新西兰行动计划的合作活动开展情况进行总结。

21 ~ 24 日 应越南政府总理阮春福的邀请，新加坡总理李显龙对越南进行正式访问。

22 ~ 25 日 第 5 届东盟法院院长会议在文莱斯里巴加湾市举行，东盟 10 国法院院长及代表与会。

23 日 博鳌亚洲论坛 2017 年年会发布《亚洲经济一体化报告》《新兴经济体报告》《亚洲竞争力报告》三大学术报告。其中，《亚洲竞争力报告》显示，包括中国在内的亚太地区 37 个经济体中，2016 年综合竞争力排名与上年相差不大，新加坡仍蝉联第一，中国仍居第九。

25 日 中国—东盟传统礼仪服饰文化展演在中国广西南宁举行。

29 日　第 14 届东盟与俄罗斯高官会在老挝万象举行。会议对一年来东盟与俄罗斯的合作，尤其是 2016 年 3 月举行建立对话伙伴关系 20 周年纪念峰会后所取得的成果进行评估。

30 日　中国外交部副部长刘振民与泰国外交部次长布萨雅在泰国共同主持中泰第 3 轮战略对话。

30～31 日　中国—东盟中心与中国国际问题研究院在北京联合举办"新起点、新机遇"暨庆祝东盟成立 50 周年国际研讨会，庆祝东盟成立 50 周年，推动中国—东盟各领域务实合作。

4月

4～5 日　文莱第二次轮值举行第 18 届东盟职业安全与卫生网络协调委员会会议。

7 日　第 8 次湄公河—恒河流域合作高官会议在印度新德里举行。印度、柬埔寨、老挝、缅甸、越南、泰国等成员国高级官员代表团团长出席。

17 日　中国—越南双边合作指导委员会第 10 次会议在北京举行。中国国务委员杨洁篪和越南政府副总理兼外交部部长范平明共同主持。

23 日　新加坡海军"刚毅"号导弹护卫舰驶抵中国青岛，对青岛进行为期 4 天的访问。

24 日　马来西亚在吉隆坡举行第 15 任最高元首吉兰丹州苏丹穆罕默德五世登基加冕仪式。

25 日　越南工商会与中国国际贸易促进委员会浙江省委员会在越南河内联合举行越南与中国经济贸易合作座谈会。

25～26 日　越南政府总理阮春福率高级代表团对柬埔寨、老挝进行正式访问，分别庆祝越柬、越老建交 50 周年和 55 周年。

27～29 日　东盟高官会、东盟政治安全共同体委员会第 14 次会议、东盟峰会筹备工作东盟外长会议、东盟协调委员会第 18 次会议、第 30 届东盟峰会在菲律宾马尼拉举行。其间，东盟领导人围绕建设以人为本的东盟、地区和平与稳定、海上安全与合作、包容性创新和增长、强化东盟生命力和东盟作为区域主义和全球性力量的示范性六大议题进行讨论。同时，审议《东盟共同体 2025 年愿景》执行情况并就执行过程中面临的挑战提供政策建议，听取菲律宾就东盟成立 50 周年庆典的准备情况汇报。会后发表东盟领导人联合声明。

30 日　中国导弹驱逐舰长春号、导弹护卫舰荆州号、综合补给舰巢湖号在东海舰队副司令员率领下，对菲律宾达沃港进行为期 3 天的友好访问。

5月

3 日　中国国家主席习近平与菲律宾总统杜特尔特通电话，指出中菲要坚持两国睦邻友好合作大方向，全力推进各领域务实合作，更好地造福两国和两国人民。

△中国广西壮族自治区主席陈武率团访问文莱，并在斯里巴加湾市拜会文莱苏丹哈桑纳尔·博尔基亚。

4 日　中国—东盟博览会文莱展在文莱国际国防展览中心开幕。

6 日　中国海军远航访问编队抵达越南胡志明市，进行为期 4 天的友好访问。

10 日　越共中央第十二届五中全会闭幕。会议通过《关于完善社会主义方向的市场经济体制的决议》《关于继续重组改革提高国有企业经营效益的决议》《关于发展私有经济使其成为社会主义方向市场经济重要动力的决议》3 个经济方面的决议。

11 ~ 15 日　中国国家主席习近平在北京与到访和出席"一带一路"国际合作高峰论坛的越南国家主席陈大光举行会谈。两国元首一致同意保持双边关系积极发展势头，推进各领域合作，推动中越全面战略合作伙伴关系迈上新台阶，为两国和两国人民带来更多实实在在的利益。会谈后，两国元首共同见证了两国外交、经济技术、电子商务、基础设施建设、教育等领域双边合作文件的签署。5月15日，中国与越南签署《中越联合公报》。

12日 中国海军远航访问编队抵达马来西亚槟城，对马来西亚进行为期4天的友好访问。

13～17日 应中国国务院总理李克强邀请，柬埔寨王国首相洪森来华出席"一带一路"国际合作高峰论坛期间，对中国进行正式访问。

14～15日 "一带一路"国际合作高峰论坛在北京举行。29个国家的国家元首和领导人，92个国家的9名副总理、7名外长、190名部级官员，以及61个国际组织的89名代表与会。东盟国家中，印度尼西亚总统佐科、老挝国家主席本扬、菲律宾总统杜特尔特、越南国家主席陈大光、柬埔寨首相洪森、马来西亚总理纳吉布、缅甸国务资政昂山素季与会。论坛围绕"加强国际合作，共建'一带一路'，实现共赢发展"的主题，就对接发展战略、推动互联互通、促进人文交流等议题交换意见，达成广泛共识，并通过联合公报。

15日 中国国家主席习近平在北京人民大会堂会见来华出席"一带一路"国际合作高峰论坛的菲律宾总统杜特尔特。

18日 中国国土资源部在南海试采海上平台举办天然气水合物试采现场会，宣布天然气水合物试采成功。

△落实《南海各方行为宣言》（DOC）第14次高官会在中国贵阳举行。会上，中国与东盟10国审议通过"南海行为准则"框架。

△菲律宾众议院议长潘塔里昂·迪亚兹·阿尔瓦雷兹率团访问中国。

19日 第23次东盟—中国高官磋商在中国贵阳举行。会议对双

方政治安全、经济、文化社会和民间交流合作情况进行评估总结，指明东盟与中国未来合作方向。

△中国—菲律宾南海问题双边磋商机制第一次会议在中国贵阳举行。

21 日 中国海军在莫塔马湾海域与缅甸海军首次举行海上联合演练。

△亚太经合组织第 23 届贸易部长会议在越南河内召开。其间，澳大利亚、文莱、加拿大、智利、日本、新西兰、马来西亚、秘鲁、新加坡和越南等国的贸易部长和副部长就有关《跨太平洋伙伴关系协定》展开讨论。

24 日 中国新华社报道，2016 年一季度中国超越日本成为菲律宾第一大贸易伙伴。此前，日本长期是菲律宾第一大贸易伙伴，并对菲长期保持贸易逆差。

△第 17 届东盟打击跨国犯罪高官会议在老挝万象举行。会议集中讨论东盟打击跨国犯罪高官会议 2016～2018 年工作计划、《2025 年东盟政治—安全共同体蓝图》执行情况，讨论提交 2017 东盟打击跨国犯罪部长级会议的内容等。

25 日 以"新形势下加强和改进党对新闻舆论工作领导的经验做法"为主题的第 13 次中越两党理论研讨会在中国郑州举行。中共中央政治局委员、中央书记处书记、中宣部部长刘奇葆和越共中央政治局委员、中央书记处书记、中央宣教部部长武文赏出席研讨会开幕式。

6月

1 日 应马来西亚副总理兼内政部部长扎希德邀请，中国国务委员、公安部部长郭声琨赴马来西亚主持两国第三次打击跨国犯罪合作联合工作组会议并访马。

2 日　中国建设银行马来西亚子行在马来西亚吉隆坡开业，成为6年内首个获得马来西亚银行牌照的外国商业银行。

5 日　中国外交部副部长刘振民在北京会见由印度尼西亚外交部教育和培训中心主任奥多率领的印度尼西亚高级外交官代表团，就中国和印尼关系以及两国外交部教育培训合作等进行交流。

8 日　以聚焦"互联网时代的司法与区域司法合作"为主题的第2届中国—东盟大法官论坛在中国南宁举行。

12 日　中国国家副主席李源潮在北京会见访华的新加坡外交部部长维文。维文表示新方愿积极参与"一带一路"建设，与中方深化全方位合作，推动两国关系和东盟与中国关系继续向前发展。

15 ~ 17 日　2017年中国—东盟博览会机电产品展（越南）在越南河内举行，这是中国—东盟博览会首次在东盟国家举办的专业展。

18 日　中共中央军委副主席范长龙访问越南。其间，范长龙分别会见越共中央总书记阮富仲、越南国家主席陈大光、越南政府总理阮春福，并与越南国防部部长吴春历举行会谈。

19 日　印尼、菲、马三国国防部部长在印度尼西亚北部城市打拉根举行会谈，计划在当地海军设施内设置联合巡逻指挥中心，菲律宾、马来西亚将设置指挥中心共享信息。新加坡、文莱以观察员身份参加会谈。

△泰国副总理颂奇透露，泰国开始制定促进与柬埔寨、缅甸、老挝、越南的贸易投资合作关系的总体计划，进一步推动五国走向共同繁荣。

20 日　中国与东盟促进旅游可持续发展研讨会在北京由中国—东盟中心和《中国国家旅游》杂志联合举办。

22 日　东盟—中国产业合作座谈会在北京由东盟—中国商务理事会举办。

△第21届东盟与韩国对话会在柬埔寨暹粒市举行。

△菲律宾、印度尼西亚、马来西亚三国外长和高官在菲律宾马尼拉会面，研究联合反恐战略，以共同应对地区反恐形势。

29 日　东盟地区论坛安全政策会议在菲律宾马尼拉开幕。东盟地区论坛成员国在第一场讨论会上，就朝鲜半岛紧张局势升温、恐怖主义的威胁、南海争端等问题交换了看法。

29～30 日　中国外交部部长王毅在北京与到访的菲律宾外长卡亚塔诺举行会谈。30 日，中国国务院总理李克强会见卡耶塔诺时表示，中菲是隔海相望的近邻，两国共同利益远大于分歧，双边关系重回睦邻友好发展轨道符合双方根本利益，也有利于地区的和平与稳定。

30 日　第 15 届东亚论坛在中国长沙市举行。论坛以"10＋3 合作 20 年：迈向东亚经济共同体"为主题，引来东盟国家和中、日、韩三国官方、产业界和学术界代表及东盟秘书处代表近 100 人参加。各方围绕"10＋3 合作 20 年的回顾与展望""激发中小企业活力""规划东亚经济共同体蓝图"3 个议题进行深入讨论。

B.13
相关统计资料

张 磊[*]

表1 中国经济社会指标

指标	单位	2012 年	2013 年	2014 年	2015 年	2016 年
国土总面积	万平方千米	960	960	960	960	960
年末总人口	万人	135404	136072	136782	137462	138271
国内生产总值	亿元	519322	568845	636463	676708	744127
第一产业增加值	亿元	52377	56957	58332	60863	63671
第二产业增加值	亿元	235319	249684	271392	274278	296236
其中:工业增加值	亿元	199860	210689	227991	228974	247860
第三产业增加值	亿元	231626	262204	306739	341567	384221
对美元汇价	元	6.2855	6.0969	6.1482	6.2284	6.6423
城镇登记失业率	%	4.1	4.09	4.09	4.05	4.02
全社会固定资产投资	亿元	374676	447074	512761	562000	606466
旅游入境人数	万人次	13241	12908	12849	13382	13844
国内旅游收入	亿元	22706	26276	30312	34195	39390
财政总收入	亿元	117210	129143	140350	152217	159552
外汇储备	亿美元	33116	38213	38430	33304	30105
进出口总额	亿美元	38668	41600	26433	245741	243386
出口总额	亿美元	20489	22096	143912	141255	138455
进口总额	亿美元	18178	19504	120423	104485	104932
实际引进外资总额	亿美元	1117	1176	1196	1263	1260

资料来源：2012～2016 年《中华人民共和国国民经济和社会发展统计公报》。

---

* 张磊，广西社会科学院台湾研究中心助理研究员。

表2 文莱经济社会指标

指 标	单位	2012 年	2013 年	2014 年	2015 年	2016 年
国土总面积	万平方千米	0.5765	0.5765	0.5765	0.5765	0.5765
年末总人口	万人	41.22	44.3	40.6	41.74	42.6
GDP 增长率	%	1.6	-1.8	9.1	—	3.2
人均国内生产总值	美元	44490	41159.5	42363	41897	27818
对美元汇价	文莱元	14.25	1.22	1.2494	1.35	1.42
通货膨胀率	%	0.5	1.229	0.919	—	0.1
失业率	%	2.7	3.7	1.7	2.7	2.7
工业总产值	亿美元	—	108.44	—	—	—
农业总产值	亿美元	1.98	1.113	—	—	—
旅游入境人数	万人次	24.1	26.81	21	21.82	21.83
旅游收入	亿美元	2.91	—	—	—	—
财政收入	亿文元	—	144.45	65.91	41.17	—
外汇储备	亿美元	—	300	300	300	336.6
进出口总额	亿美元	156	154.34	176.06	110.79	—
出口总额	亿美元	127	—	133.2	76.79	—
进口总额	亿美元	29	—	42.9	34	—
引进外资总额	亿美元	12.1	—	5.7	—	—

＊2014 年为前三季度数据。

表3 柬埔寨经济社会基本指标

指 标	单位	2012 年	2013 年	2014 年	2015 年	2016 年
国土总面积	万平方千米	18.1035	18.1035	18.1035	18.1035	18.1035
年末总人口	万人	1486	1495	1518	1550	—
国内生产总值	亿美元	14.38	151.91	162.7	182.02	—
GDP 增长率	%	7.3	7.6	7.1	6.9	7
人均国内生产总值	美元	987	1036	1122	1228	—
对美元汇价	瑞尔	4040	4027	4050	4050	—
通货膨胀率	%	2.9	2.94	3.86	3	2
失业率	%	1.7	0.3	—	0.7	—

指　标	单位	2012 年	2013 年	2014 年	2015 年	2016 年
工业总产值	亿美元	28.22	16.71	18.31	88.73	—
农业总产值	亿美元	46.25	2.43	2.49	2.515	—
旅游入境人数	万人次	358.43	421	450.28	477.52	—
旅游收入	亿美元	22.1	25.5	25	30.1	—
财政收入	亿美元	19.53	20.2	26.3	29.16	—
外汇储备	亿美元	37.00	41	42.92	38.76	—
进出口总额	亿美元	136.3	158	181.35	205.34	—
出口总额	亿美元	54.9	69	76.9	89.9	—
进口总额	亿美元	81.4	89.8	104.3	115.44	—
引进外资总额	亿美元	13.8	16.47	14.16	39.19	21.55

表 4　印度尼西亚经济社会基本指标

指　标	单位	2012 年	2013 年	2014 年	2015 年	2016 年
国土总面积	万平方千米	191.4443	191.4443	191.4443	191.4443	191.4443
年末总人口	万人	24596.2	24795.4	25216	25546	25900
GDP 增长率	%	6.5	5.78	5.02	4.79	5.02
人均国内生产总值	美元	3563	9084	3531.5	3377	3605
对美元汇价	印尼盾	9387	10425	11878	13392	—
通货膨胀率	%	4.5	8.38	8.36	3.1	—
失业率	%	6.14	6	6.1	6.18	—
工业总产值	万亿印尼盾	1871.51	400.04	418.44	436.22	—
农业总产值	万亿印尼盾	1136.72	400.04	442.79	460.59	—
旅游入境人数	万人次	804	880	943	1041	—
旅游收入	亿美元	91	101	106.9	—	—
外汇储备	亿美元	1128	994	1118.63	1045	—
进出口总额	亿美元	3817.1	3692	3544.72	2929.91	2800.8
出口总额	亿美元	1900.32	1826	1762.93	1502.52	1444.3
进口总额	亿美元	1916.7	1866	1781.79	1427.39	1356.5
实际引进外资总额	亿美元	246	286	263	282	297.5

表5　马来西亚经济社会基本指标

指　标	单位	2012 年	2013 年	2014 年	2015 年	2016 年
国土总面积	万平方千米	33.0434	33.0434	33.0434	33.0434	33.0434
年末总人口	万人	2900	2953.2	3026	3065.12	3170
国内生产总值	亿美元	—	3125	3356	11568.81	—
人均国内生产总值	美元	10449	10432	11062	11581	—
对美元汇价	林吉特	3.09	3.15	3.27	4.29	
通货膨胀率	%	3.09	2.4	3.2	2.1	
失业率	%	3.0	3.2	3.2	3.2	
工业总产值	亿林吉特	—	364.25	382.82	—	
农业总产值	亿林吉特	—	2820.38	2893.71	—	
旅游入境人数	万人次	2503	2572	2743.73	2570	
旅游收入	亿林吉特	—	656.4	720	781.54	
财政收入	亿林吉特	2000	245.86	2151	1654	
外汇储备	亿美元	1500	4419	1112	953	
进出口总额	亿美元	—	4345.2	4431.65	3416	3343.69
出口总额	亿美元	—	2061.2	2088.75	1598	7859.35
进口总额	亿美元	—	2284.0	2342.9	1818	6986.62
引进外资总额	亿林吉特	311.2	387.7	353	361	—

表6　菲律宾经济社会基本指标

指　标	单位	2012 年	2013 年	2014 年	2015 年	2016 年
国土总面积	万平方千米	30.00	30.00	30.00	30.00	30.00
年末总人口	万人	9727.9	9770	9988	10180	—
GDP 增长率	%	6.6	7.21	6.1	5.8	6.8
人均 GDP	美元	4062	2794	2849	2875	—
对美元汇价	比索	42.2	42.41	44.69	47.2	49.72
通货膨胀率	%	3.2	3	4.1	1.4	1.8
失业率	%	7.0	7.3	6	6.3	5.5
工业总产值	万亿比索	32000	34976	37599.2	41038	—
农业总产值	万亿比索	—	14446.4	16000	14145.84	

续表

指 标	单位	2012 年	2013 年	2014 年	2015 年	2016 年
旅游入境人数	万人次	427.28	470	483	536	—
旅游收入	亿比索	—	1861.5	5330	2360	—
外汇储备	亿美元	857.6	837.5	798.6	806.7	—
进出口总额	亿美元	1136.6	1157	1257	1253.34	1373.91
出口总额	亿美元	519.94	617	618	586.48	562.32
进口总额	亿美元	616.6	540	639	666.86	811.59
引进外资总额	亿美元	20.3	38.6	57.2	53.9	79.33

表7　新加坡经济社会基本指标

指 标	单位	2012 年	2013 年	2014 年	2015 年	2016 年
国土总面积	万平方千米	0.0712	0.0712	0.0712	0.0712	0.0712
年末总人口	万人	531.24	543	547	553.5	—
GDP 增长率	%	1.2	0.7	2.8	2.1	2
人均国内生产总值	美元	52051	55000	51000	49001	—
对美元汇价	新元	1.21	1.25	1.35	1.42	—
通货膨胀率	%	4.3	2.4	1	0.5	—
失业率	%	3.0	3.1	2	2.8	3
工业总产值	亿新元	3007.03	876.33	900	—	—
服务业增长率	%	—		3.1	3.4	—
旅游入境人数	万人次	1442.28	1556.78	1508.6	1520	—
旅游收入	亿新元	—	235	235	220	—
财政收入	亿新元	—	570.5	600	—	—
外汇储备	亿美元	2533.36	2730.7	2568.6	—	—
进出口总额	亿新元	9848.84	7834.9	9872	6435	6129.5
出口总额	亿新元	5103.29	4103.7	5189	3467	3299.1
进口总额	亿新元	4745.54	3731.2	4638	2968	2830.4
外资净流入	亿美元	—	637.7	675.2	714.9	—

表8 泰国经济社会基本指标

指　标	单位	2012 年	2013 年	2014 年	2015 年	2016 年
国土总面积	万平方千米	51.3115	51.3115	51.3115	51.3115	51.3115
年末总人口	万人	6446	6479	6700	6830	—
GDP 增长率	%	4.7	2.9	0.8	2.8	3.2
人均国内生产总值	美元	5383	79407.09	5379	5780	—
对美元汇价	泰铢	30.63	31.09	32.48	36.25	
通货膨胀率	%	3.02	2.18	1.89	0.9	
失业率	%	0.73	0.8	0.8	0.65	—
旅游入境人数	万人次	2230	2673.56	2477	2990	3257
旅游收入	亿泰铢	9650	9380.56	9687	22300	16378
财政收入	亿泰铢	19770	25151.7	23060	—	—
外汇储备	亿美元	1860.95	1672	1571	1565	—
进出口总额	亿美元	4457.76	4734.2	4555.26	4170.29	4094.4
出口总额	亿美元	2295.19	2251.8	2275.74	2143.75	2136.6
进口总额	亿美元	2162.57	2451.4	2279.52	2026.54	1957.8

表9 越南经济社会基本指标

指　标	单位	2012 年	2013 年	2014 年	2015 年	2016 年
国土总面积	万平方千米	33.12	33.12	33.12	33.12	33.12
年末总人口	万人	8788	8970.89	9037	9170	—
国内生产总值	亿美元	1074.75	1711.97	1840	1988.05	
GDP 增长率	%	5.03	5.42	5.98	6.68	6.21
人均国内生产总值	美元	1455	1902	2063	2109	—
对美元汇价	越盾	20890	21090	21373	21880	
通货膨胀率	%	6.81	—	—	0.63	
失业率	%	1.99	1.9		2.45	
工业总产值	万亿越盾	509.22	653.78	703.47	772.41	—
农业总产值	万亿越盾	253.12	313.8	324.75	—	—
旅游入境人数	万人次	664.8	757.24	787.4	794.37	—
旅游收入	万亿越盾	—		230	279.28	

指　标	单位	2012 年	2013 年	2014 年	2015 年	2016 年
财政收入	万亿越盾	658.6	790	814.1	884.8	—
外汇储备	亿美元	230	300	360	380	—
进出口总额	亿美元	2289	2642.26	2982.4	3280	—
出口总额	亿美元	1146	1321.35	1501.9	1624	1759
进口总额	亿美元	1143	1321.25	1480.5	1656	1732
引进外资总额	亿美元	127.2	115	126.38	155.8	158

B.14
后　记

《泛北部湾合作发展报告》由广西社会科学院组织编写，自 2007 年出版第一本以来，得到了社会各界的关注和肯定。《泛北部湾合作发展报告（2016～2017）》由广西社会科学院和广西北部湾发展研究院的研究人员共同编写。

本年度报告共五个部分。其中，总报告与分报告分别对泛北部湾经济合作以及泛北部湾区域东盟国家 2015～2016 年发展情况进行回顾，并对 2017 年发展形势进行探讨；"合作平台篇"对第十三届及第十四届中国—东盟博览会、中国—东盟商务与投资峰会，第九届泛北部湾经济合作论坛举办情况，以及中国—东盟国际合作产业园区、中国—东盟跨境经济合作区建设情况进行介绍；"专题篇"主要对泛北部湾国家参与"一带一路"建设、推进中国广西—越南国际道路运输便利化、中国—中南半岛国际经济合作走廊建设国别合作、中国—东盟非传统安全领域合作与发展等问题进行探讨。"附录"部分收录了泛北部湾研究文献综述和泛北部湾区域大事记及相关统计资料。

本年度报告作者主要为广西社会科学院、广西北部湾发展研究院研究东南亚和区域经济问题的专家与学者。在此，对参与此书撰稿、编辑及相关工作的人员表示衷心感谢。由于时间仓促和收集资料有一定难度，本书难免存在疏漏之处，敬请广大读者批评指正。

编　者

2017 年 10 月

❖ 皮书起源 ❖

"皮书"起源于十七、十八世纪的英国，主要指官方或社会组织正式发表的重要文件或报告，多以"白皮书"命名。在中国，"皮书"这一概念被社会广泛接受，并被成功运作、发展成为一种全新的出版形态，则源于中国社会科学院社会科学文献出版社。

❖ 皮书定义 ❖

皮书是对中国与世界发展状况和热点问题进行年度监测，以专业的角度、专家的视野和实证研究方法，针对某一领域或区域现状与发展态势展开分析和预测，具备原创性、实证性、专业性、连续性、前沿性、时效性等特点的公开出版物，由一系列权威研究报告组成。

❖ 皮书作者 ❖

皮书系列的作者以中国社会科学院、著名高校、地方社会科学院的研究人员为主，多为国内一流研究机构的权威专家学者，他们的看法和观点代表了学界对中国与世界的现实和未来最高水平的解读与分析。

❖ 皮书荣誉 ❖

皮书系列已成为社会科学文献出版社的著名图书品牌和中国社会科学院的知名学术品牌。2016年，皮书系列正式列入"十三五"国家重点出版规划项目；2012~2016年，重点皮书列入中国社会科学院承担的国家哲学社会科学创新工程项目；2017年，55种院外皮书使用"中国社会科学院创新工程学术出版项目"标识。

权威报告·热点资讯·特色资源

皮书数据库
ANNUAL REPORT(YEARBOOK)
DATABASE

当代中国与世界发展高端智库平台

所获荣誉

- 2016年，入选"国家'十三五'电子出版物出版规划骨干工程"
- 2015年，荣获"搜索中国正能量 点赞2015""创新中国科技创新奖"
- 2013年，荣获"中国出版政府奖·网络出版物奖"提名奖
- 连续多年荣获中国数字出版博览会"数字出版·优秀品牌"奖

成为会员

通过网址www.pishu.com.cn或使用手机扫描二维码进入皮书数据库网站，进行手机号码验证或邮箱验证即可成为皮书数据库会员（建议通过手机号码快速验证注册）。

会员福利

- 使用手机号码首次注册会员可直接获得100元体验金，不需充值即可购买和查看数据库内容（仅限使用手机号码快速注册）。
- 已注册用户购书后可免费获赠100元皮书数据库充值卡。刮开充值卡涂层获取充值密码，登录并进入"会员中心"—"在线充值"—"充值卡充值"，充值成功后即可购买和查看数据库内容。

社会科学文献出版社 皮书系列
SOCIAL SCIENCES ACADEMIC PRESS (CHINA)
卡号：932624229716
密码：

数据库服务热线：400-008-6695
数据库服务QQ：2475522410
数据库服务邮箱：database@ssap.cn
图书销售热线：010-59367070/7028
图书服务QQ：1265056568
图书服务邮箱：duzhe@ssap.cn

S 子库介绍
ub-Database Introduction

中国经济发展数据库

涵盖宏观经济、农业经济、工业经济、产业经济、财政金融、交通旅游、商业贸易、劳动经济、企业经济、房地产经济、城市经济、区域经济等领域，为用户实时了解经济运行态势、把握经济发展规律、洞察经济形势、做出经济决策提供参考和依据。

中国社会发展数据库

全面整合国内外有关中国社会发展的统计数据、深度分析报告、专家解读和热点资讯构建而成的专业学术数据库。涉及宗教、社会、人口、政治、外交、法律、文化、教育、体育、文学艺术、医药卫生、资源环境等多个领域。

中国行业发展数据库

以中国国民经济行业分类为依据，跟踪分析国民经济各行业市场运行状况和政策导向，提供行业发展最前沿的资讯，为用户投资、从业及各种经济决策提供理论基础和实践指导。内容涵盖农业，能源与矿产业，交通运输业，制造业，金融业，房地产业，租赁和商务服务业，科学研究，环境和公共设施管理，居民服务业，教育，卫生和社会保障，文化、体育和娱乐业等100余个行业。

中国区域发展数据库

对特定区域内的经济、社会、文化、法治、资源环境等领域的现状与发展情况进行分析和预测。涵盖中部、西部、东北、西北等地区，长三角、珠三角、黄三角、京津冀、环渤海、合肥经济圈、长株潭城市群、关中—天水经济区、海峡经济区等区域经济体和城市圈，北京、上海、浙江、河南、陕西等34个省份及中国台湾地区。

中国文化传媒数据库

包括文化事业、文化产业、宗教、群众文化、图书馆事业、博物馆事业、档案事业、语言文字、文学、历史地理、新闻传播、广播电视、出版事业、艺术、电影、娱乐等多个子库。

世界经济与国际关系数据库

以皮书系列中涉及世界经济与国际关系的研究成果为基础，全面整合国内外有关世界经济与国际关系的统计数据、深度分析报告、专家解读和热点资讯构建而成的专业学术数据库。包括世界经济、国际政治、世界文化与科技、全球性问题、国际组织与国际法、区域研究等多个子库。

法 律 声 明

　　"皮书系列"（含蓝皮书、绿皮书、黄皮书）之品牌由社会科学文献出版社最早使用并持续至今，现已被中国图书市场所熟知。"皮书系列"的LOGO（　）与"经济蓝皮书""社会蓝皮书"均已在中华人民共和国国家工商行政管理总局商标局登记注册。"皮书系列"图书的注册商标专用权及封面设计、版式设计的著作权均为社会科学文献出版社所有。未经社会科学文献出版社书面授权许可，任何使用与"皮书系列"图书注册商标、封面设计、版式设计相同或者近似的文字、图形或其组合的行为均系侵权行为。

　　经作者授权，本书的专有出版权及信息网络传播权为社会科学文献出版社享有。未经社会科学文献出版社书面授权许可，任何就本书内容的复制、发行或以数字形式进行网络传播的行为均系侵权行为。

　　社会科学文献出版社将通过法律途径追究上述侵权行为的法律责任，维护自身合法权益。

　　欢迎社会各界人士对侵犯社会科学文献出版社上述权利的侵权行为进行举报。电话：010－59367121，电子邮箱：fawubu@ssap.cn。

社会科学文献出版社

社长致辞

蓦然回首，皮书的专业化历程已经走过了二十年。20年来从一个出版社的学术产品名称到媒体热词再到智库成果研创及传播平台，皮书以专业化为主线，进行了系列化、市场化、品牌化、数字化、国际化、平台化的运作，实现了跨越式的发展。特别是在党的十八大以后，以习近平总书记为核心的党中央高度重视新型智库建设，皮书也迎来了长足的发展，总品种达到600余种，经过专业评审机制、淘汰机制遴选，目前，每年稳定出版近400个品种。"皮书"已经成为中国新型智库建设的抓手，成为国际国内社会各界快速、便捷地了解真实中国的最佳窗口。

20年孜孜以求，"皮书"始终将自己的研究视野与经济社会发展中的前沿热点问题紧密相连。600个研究领域，3万多位分布于800余个研究机构的专家学者参与了研创写作。皮书数据库中共收录了15万篇专业报告，50余万张数据图表，合计30亿字，每年报告下载量近80万次。皮书为中国学术与社会发展实践的结合提供了一个激荡智力、传播思想的入口，皮书作者们用学术的话语、客观翔实的数据谱写出了中国故事壮丽的篇章。

20年跨步千里，"皮书"始终将自己的发展与时代赋予的使命与责任紧紧相连。每年百余场新闻发布会，10万余次中外媒体报道，中、英、俄、日、韩等12个语种共同出版。皮书所具有的凝聚力正在形成一种无形的力量，吸引着社会各界关注中国的发展，参与中国的发展，它是我们向世界传递中国声音、总结中国经验、争取中国国际话语权最主要的平台。

皮书这一系列成就的取得，得益于中国改革开放的伟大时代，离不开来自中国社会科学院、新闻出版广电总局、全国哲学社会科学规划办公室等主管部门的大力支持和帮助，也离不开皮书研创者和出版者的共同努力。他们与皮书的故事创造了皮书的历史，他们对皮书的拳拳之心将继续谱写皮书的未来！

现在，"皮书"品牌已经进入了快速成长的青壮年时期。全方位进行规范化管理，树立中国的学术出版标准；不断提升皮书的内容质量和影响力，搭建起中国智库产品和智库建设的交流服务平台和国际传播平台；发布各类皮书指数，并使之成为中国指数，让中国智库的声音响彻世界舞台，为人类的发展做出中国的贡献——这是皮书未来发展的图景。作为"皮书"这个概念的提出者，"皮书"从一般图书到系列图书和品牌图书，最终成为智库研究和社会科学应用对策研究的知识服务和成果推广平台这整个过程的操盘者，我相信，这也是每一位皮书人执着追求的目标。

"当代中国正经历着我国历史上最为广泛而深刻的社会变革，也正在进行着人类历史上最为宏大而独特的实践创新。这种前无古人的伟大实践，必将给理论创造、学术繁荣提供强大动力和广阔空间。"

在这个需要思想而且一定能够产生思想的时代，皮书的研创出版一定能创造出新的更大的辉煌！

社会科学文献出版社社长
中国社会学会秘书长

2017年11月

社会科学文献出版社简介

社会科学文献出版社（以下简称"社科文献出版社"）成立于1985年，是直属于中国社会科学院的人文社会科学学术出版机构。成立至今，社科文献出版社始终依托中国社会科学院和国内外人文社会科学界丰厚的学术出版和专家学者资源，坚持"创社科经典，出传世文献"的出版理念、"权威、前沿、原创"的产品定位以及学术成果和智库成果出版的专业化、数字化、国际化、市场化的经营道路。

社科文献出版社是中国新闻出版业转型与文化体制改革的先行者。积极探索文化体制改革的先进方向和现代企业经营决策机制，社科文献出版社先后荣获"全国文化体制改革工作先进单位"、中国出版政府奖·先进出版单位奖，中国社会科学院先进集体、全国科普工作先进集体等荣誉称号。多人次荣获"第十届韬奋出版奖""全国新闻出版行业领军人才""数字出版先进人物""北京市新闻出版广电行业领军人才"等称号。

社科文献出版社是中国人文社会科学学术出版的大社名社，也是以皮书为代表的智库成果出版的专业强社。年出版图书2000余种，其中皮书400余种，出版新书字数5.5亿字，承印与发行中国社科院院属期刊72种，先后创立了皮书系列、列国志、中国史话、社科文献学术译库、社科文献学术文库、甲骨文书系等一大批既有学术影响又有市场价值的品牌，确立了在社会学、近代史、苏东问题研究等专业学科及领域出版的领先地位。图书多次荣获中国出版政府奖、"三个一百"原创图书出版工程、"五个'一'工程奖"、"大众喜爱的50种图书"等奖项，在中央国家机关"强素质·做表率"读书活动中，入选图书品种数位居各大出版社之首。

社科文献出版社是中国学术出版规范与标准的倡议者与制定者，代表全国50多家出版社发起实施学术著作出版规范的倡议，承担学术著作规范国家标准的起草工作，率先编撰完成《皮书手册》对皮书品牌进行规范化管理，并在此基础上推出中国版芝加哥手册——《社科文献出版社学术出版手册》。

社科文献出版社是中国数字出版的引领者，拥有皮书数据库、列国志数据库、"一带一路"数据库、减贫数据库、集刊数据库等4大产品线11个数据库产品，机构用户达1300余家，海外用户百余家，荣获"数字出版转型示范单位""新闻出版标准化先进单位""专业数字内容资源知识服务模式试点企业标准化示范单位"等称号。

社科文献出版社是中国学术出版走出去的践行者。社科文献出版社海外图书出版与学术合作业务遍及全球40余个国家和地区，并于2016年成立俄罗斯分社，累计输出图书500余种，涉及近20个语种，累计获得国家社科基金中华学术外译项目资助76种、"丝路书香工程"项目资助60种、中国图书对外推广计划项目资助71种以及经典中国国际出版工程资助28种，被五部委联合认定为"2015~2016年度国家文化出口重点企业"。

如今，社科文献出版社完全靠自身积累拥有固定资产3.6亿元，年收入3亿元，设置了七大出版分社、六大专业部门，成立了皮书研究院和博士后科研工作站，培养了一支近400人的高素质与高效率的编辑、出版、营销和国际推广队伍，为未来成为学术出版的大社、名社、强社，成为文化体制改革与文化企业转型发展的排头兵奠定了坚实的基础。

宏 观 经 济 类

经济蓝皮书

2018 年中国经济形势分析与预测

李平 / 主编　2017 年 12 月出版　定价：89.00 元

◆　本书为总理基金项目，由著名经济学家李扬领衔，联合中国社会科学院等数十家科研机构、国家部委和高等院校的专家共同撰写，系统分析了 2017 年的中国经济形势并预测 2018 年中国经济运行情况。

城市蓝皮书

中国城市发展报告 No.11

潘家华　单菁菁 / 主编　2018 年 9 月出版　估价：99.00 元

◆　本书是由中国社会科学院城市发展与环境研究中心编著的，多角度、全方位地立体展示了中国城市的发展状况，并对中国城市的未来发展提出了许多建议。该书有强烈的时代感，对中国城市发展实践有重要的参考价值。

人口与劳动绿皮书

中国人口与劳动问题报告 No.19

张车伟 / 主编　2018 年 10 月出版　估价：99.00 元

◆　本书为中国社会科学院人口与劳动经济研究所主编的年度报告，对当前中国人口与劳动形势做了比较全面和系统的深入讨论，为研究中国人口与劳动问题提供了一个专业性的视角。

中国省域竞争力蓝皮书

中国省域经济综合竞争力发展报告（2017～2018）

李建平　李闽榕　高燕京／主编　2018年5月出版　估价：198.00元

◆　本书融多学科的理论为一体，深入追踪研究了省域经济发展与中国国家竞争力的内在关系，为提升中国省域经济综合竞争力提供有价值的决策依据。

金融蓝皮书

中国金融发展报告（2018）

王国刚／主编　2018年2月出版　估价：99.00元

◆　本书由中国社会科学院金融研究所组织编写，概括和分析了2017年中国金融发展和运行中的各方面情况，研讨和评论了2017年发生的主要金融事件，有利于读者了解掌握2017年中国的金融状况，把握2018年中国金融的走势。

区域经济类

京津冀蓝皮书

京津冀发展报告（2018）

祝合良　叶堂林　张贵祥／等著　2018年6月出版　估价：99.00元

◆　本书遵循问题导向与目标导向相结合、统计数据分析与大数据分析相结合、纵向分析和长期监测与结构分析和综合监测相结合等原则，对京津冀协同发展新形势与新进展进行测度与评价。

社会政法类

社会蓝皮书

2018年中国社会形势分析与预测

李培林　陈光金　张翼/主编　2017年12月出版　定价：89.00元

◆　本书由中国社会科学院社会学研究所组织研究机构专家、高校学者和政府研究人员撰写，聚焦当下社会热点，对2017年中国社会发展的各个方面内容进行了权威解读，同时对2018年社会形势发展趋势进行了预测。

法治蓝皮书

中国法治发展报告No.16（2018）

李林　田禾/主编　2018年3月出版　估价：118.00元

◆　本年度法治蓝皮书回顾总结了2017年度中国法治发展取得的成就和存在的不足，对中国政府、司法、检务透明度进行了跟踪调研，并对2018年中国法治发展形势进行了预测和展望。

教育蓝皮书

中国教育发展报告（2018）

杨东平/主编　2018年4月出版　估价：99.00元

◆　本书重点关注了2017年教育领域的热点，资料翔实，分析有据，既有专题研究，又有实践案例，从多角度对2017年教育改革和实践进行了分析和研究。

社会体制蓝皮书

中国社会体制改革报告 No.6（2018）

龚维斌 / 主编　2018 年 3 月出版　估价：99.00 元

◆　本书由国家行政学院社会治理研究中心和北京师范大学中国社会管理研究院共同组织编写，主要对 2017 年社会体制改革情况进行回顾和总结，对 2018 年的改革走向进行分析，提出相关政策建议。

社会心态蓝皮书

中国社会心态研究报告（2018）

王俊秀　杨宜音 / 主编　2018 年 12 月出版　估价：99.00 元

◆　本书是中国社会科学院社会学研究所社会心理研究中心"社会心态蓝皮书课题组"的年度研究成果，运用社会心理学、社会学、经济学、传播学等多种学科的方法进行了调查和研究，对于目前中国社会心态状况有较广泛和深入的揭示。

华侨华人蓝皮书

华侨华人研究报告（2018）

贾益民 / 主编　2018 年 1 月出版　估价：139.00 元

◆　本书关注华侨华人生产与生活的方方面面。华侨华人是中国建设 21 世纪海上丝绸之路的重要中介者、推动者和参与者。本书旨在全面调研华侨华人，提供最新涉侨动态、理论研究成果和政策建议。

民族发展蓝皮书

中国民族发展报告（2018）

王延中 / 主编　2018 年 10 月出版　估价：188.00 元

◆　本书从民族学人类学视角，研究近年来少数民族和民族地区的发展情况，展示民族地区经济、政治、文化、社会和生态文明"五位一体"建设取得的辉煌成就和面临的困难挑战，为深刻理解中央民族工作会议精神、加快民族地区全面建成小康社会进程提供了实证材料。

产业经济类

房地产蓝皮书

中国房地产发展报告 No.15（2018）

李春华　王业强/主编　2018年5月出版　估价：99.00元

◆ 2018年《房地产蓝皮书》持续追踪中国房地产市场最新动态，深度剖析市场热点，展望2018年发展趋势，积极谋划应对策略。对2017年房地产市场的发展态势进行全面、综合的分析。

新能源汽车蓝皮书

中国新能源汽车产业发展报告（2018）

中国汽车技术研究中心　日产（中国）投资有限公司

东风汽车有限公司/编著　2018年8月出版　估价：99.00元

◆ 本书对中国2017年新能源汽车产业发展进行了全面系统的分析，并介绍了国外的发展经验。有助于相关机构、行业和社会公众等了解中国新能源汽车产业发展的最新动态，为政府部门出台新能源汽车产业相关政策法规、企业制定相关战略规划，提供必要的借鉴和参考。

行业及其他类

旅游绿皮书

2017～2018年中国旅游发展分析与预测

中国社会科学院旅游研究中心/编　2018年2月出版　估价：99.00元

◆ 本书从政策、产业、市场、社会等多个角度勾画出2017年中国旅游发展全貌，剖析了其中的热点和核心问题，并就未来发展作出预测。

民营医院蓝皮书

中国民营医院发展报告（2018）

薛晓林 / 主编　2018 年 1 月出版　估价：99.00 元

◆　本书在梳理国家对社会办医的各种利好政策的前提下，对我国民营医疗发展现状、我国民营医院竞争力进行了分析，并结合我国医疗体制改革对民营医院的发展趋势、发展策略、战略规划等方面进行了预估。

会展蓝皮书

中外会展业动态评估研究报告（2018）

张敏 / 主编　　2018 年 12 月出版　估价：99.00 元

◆　本书回顾了 2017 年的会展业发展动态，结合"供给侧改革"、"互联网 +"、"绿色经济"的新形势分析了我国展会的行业现状，并介绍了国外的发展经验，有助于行业和社会了解最新的展会业动态。

中国上市公司蓝皮书

中国上市公司发展报告（2018）

张平　王宏淼 / 主编　　2018 年 9 月出版　　估价：99.00 元

◆　本书由中国社会科学院上市公司研究中心组织编写的，着力于全面、真实、客观反映当前中国上市公司财务状况和价值评估的综合性年度报告。本书详尽分析了 2017 年中国上市公司情况，特别是现实中暴露出的制度性、基础性问题，并对资本市场改革进行了探讨。

工业和信息化蓝皮书

人工智能发展报告（2017 ～ 2018）

尹丽波 / 主编　　2018 年 6 月出版　　估价：99.00 元

◆　本书国家工业信息安全发展研究中心在对 2017 年全球人工智能技术和产业进行全面跟踪研究基础上形成的研究报告。该报告内容翔实、视角独特，具有较强的产业发展前瞻性和预测性，可为相关主管部门、行业协会、企业等全面了解人工智能发展形势以及进行科学决策提供参考。

国际问题与全球治理类

世界经济黄皮书

2018年世界经济形势分析与预测

张宇燕/主编　2018年1月出版　估价：99.00元

◆　本书由中国社会科学院世界经济与政治研究所的研究团队撰写，分总论、国别与地区、专题、热点、世界经济统计与预测等五个部分，对2018年世界经济形势进行了分析。

国际城市蓝皮书

国际城市发展报告（2018）

屠启宇/主编　2018年2月出版　估价：99.00元

◆　本书作者以上海社会科学院从事国际城市研究的学者团队为核心，汇集同济大学、华东师范大学、复旦大学、上海交通大学、南京大学、浙江大学相关城市研究专业学者。立足动态跟踪介绍国际城市发展时间中，最新出现的重大战略、重大理念、重大项目、重大报告和最佳案例。

非洲黄皮书

非洲发展报告No.20（2017～2018）

张宏明/主编　2018年7月出版　估价：99.00元

◆　本书是由中国社会科学院西亚非洲研究所组织编撰的非洲形势年度报告，比较全面、系统地分析了2017年非洲政治形势和热点问题，探讨了非洲经济形势和市场走向，剖析了大国对非洲关系的新动向；此外，还介绍了国内非洲研究的新成果。

国别类

美国蓝皮书

美国研究报告（2018）

郑秉文　黄平 / 主编　2018 年 5 月出版　估价：99.00 元

◆　本书是由中国社会科学院美国研究所主持完成的研究成果，它回顾了美国 2017 年的经济、政治形势与外交战略，对美国内政外交发生的重大事件及重要政策进行了较为全面的回顾和梳理。

德国蓝皮书

德国发展报告（2018）

郑春荣 / 主编　2018 年 6 月出版　估价：99.00 元

◆　本报告由同济大学德国研究所组织编撰，由该领域的专家学者对德国的政治、经济、社会文化、外交等方面的形势发展情况，进行全面的阐述与分析。

俄罗斯黄皮书

俄罗斯发展报告（2018）

李永全 / 编著　2018 年 6 月出版　估价：99.00 元

◆　本书系统介绍了 2017 年俄罗斯经济政治情况，并对 2016 年该地区发生的焦点、热点问题进行了分析与回顾；在此基础上，对该地区 2018 年的发展前景进行了预测。

文 化 传 媒 类

新媒体蓝皮书

中国新媒体发展报告 No.9（2018）

唐绪军 / 主编　2018 年 6 月出版　估价：99.00 元

◆　本书是由中国社会科学院新闻与传播研究所组织编写的关于新媒体发展的最新年度报告，旨在全面分析中国新媒体的发展现状，解读新媒体的发展趋势，探析新媒体的深刻影响。

移动互联网蓝皮书

中国移动互联网发展报告（2018）

余清楚 / 主编　　2018 年 6 月出版　估价：99.00 元

◆　本书着眼于对 2017 年度中国移动互联网的发展情况做深入解析，对未来发展趋势进行预测，力求从不同视角、不同层面全面剖析中国移动互联网发展的现状、年度突破及热点趋势等。

文化蓝皮书

中国文化消费需求景气评价报告（2018）

王亚南 / 主编　2018 年 2 月出版　估价：99.00 元

◆　本书首创全国文化发展量化检测评价体系，也是至今全国唯一的文化民生量化检测评价体系，对于检验全国及各地 " 以人民为中心 " 的文化发展具有首创意义。

地方发展类

北京蓝皮书

北京经济发展报告（2017～2018）

杨松 / 主编　2018 年 6 月出版　估价：99.00 元

◆　本书对 2017 年北京市经济发展的整体形势进行了系统性的分析与回顾，并对 2018 年经济形势走势进行了预测与研判，聚焦北京市经济社会发展中的全局性、战略性和关键领域的重点问题，运用定量和定性分析相结合的方法，对北京市经济社会发展的现状、问题、成因进行了深入分析，提出了可操作性的对策建议。

温州蓝皮书

2018 年温州经济社会形势分析与预测

蒋儒标　王春光　金浩 / 主编　2018 年 4 月出版　估价：99.00 元

◆　本书是中共温州市委党校和中国社会科学院社会学研究所合作推出的第十一本温州蓝皮书，由来自党校、政府部门、科研机构、高校的专家、学者共同撰写的 2017 年温州区域发展形势的最新研究成果。

黑龙江蓝皮书

黑龙江社会发展报告（2018）

王爱丽 / 主编　2018 年 6 月出版　估价：99.00 元

◆　本书以千份随机抽样问卷调查和专题研究为依据，运用社会学理论框架和分析方法，从专家和学者的独特视角，对 2017 年黑龙江省关系民生的问题进行广泛的调研与分析，并对 2017 年黑龙江省诸多社会热点和焦点问题进行了有益的探索。这些研究不仅可以为政府部门更加全面深入了解省情、科学制定决策提供智力支持，同时也可以为广大读者认识、了解、关注黑龙江社会发展提供理性思考。

宏观经济类

城市蓝皮书
中国城市发展报告（No.11）
著（编）者：潘家华 单菁菁
2018年9月出版 / 估价：99.00元
PSN B-2007-091-1/1

城乡一体化蓝皮书
中国城乡一体化发展报告（2018）
著（编）者：付崇兰
2018年9月出版 / 估价：99.00元
PSN B-2011-226-1/2

城镇化蓝皮书
中国新型城镇化健康发展报告（2018）
著（编）者：张占斌
2018年8月出版 / 估价：99.00元
PSN B-2014-396-1/1

创新蓝皮书
创新型国家建设报告（2018~2019）
著（编）者：詹正茂
2018年12月出版 / 估价：99.00元
PSN B-2009-140-1/1

低碳发展蓝皮书
中国低碳发展报告（2018）
著（编）者：张希良 齐晔
2018年6月出版 / 估价：99.00元
PSN B-2011-223-1/1

低碳经济蓝皮书
中国低碳经济发展报告（2018）
著（编）者：薛进军 赵忠秀
2018年11月出版 / 估价：99.00元
PSN B-2011-194-1/1

发展和改革蓝皮书
中国经济发展和体制改革报告No.9
著（编）者：邹东涛 王再文
2018年1月出版 / 估价：99.00元
PSN B-2008-122-1/1

国家创新蓝皮书
中国创新发展报告（2017）
著（编）者：陈劲 2018年3月出版 / 估价：99.00元
PSN B-2014-370-1/1

金融蓝皮书
中国金融发展报告（2018）
著（编）者：王国刚
2018年2月出版 / 估价：99.00元
PSN B-2004-031-1/7

经济蓝皮书
2018年中国经济形势分析与预测
著（编）者：李平 2017年12月出版 / 定价：89.00元
PSN B-1996-001-1/1

经济蓝皮书春季号
2018年中国经济前景分析
著（编）者：李扬 2018年5月出版 / 估价：99.00元
PSN B-1999-008-1/1

经济蓝皮书夏季号
中国经济增长报告（2017~2018）
著（编）者：李扬 2018年9月出版 / 估价：99.00元
PSN B-2010-176-1/1

经济信息绿皮书
中国与世界经济发展报告（2018）
著（编）者：杜平
2017年12月出版 / 估价：99.00元
PSN B-2003-023-1/1

农村绿皮书
中国农村经济形势分析与预测（2017~2018）
著（编）者：魏后凯 黄秉信
2018年4月出版 / 估价：99.00元
PSN G-1998-003-1/1

人口与劳动绿皮书
中国人口与劳动问题报告No.19
著（编）者：张车伟 2018年11月出版 / 估价：99.00元
PSN G-2000-012-1/1

新型城镇化蓝皮书
新型城镇化发展报告（2017）
著（编）者：李伟 宋敏 沈体雁
2018年3月出版 / 估价：99.00元
PSN B-2005-038-1/1

中国省域竞争力蓝皮书
中国省域经济综合竞争力发展报告（2016~2017）
著（编）者：李建平 李闽榕 高燕京
2018年2月出版 / 估价：198.00元
PSN B-2007-088-1/1

中小城市绿皮书
中国中小城市发展报告（2018）
著（编）者：中国城市经济学会中小城市经济发展委员会
中国城镇化促进会中小城市发展委员会
《中国中小城市发展报告》编纂委员会
中小城市发展战略研究院
2018年11月出版 / 估价：128.00元
PSN G-2010-161-1/1

区域经济类

东北蓝皮书
中国东北地区发展报告（2018）
著（编）者：姜晓秋　2018年11月出版／估价：99.00元
PSN B-2006-067-1/1

金融蓝皮书
中国金融中心发展报告（2017~2018）
著（编）者：王力 黄育华　2018年11月出版／估价：99.00元
PSN B-2011-186-6/7

京津冀蓝皮书
京津冀发展报告（2018）
著（编）者：祝合良 叶堂林 张贵祥
2018年6月出版／估价：99.00元
PSN B-2012-262-1/1

西北蓝皮书
中国西北发展报告（2018）
著（编）者：任宗哲 白宽犁 王建康
2018年4月出版／估价：99.00元
PSN B-2012-261-1/1

西部蓝皮书
中国西部发展报告（2018）
著（编）者：璋勇 任保平　2018年8月出版／估价：99.00元
PSN B-2005-039-1/1

长江经济带产业蓝皮书
长江经济带产业发展报告（2018）
著（编）者：吴传清　2018年11月出版／估价：128.00元
PSN B-2017-666-1/1

长江经济带蓝皮书
长江经济带发展报告（2017~2018）
著（编）者：王振　2018年11月出版／估价：99.00元
PSN B-2016-575-1/1

长江中游城市群蓝皮书
长江中游城市群新型城镇化与产业协同发展报告（2018）
著（编）者：杨刚强　2018年11月出版／估价：99.00元
PSN B-2016-578-1/1

长三角蓝皮书
2017年创新融合发展的长三角
著（编）者：刘飞跃　2018年3月出版／估价：99.00元
PSN B-2005-038-1/1

长株潭城市群蓝皮书
长株潭城市群发展报告（2017）
著（编）者：张萍 朱有志　2018年1月出版／估价：99.00元
PSN B-2008-109-1/1

中部竞争力蓝皮书
中国中部经济社会竞争力报告（2018）
著（编）者：教育部人文社会科学重点研究基地南昌大学中国
　　　　　中部经济社会发展研究中心
2018年12月出版／估价：99.00元
PSN B-2012-276-1/1

中部蓝皮书
中国中部地区发展报告（2018）
著（编）者：宋亚平　2018年12月出版／估价：99.00元
PSN B-2007-089-1/1

区域蓝皮书
中国区域经济发展报告（2017~2018）
著（编）者：赵弘　2018年5月出版／估价：99.00元
PSN B-2004-034-1/1

中三角蓝皮书
长江中游城市群发展报告（2018）
著（编）者：秦尊文　2018年9月出版／估价：99.00元
PSN B-2014-417-1/1

中原蓝皮书
中原经济区发展报告（2018）
著（编）者：李英杰　2018年6月出版／估价：99.00元
PSN B-2011-192-1/1

珠三角流通蓝皮书
珠三角商圈发展研究报告（2018）
著（编）者：王先庆 林至颖　2018年7月出版／估价：99.00元
PSN B-2012-292-1/1

社会政法类

北京蓝皮书
中国社区发展报告（2017~2018）
著（编）者：于燕燕　2018年9月出版／估价：99.00元
PSN B-2007-083-5/8

殡葬绿皮书
中国殡葬事业发展报告（2017~2018）
著（编）者：李伯森　2018年4月出版／估价：158.00元
PSN G-2010-180-1/1

城市管理蓝皮书
中国城市管理报告（2017-2018）
著（编）者：刘林 刘承水　2018年5月出版／估价：158.00元
PSN B-2013-336-1/1

城市生活质量蓝皮书
中国城市生活质量报告（2017）
著（编）者：张连城 张平 杨春学 郎丽华
2018年2月出版／估价：99.00元
PSN B-2013-326-1/1

城市政府能力蓝皮书
中国城市政府公共服务能力评估报告（2018）
著（编）者：何艳玲　2018年4月出版 / 估价：99.00元
PSN B-2013-338-1/1

创业蓝皮书
中国创业发展研究报告（2017～2018）
著（编）者：黄群慧 赵卫星 钟宏武
2018年11月出版 / 估价：99.00元
PSN B-2016-577-1/1

慈善蓝皮书
中国慈善发展报告（2018）
著（编）者：杨团　2018年6月出版 / 估价：99.00元
PSN B-2009-142-1/1

党建蓝皮书
党的建设研究报告No.2（2018）
著（编）者：崔建民 陈东平　2018年1月出版 / 估价：99.00元
PSN B-2016-523-1/1

地方法治蓝皮书
中国地方法治发展报告No.3（2018）
著（编）者：李林 田禾　2018年3月出版 / 估价：118.00元
PSN B-2015-442-1/1

电子政务蓝皮书
中国电子政务发展报告（2018）
著（编）者：李季　2018年8月出版 / 估价：99.00元
PSN B-2003-022-1/1

法治蓝皮书
中国法治发展报告No.16（2018）
著（编）者：吕艳滨　2018年3月出版 / 估价：118.00元
PSN B-2004-027-1/3

法治蓝皮书
中国法院信息化发展报告No.2（2018）
著（编）者：李林 田禾　2018年2月出版 / 估价：108.00元
PSN B-2017-604-3/3

法治政府蓝皮书
中国法治政府发展报告（2018）
著（编）者：中国政法大学法治政府研究院
2018年4月出版 / 估价：99.00元
PSN B-2015-502-1/2

法治政府蓝皮书
中国法治政府评估报告（2018）
著（编）者：中国政法大学法治政府研究院
2018年9月出版 / 估价：168.00元
PSN B-2016-576-2/2

反腐倡廉蓝皮书
中国反腐倡廉建设报告No.8
著（编）者：张英伟　2018年12月出版 / 估价：99.00元
PSN B-2012-259-1/1

扶贫蓝皮书
中国扶贫开发报告（2018）
著（编）者：李培林 魏后凯　2018年12月出版 / 估价：128.00元
PSN B-2016-599-1/1

妇女发展蓝皮书
中国妇女发展报告 No.6
著（编）者：王金玲　2018年9月出版 / 估价：158.00元
PSN B-2006-069-1/1

妇女教育蓝皮书
中国妇女教育发展报告 No.3
著（编）者：张李玺　2018年10月出版 / 估价：99.00元
PSN B-2008-121-1/1

妇女绿皮书
2018年：中国性别平等与妇女发展报告
著（编）者：谭琳　2018年12月出版 / 估价：99.00元
PSN G-2006-073-1/1

公共安全蓝皮书
中国城市公共安全发展报告（2017～2018）
著（编）者：黄育华 杨文明 赵建辉
2018年6月出版 / 估价：99.00元
PSN B-2017-628-1/1

公共服务蓝皮书
中国城市基本公共服务力评价（2018）
著（编）者：钟君 刘志昌 吴正杲
2018年12月出版 / 估价：99.00元
PSN B-2011-214-1/1

公民科学素质蓝皮书
中国公民科学素质报告（2017～2018）
著（编）者：李群 陈雄 马宗文
2018年1月出版 / 估价：99.00元
PSN B-2014-379-1/1

公益蓝皮书
中国公益慈善发展报告（2016）
著（编）者：朱健刚 胡小军　2018年2月出版 / 估价：99.00元
PSN B-2012-283-1/1

国际人才蓝皮书
中国国际移民报告（2018）
著（编）者：王辉耀　2018年2月出版 / 估价：99.00元
PSN B-2012-304-3/4

国际人才蓝皮书
中国留学发展报告（2018）No.7
著（编）者：王辉耀 苗绿　2018年12月出版 / 估价：99.00元
PSN B-2012-244-2/4

海洋社会蓝皮书
中国海洋社会发展报告（2017）
著（编）者：崔凤 宋宁而　2018年3月出版 / 估价：99.00元
PSN B-2015-478-1/1

行政改革蓝皮书
中国行政体制改革报告No.7（2018）
著（编）者：魏礼群　2018年6月出版 / 估价：99.00元
PSN B-2011-231-1/1

华侨华人蓝皮书
华侨华人研究报告（2017）
著（编）者：贾益民　2018年1月出版 / 估价：139.00元
PSN B-2011-204-1/1

环境竞争力绿皮书
中国省域环境竞争力发展报告（2018）
著(编)者：李建平 李闽榕 王金南
2018年11月出版 / 估价：198.00元
PSN G-2010-165-1/1

环境绿皮书
中国环境发展报告（2017～2018）
著(编)者：李波　2018年4月出版 / 估价：99.00元
PSN G-2006-048-1/1

家庭蓝皮书
中国"创建幸福家庭活动"评估报告（2018）
著(编)者：国务院发展研究中心"创建幸福家庭活动评估"课题组
2018年12月出版 / 估价：99.00元
PSN B-2015-508-1/1

健康城市蓝皮书
中国健康城市建设研究报告（2018）
著(编)者：王鸿春 盛继洪　2018年12月出版 / 估价：99.00元
PSN B-2016-564-2/2

健康中国蓝皮书
社区首诊与健康中国分析报告（2018）
著(编)者：高和荣 杨叔禹 姜杰
2018年4月出版 / 估价：99.00元
PSN B-2017-611-1/1

教师蓝皮书
中国中小学教师发展报告（2017）
著(编)者：曾晓东 鱼霞　2018年6月出版 / 估价：99.00元
PSN B-2012-289-1/1

教育扶贫蓝皮书
中国教育扶贫报告（2018）
著(编)者：司树杰 王文静 李兴洲
2018年12月出版 / 估价：99.00元
PSN B-2016-590-1/1

教育蓝皮书
中国教育发展报告（2018）
著(编)者：杨东平　2018年4月出版 / 估价：99.00元
PSN B-2006-047-1/1

金融法治建设蓝皮书
中国金融法治建设年度报告（2015～2016）
著(编)者：朱小黄　2018年6月出版 / 估价：99.00元
PSN B-2017-633-1/1

京津冀教育蓝皮书
京津冀教育发展研究报告（2017～2018）
著(编)者：方中雄　2018年4月出版 / 估价：99.00元
PSN B-2017-608-1/1

就业蓝皮书
2018年中国本科生就业报告
著(编)者：麦可思研究院　2018年6月出版 / 估价：99.00元
PSN B-2009-146-1/2

就业蓝皮书
2018年中国高职高专生就业报告
著(编)者：麦可思研究院　2018年6月出版 / 估价：99.00元
PSN B-2015-472-2/2

科学教育蓝皮书
中国科学教育发展报告（2018）
著(编)者：王康友　2018年10月出版 / 估价：99.00元
PSN B-2015-487-1/1

劳动保障蓝皮书
中国劳动保障发展报告（2018）
著(编)者：刘燕斌　2018年9月出版 / 估价：158.00元
PSN B-2014-415-1/1

老龄蓝皮书
中国老年宜居环境发展报告（2017）
著(编)者：党俊武 周燕珉　2018年1月出版 / 估价：99.00元
PSN B-2013-320-1/1

连片特困区蓝皮书
中国连片特困区发展报告（2017～2018）
著(编)者：游俊 冷志明 丁建军
2018年4月出版 / 估价：99.00元
PSN B-2013-321-1/1

流动儿童蓝皮书
中国流动儿童教育发展报告（2017）
著(编)者：杨东平　2018年1月出版 / 估价：99.00元
PSN B-2017-600-1/1

民调蓝皮书
中国民生调查报告（2018）
著(编)者：谢耘耕　2018年12月出版 / 估价：99.00元
PSN B-2014-398-1/1

民族发展蓝皮书
中国民族发展报告（2018）
著(编)者：王延中　2018年10月出版 / 估价：188.00元
PSN B-2006-070-1/1

女性生活蓝皮书
中国女性生活状况报告No.12（2018）
著(编)者：韩湘景　2018年7月出版 / 估价：99.00元
PSN B-2006-071-1/1

汽车社会蓝皮书
中国汽车社会发展报告（2017～2018）
著(编)者：王俊秀　2018年1月出版 / 估价：99.00元
PSN B-2011-224-1/1

青年蓝皮书
中国青年发展报告（2018）No.3
著(编)者：廉思　2018年4月出版 / 估价：99.00元
PSN B-2013-333-1/1

青少年蓝皮书
中国未成年人互联网运用报告（2017～2018）
著(编)者：季为民 李文革 沈杰
2018年11月出版 / 估价：99.00元
PSN B-2010-156-1/1

人权蓝皮书
中国人权事业发展报告No.8（2018）
著（编）者：李君如　　2018年9月出版 / 估价：99.00元
PSN B-2011-215-1/1

社会保障绿皮书
中国社会保障发展报告No.9（2018）
著（编）者：王延中　　2018年1月出版 / 估价：99.00元
PSN G-2001-014-1/1

社会风险评估蓝皮书
风险评估与危机预警报告（2017~2018）
著（编）者：唐钧　　2018年8月出版 / 估价：99.00元
PSN B-2012-293-1/1

社会工作蓝皮书
中国社会工作发展报告（2016~2017）
著（编）者：民政部社会工作研究中心
2018年8月出版 / 估价：99.00元
PSN B-2009-141-1/1

社会管理蓝皮书
中国社会管理创新报告No.6
著（编）者：连玉明　　2018年11月出版 / 估价：99.00元
PSN B-2012-300-1/1

社会蓝皮书
2018年中国社会形势分析与预测
著（编）者：李培林 陈光金 张翼
2017年12月出版 / 定价：89.00元
PSN B-1998-002-1/1

社会体制蓝皮书
中国社会体制改革报告No.6（2018）
著（编）者：龚维斌　　2018年3月出版 / 估价：99.00元
PSN B-2013-330-1/1

社会心态蓝皮书
中国社会心态研究报告（2018）
著（编）者：王俊秀　　2018年12月出版 / 估价：99.00元
PSN B-2011-199-1/1

社会组织蓝皮书
中国社会组织报告（2017-2018）
著（编）者：黄晓勇　　2018年1月出版 / 估价：99.00元
PSN B-2008-118-1/2

社会组织蓝皮书
中国社会组织评估发展报告（2018）
著（编）者：徐家良　　2018年12月出版 / 估价：99.00元
PSN B-2013-366-2/2

生态城市绿皮书
中国生态城市建设发展报告（2018）
著（编）者：刘举科 孙伟平 胡文臻
2018年9月出版 / 估价：158.00元
PSN G-2012-269-1/1

生态文明绿皮书
中国省域生态文明建设评价报告（ECI 2018）
著（编）者：严耕　　2018年12月出版 / 估价：99.00元
PSN G-2010-170-1/1

退休生活蓝皮书
中国城市居民退休生活质量指数报告（2017）
著（编）者：杨一帆　　2018年5月出版 / 估价：99.00元
PSN B-2017-618-1/1

危机管理蓝皮书
中国危机管理报告（2018）
著（编）者：文学国 范正青
2018年8月出版 / 估价：99.00元
PSN B-2010-171-1/1

学会蓝皮书
2018年中国学会发展报告
著（编）者：麦可思研究院
2018年12月出版 / 估价：99.00元
PSN B-2016-597-1/1

医改蓝皮书
中国医药卫生体制改革报告（2017~2018）
著（编）者：文学国 房志武
2018年11月出版 / 估价：99.00元
PSN B-2014-432-1/1

应急管理蓝皮书
中国应急管理报告（2018）
著（编）者：宋英华　　2018年9月出版 / 估价：99.00元
PSN B-2016-562-1/1

政府绩效评估蓝皮书
中国地方政府绩效评估报告 No.2
著（编）者：贠杰　　2018年12月出版 / 估价：99.00元
PSN B-2017-672-1/1

政治参与蓝皮书
中国政治参与报告（2018）
著（编）者：房宁　　2018年8月出版 / 估价：128.00元
PSN B-2011-200-1/1

政治文化蓝皮书
中国政治文化报告（2018）
著（编）者：邢元敏 魏大鹏 龚克
2018年8月出版 / 估价：128.00元
PSN B-2017-615-1/1

中国传统村落蓝皮书
中国传统村落保护现状报告（2018）
著（编）者：胡彬彬 李向军 王晓波
2018年12月出版 / 估价：99.00元
PSN B-2017-663-1/1

中国农村妇女发展蓝皮书
农村流动女性城市生活发展报告（2018）
著（编）者：谢丽华　　2018年12月出版 / 估价：99.00元
PSN B-2014-434-1/1

宗教蓝皮书
中国宗教报告（2017）
著（编）者：邱永辉　　2018年8月出版 / 估价：99.00元
PSN B-2008-117-1/1

产业经济类

保健蓝皮书
中国保健服务产业发展报告 No.2
著(编)者：中国保健协会　中共中央党校
2018年7月出版 / 估价：198.00元
PSN B-2012-272-3/3

保健蓝皮书
中国保健食品产业发展报告 No.2
著(编)者：中国保健协会
　　　　中国社会科学院食品药品产业发展与监管研究中心
2018年8月出版 / 估价：198.00元
PSN B-2012-271-2/3

保健蓝皮书
中国保健用品产业发展报告 No.2
著(编)者：中国保健协会
　　　　国务院国有资产监督管理委员会研究中心
2018年3月出版 / 估价：198.00元
PSN B-2012-270-1/3

保险蓝皮书
中国保险业竞争力报告（2018）
著(编)者：保监会　2018年12月出版 / 估价：99.00元
PSN B-2013-311-1/1

冰雪蓝皮书
中国冰上运动产业发展报告（2018）
著(编)者：孙承华 杨占武 刘戈 张鸿俊
2018年9月出版 / 估价：99.00元
PSN B-2017-648-3/3

冰雪蓝皮书
中国滑雪产业发展报告（2018）
著(编)者：孙承华 伍斌 魏庆华 张鸿俊
2018年9月出版 / 估价：99.00元
PSN B-2016-559-1/3

餐饮产业蓝皮书
中国餐饮产业发展报告（2018）
著(编)者：邢颖
2018年6月出版 / 估价：99.00元
PSN B-2009-151-1/1

茶业蓝皮书
中国茶产业发展报告（2018）
著(编)者：杨江帆 李闽榕
2018年10月出版 / 估价：99.00元
PSN B-2010-164-1/1

产业安全蓝皮书
中国文化产业安全报告（2018）
著(编)者：北京印刷学院文化产业安全研究院
2018年12月出版 / 估价：99.00元
PSN B-2014-378-12/14

产业安全蓝皮书
中国新媒体产业安全报告（2016～2017）
著(编)者：肖丽　2018年6月出版 / 估价：99.00元
PSN B-2015-500-14/14

产业安全蓝皮书
中国出版传媒产业安全报告（2017～2018）
著(编)者：北京印刷学院文化产业安全研究院
2018年3月出版 / 估价：99.00元
PSN B-2014-384-13/14

产业蓝皮书
中国产业竞争力报告（2018）No.8
著(编)者：张其仔　2018年12月出版 / 估价：168.00元
PSN B-2010-175-1/1

动力电池蓝皮书
中国新能源汽车动力电池产业发展报告（2018）
著(编)者：中国汽车技术研究中心
2018年8月出版 / 估价：99.00元
PSN B-2017-639-1/1

杜仲产业绿皮书
中国杜仲橡胶资源与产业发展报告（2017～2018）
著(编)者：杜红岩 胡文臻 俞锐
2018年1月出版 / 估价：99.00元
PSN G-2013-350-1/1

房地产蓝皮书
中国房地产发展报告No.15（2018）
著(编)者：李春华 王业强
2018年5月出版 / 估价：99.00元
PSN B-2004-028-1/1

服务外包蓝皮书
中国服务外包产业发展报告（2017～2018）
著(编)者：王晓红 刘德军
2018年6月出版 / 估价：99.00元
PSN B-2013-331-2/2

服务外包蓝皮书
中国服务外包竞争力报告（2017～2018）
著(编)者：刘春生 王力 黄育华
2018年12月出版 / 估价：99.00元
PSN B-2011-216-1/2

工业和信息化蓝皮书
世界信息技术产业发展报告（2017～2018）
著(编)者：尹丽波　2018年6月出版 / 估价：99.00元
PSN B-2015-449-2/6

工业和信息化蓝皮书
战略性新兴产业发展报告（2017～2018）
著(编)者：尹丽波　2018年6月出版 / 估价：99.00元
PSN B-2015-450-3/6

客车蓝皮书
中国客车产业发展报告（2017～2018）
著(编)者：姚蔚　2018年10月出版 / 估价：99.00元
PSN B-2013-361-1/1

流通蓝皮书
中国商业发展报告（2018～2019）
著(编)者：王雪峰 林诗慧
2018年7月出版 / 估价：99.00元
PSN B-2009-152-1/2

能源蓝皮书
中国能源发展报告（2018）
著(编)者：崔民选 王军生 陈义和
2018年12月出版 / 估价：99.00元
PSN B-2006-049-1/1

农产品流通蓝皮书
中国农产品流通产业发展报告（2017）
著(编)者：贾敬敦 张东科 张玉玺 张鹏毅 周伟
2018年1月出版 / 估价：99.00元
PSN B-2012-288-1/1

汽车工业蓝皮书
中国汽车工业发展年度报告（2018）
著(编)者：中国汽车工业协会
　　　　　中国汽车技术研究中心
　　　　　丰田汽车公司
2018年5月出版 / 估价：168.00元
PSN B-2015-463-1/2

汽车工业蓝皮书
中国汽车零部件产业发展报告（2017～2018）
著(编)者：中国汽车工业协会
　　　　　中国汽车工程研究院深圳市沃特玛电池有限公司
2018年9月出版 / 估价：99.00元
PSN B-2016-515-2/2

汽车蓝皮书
中国汽车产业发展报告（2018）
著(编)者：中国汽车工程学会
　　　　　大众汽车集团（中国）
2018年11月出版 / 估价：99.00元
PSN B-2008-124-1/1

世界茶业蓝皮书
世界茶业发展报告（2018）
著(编)者：李闽榕 冯廷佺
2018年5月出版 / 估价：168.00元
PSN B-2017-619-1/1

世界能源蓝皮书
世界能源发展报告（2018）
著(编)者：黄晓勇　2018年6月出版 / 估价：168.00元
PSN B-2013-349-1/1

体育蓝皮书
国家体育产业基地发展报告（2016～2017）
著(编)者：李颖川　2018年4月出版 / 估价：168.00元
PSN B-2017-609-5/5

体育蓝皮书
中国体育产业发展报告（2018）
著(编)者：阮伟 钟秉枢
2018年12月出版 / 估价：99.00元
PSN B-2010-179-1/5

文化金融蓝皮书
中国文化金融发展报告（2018）
著(编)者：杨涛 金巍
2018年5月出版 / 估价：99.00元
PSN B-2017-610-1/1

新能源汽车蓝皮书
中国新能源汽车产业发展报告（2018）
著(编)者：中国汽车技术研究中心
　　　　　日产（中国）投资有限公司
　　　　　东风汽车有限公司
2018年8月出版 / 估价：99.00元
PSN B-2013-347-1/1

薏仁米产业蓝皮书
中国薏仁米产业发展报告No.2（2018）
著(编)者：李发耀 石明　秦礼康
2018年8月出版 / 估价：99.00元
PSN B-2017-645-1/1

邮轮绿皮书
中国邮轮产业发展报告（2018）
著(编)者：汪泓　2018年10月出版 / 估价：99.00元
PSN G-2014-419-1/1

智能养老蓝皮书
中国智能养老产业发展报告（2018）
著(编)者：朱勇　2018年10月出版 / 估价：99.00元
PSN B-2015-488-1/1

中国节能汽车蓝皮书
中国节能汽车发展报告（2017～2018）
著(编)者：中国汽车工程研究院股份有限公司
2018年9月出版 / 估价：99.00元
PSN B-2016-565-1/1

中国陶瓷产业蓝皮书
中国陶瓷产业发展报告（2018）
著(编)者：左和平 黄速建
2018年10月出版 / 估价：99.00元
PSN B-2016-57.3-1/1

装备制造业蓝皮书
中国装备制造业发展报告（2018）
著(编)者：徐东华　2018年12月出版 / 估价：118.00元
PSN B-2015-505-1/1

行业及其他类

"三农"互联网金融蓝皮书
中国"三农"互联网金融发展报告（2018）
著(编)者：李勇坚 王弢
2018年8月出版 / 估价：99.00元
PSN B-2016-560-1/1

SUV蓝皮书
中国SUV市场发展报告（2017~2018）
著(编)者：靳军　2018年9月出版 / 估价：99.00元
PSN B-2016-571-1/1

冰雪蓝皮书
中国冬季奥运会发展报告（2018）
著(编)者：孙承华 伍斌 魏庆华 张鸿俊
2018年9月出版 / 估价：99.00元
PSN B-2017-647-2/3

彩票蓝皮书
中国彩票发展报告（2018）
著(编)者：益彩基金　2018年4月出版 / 估价：99.00元
PSN B-2015-462-1/1

测绘地理信息蓝皮书
测绘地理信息供给侧结构性改革研究报告（2018）
著(编)者：库热西·买合苏提
2018年12月出版 / 估价：168.00元
PSN B-2009-145-1/1

产权市场蓝皮书
中国产权市场发展报告（2017）
著(编)者：曹和平　2018年5月出版 / 估价：99.00元
PSN B-2009-147-1/1

城投蓝皮书
中国城投行业发展报告（2018）
著(编)者：华景斌
2018年11月出版 / 估价：300.00元
PSN B-2016-514-1/1

大数据蓝皮书
中国大数据发展报告（No.2）
著(编)者：连玉明　2018年5月出版 / 估价：99.00元
PSN B-2017-620-1/1

大数据应用蓝皮书
中国大数据应用发展报告No.2（2018）
著(编)者：陈军君　2018年8月出版 / 估价：99.00元
PSN B-2017-644-1/1

对外投资与风险蓝皮书
中国对外直接投资与国家风险报告（2018）
著(编)者：中债资信评估有限责任公司
　　　　　中国社会科学院世界经济与政治研究所
2018年4月出版 / 估价：189.00元
PSN B-2017-606-1/1

工业和信息化蓝皮书
人工智能发展报告（2017~2018）
著(编)者：尹丽波　2018年6月出版 / 估价：99.00元
PSN B-2015-448-1/6

工业和信息化蓝皮书
世界智慧城市发展报告（2017~2018）
著(编)者：尹丽波　2018年6月出版 / 估价：99.00元
PSN B-2017-624-6/6

工业和信息化蓝皮书
世界网络安全发展报告（2017~2018）
著(编)者：尹丽波　2018年6月出版 / 估价：99.00元
PSN B-2015-452-5/6

工业和信息化蓝皮书
世界信息化发展报告（2017~2018）
著(编)者：尹丽波　2018年6月出版 / 估价：99.00元
PSN B-2015-451-4/6

工业设计蓝皮书
中国工业设计发展报告（2018）
著(编)者：王晓红 于炜 张立群　2018年9月出版 / 估价：168.00元
PSN B-2014-420-1/1

公共关系蓝皮书
中国公共关系发展报告（2018）
著(编)者：柳斌杰　2018年11月出版 / 估价：99.00元
PSN B-2016-579-1/1

管理蓝皮书
中国管理发展报告（2018）
著(编)者：张晓东　2018年10月出版 / 估价：99.00元
PSN B-2014-416-1/1

海关发展蓝皮书
中国海关发展前沿报告（2018）
著(编)者：干春晖　2018年6月出版 / 估价：99.00元
PSN B-2017-616-1/1

互联网医疗蓝皮书
中国互联网健康医疗发展报告（2018）
著(编)者：芮晓武　2018年6月出版 / 估价：99.00元
PSN B-2016-567-1/1

黄金市场蓝皮书
中国商业银行黄金业务发展报告（2017~2018）
著(编)者：平安银行　2018年3月出版 / 估价：99.00元
PSN B-2016-524-1/1

会展蓝皮书
中外会展业动态评估研究报告（2018）
著(编)者：张敏 任中峰 聂鑫焱 牛盼强
2018年12月出版 / 估价：99.00元
PSN B-2013-327-1/1

基金会蓝皮书
中国基金会发展报告（2017~2018）
著(编)者：中国基金会发展报告课题组
2018年4月出版 / 估价：99.00元
PSN B-2013-368-1/1

基金会绿皮书
中国基金会发展独立研究报告（2018）
著(编)者：基金会中心网　中央民族大学基金会研究中心
2018年6月出版 / 估价：99.00元
PSN G-2011-213-1/1

基金会透明度蓝皮书
中国基金会透明度发展研究报告（2018）
著（编）者：基金会中心网
清华大学廉政与治理研究中心
2018年9月出版 / 估价：99.00元
PSN B-2013-339-1/1

建筑装饰蓝皮书
中国建筑装饰行业发展报告（2018）
著（编）者：葛道顺 刘晓一
2018年10月出版 / 估价：198.00元
PSN B-2016-553-1/1

金融监管蓝皮书
中国金融监管报告（2018）
著（编）者：胡滨 2018年5月出版 / 估价：99.00元
PSN B-2012-281-1/1

金融蓝皮书
中国互联网金融行业分析与评估（2018~2019）
著（编）者：黄国平 伍旭川 2018年12月出版 / 估价：99.00元
PSN B-2016-585-7/7

金融科技蓝皮书
中国金融科技发展报告（2018）
著（编）者：李扬 孙国峰 2018年10月出版 / 估价：99.00元
PSN B-2014-374-1/1

金融信息服务蓝皮书
中国金融信息服务发展报告（2018）
著（编）者：李平 2018年5月出版 / 估价：99.00元
PSN B-2017-621-1/1

京津冀金融蓝皮书
京津冀金融发展报告（2018）
著（编）者：王爱俭 王璟怡 2018年10月出版 / 估价：99.00元
PSN B-2016-527-1/1

科普蓝皮书
国家科普能力发展报告（2018）
著（编）者：王康友 2018年5月出版 / 估价：138.00元
PSN B-2017-632-4/4

科普蓝皮书
中国基层科普发展报告（2017~2018）
著（编）者：赵立新 陈玲 2018年9月出版 / 估价：99.00元
PSN B-2016-568-3/4

科普蓝皮书
中国科普基础设施发展报告（2017~2018）
著（编）者：任福君 2018年6月出版 / 估价：99.00元
PSN B-2010-174-1/3

科普蓝皮书
中国科普人才发展报告（2017~2018）
著（编）者：郑念 任嵘嵘 2018年7月出版 / 估价：99.00元
PSN B-2016-512-2/4

科普能力蓝皮书
中国科普能力评价报告（2018~2019）
著（编）者：李富强 李群 2018年8月出版 / 估价：99.00元
PSN B-2016-555-1/1

临空经济蓝皮书
中国临空经济发展报告（2018）
著（编）者：连玉明 2018年9月出版 / 估价：99.00元
PSN B-2014-421-1/1

旅游安全蓝皮书
中国旅游安全报告（2018）
著（编）者：郑向敏 谢朝武 2018年5月出版 / 估价：158.00元
PSN B-2012-280-1/1

旅游绿皮书
2017~2018年中国旅游发展分析与预测
著（编）者：宋瑞 2018年2月出版 / 估价：99.00元
PSN G-2002-018-1/1

煤炭蓝皮书
中国煤炭工业发展报告（2018）
著（编）者：岳福斌 2018年12月出版 / 估价：99.00元
PSN B-2008-123-1/1

民营企业社会责任蓝皮书
中国民营企业社会责任报告（2018）
著（编）者：中华全国工商业联合会
2018年12月出版 / 估价：99.00元
PSN B-2015-510-1/1

民营医院蓝皮书
中国民营医院发展报告（2017）
著（编）者：薛晓林 2018年1月出版 / 估价：99.00元
PSN B-2012-299-1/1

闽商蓝皮书
闽商发展报告（2018）
著（编）者：李闽榕 王日根 林琛
2018年12月出版 / 估价：99.00元
PSN B-2012-298-1/1

农业应对气候变化蓝皮书
中国农业气象灾害及其灾损评估报告（No.3）
著（编）者：矫梅燕 2018年1月出版 / 估价：118.00元
PSN B-2014-413-1/1

品牌蓝皮书
中国品牌战略发展报告（2018）
著（编）者：汪同三 2018年10月出版 / 估价：99.00元
PSN B-2016-580-1/1

企业扶贫蓝皮书
中国企业扶贫研究报告（2018）
著（编）者：钟宏武 2018年12月出版 / 估价：99.00元
PSN B-2016-593-1/1

企业公益蓝皮书
中国企业公益研究报告（2018）
著（编）者：钟宏武 汪杰 黄晓娟
2018年12月出版 / 估价：99.00元
PSN B-2015-501-1/1

企业国际化蓝皮书
中国企业全球化报告（2018）
著（编）者：王辉耀 苗绿 2018年11月出版 / 估价：99.00元
PSN B-2014-427-1/1

企业蓝皮书
中国企业绿色发展报告No.2（2018）
著(编)者：李红玉 朱光辉
2018年8月出版 / 估价：99.00元
PSN B-2015-481-2/2

企业社会责任蓝皮书
中资企业海外社会责任研究报告（2017~2018）
著(编)者：钟宏武 叶柳红 张蕙
2018年1月出版 / 估价：99.00元
PSN B-2017-603-2/2

企业社会责任蓝皮书
中国企业社会责任研究报告（2018）
著(编)者：黄群慧 钟宏武 张蕙 汪杰
2018年11月出版 / 估价：99.00元
PSN B-2009-149-1/2

汽车安全蓝皮书
中国汽车安全发展报告（2018）
著(编)者：中国汽车技术研究中心
2018年8月出版 / 估价：99.00元
PSN B-2014-385-1/1

汽车电子商务蓝皮书
中国汽车电子商务发展报告（2018）
著(编)者：中华全国工商业联合会汽车经销商商会
　　　　　北方工业大学
　　　　　北京易观智库网络科技有限公司
2018年10月出版 / 估价：158.00元
PSN B-2015-485-1/1

汽车知识产权蓝皮书
中国汽车产业知识产权发展报告（2018）
著(编)者：中国汽车工程研究院股份有限公司
　　　　　中国汽车工程学会
　　　　　重庆长安汽车股份有限公司
2018年12月出版 / 估价：99.00元
PSN B-2016-594-1/1

青少年体育蓝皮书
中国青少年体育发展报告（2017）
著(编)者：刘扶民 杨桦　2018年1月出版 / 估价：99.00元
PSN B-2015-482-1/1

区块链蓝皮书
中国区块链发展报告（2018）
著(编)者：李伟　2018年9月出版 / 估价：99.00元
PSN B-2017-649-1/1

群众体育蓝皮书
中国群众体育发展报告（2017）
著(编)者：刘国永 戴健　2018年5月出版 / 估价：99.00元
PSN B-2014-411-1/3

群众体育蓝皮书
中国社会体育指导员发展报告（2018）
著(编)者：刘国永 王欢　2018年4月出版 / 估价：99.00元
PSN B-2016-520-3/3

人力资源蓝皮书
中国人力资源发展报告（2018）
著(编)者：余兴安　2018年11月出版 / 估价：99.00元
PSN B-2012-287-1/1

融资租赁蓝皮书
中国融资租赁业发展报告（2017~2018）
著(编)者：李光荣 王力　2018年8月出版 / 估价：99.00元
PSN B-2015-443-1/1

商会蓝皮书
中国商会发展报告No.5（2017）
著(编)者：王钦敏　2018年7月出版 / 估价：99.00元
PSN B-2008-125-1/1

商务中心区蓝皮书
中国商务中心区发展报告No.4（2017~2018）
著(编)者：李国红 单菁菁　2018年9月出版 / 估价：99.00元
PSN B-2015-444-1/1

设计产业蓝皮书
中国创新设计发展报告（2018）
著(编)者：王晓红 张立群 于炜
2018年11月出版 / 估价：99.00元
PSN B-2016-581-2/2

社会责任管理蓝皮书
中国上市公司社会责任能力成熟度报告No.4（2018）
著(编)者：肖红军 王晓光 李伟阳
2018年12月出版 / 估价：99.00元
PSN B-2015-507-2/2

社会责任管理蓝皮书
中国企业公众透明度报告No.4（2017~2018）
著(编)者：黄速建 熊梦 王晓光 肖红军
2018年4月出版 / 估价：99.00元
PSN B-2015-440-1/2

食品药品蓝皮书
食品药品安全与监管政策研究报告（2016~2017）
著(编)者：唐民皓　2018年6月出版 / 估价：99.00元
PSN B-2009-129-1/1

输血服务蓝皮书
中国输血行业发展报告（2018）
著(编)者：孙俊　2018年12月出版 / 估价：99.00元
PSN B-2016-582-1/1

水利风景区蓝皮书
中国水利风景区发展报告（2018）
著(编)者：董建文 兰思仁
2018年10月出版 / 估价：99.00元
PSN B-2015-480-1/1

私募市场蓝皮书
中国私募股权市场发展报告（2017~2018）
著(编)者：曹和平　2018年12月出版 / 估价：99.00元
PSN B-2010-162-1/1

碳排放权交易蓝皮书
中国碳排放权交易报告（2018）
著(编)者：孙永平　2018年11月出版 / 估价：99.00元
PSN B-2017-652-1/1

碳市场蓝皮书
中国碳市场报告（2018）
著(编)者：定金彪　2018年11月出版 / 估价：99.00元
PSN B-2014-430-1/1

体育蓝皮书
中国公共体育服务发展报告（2018）
著(编)者：戴健　2018年12月出版 / 估价：99.00元
PSN B-2013-367-2/5

土地市场蓝皮书
中国农村土地市场发展报告（2017~2018）
著(编)者：李光荣　2018年3月出版 / 估价：99.00元
PSN B-2016-526-1/1

土地整治蓝皮书
中国土地整治发展研究报告（No.5）
著(编)者：国土资源部土地整治中心
2018年7月出版 / 估价：99.00元
PSN B-2014-401-1/1

土地政策蓝皮书
中国土地政策研究报告（2018）
著(编)者：高延利 李宪文　2017年12月出版 / 估价：99.00元
PSN B-2015-506-1/1

网络空间安全蓝皮书
中国网络空间安全发展报告（2018）
著(编)者：惠志斌 覃庆玲
2018年11月出版 / 估价：99.00元
PSN B-2015-466-1/1

文化志愿服务蓝皮书
中国文化志愿服务发展报告（2018）
著(编)者：张永新 良警宇　2018年11月出版 / 估价：128.00元
PSN B-2016-596-1/1

西部金融蓝皮书
中国西部金融发展报告（2017~2018）
著(编)者：李忠民　2018年8月出版 / 估价：99.00元
PSN B-2010-160-1/1

协会商会蓝皮书
中国行业协会商会发展报告（2017）
著(编)者：景朝阳 李勇　2018年4月出版 / 估价：99.00元
PSN B-2015-461-1/1

新三板蓝皮书
中国新三板市场发展报告（2018）
著(编)者：王力　2018年8月出版 / 估价：99.00元
PSN B-2016-533-1/1

信托市场蓝皮书
中国信托业市场报告（2017~2018）
著(编)者：用益金融信托研究院
2018年1月出版 / 估价：198.00元
PSN B-2014-371-1/1

信息化蓝皮书
中国信息化形势分析与预测（2017~2018）
著(编)者：周宏仁　2018年8月出版 / 估价：99.00元
PSN B-2010-168-1/1

信用蓝皮书
中国信用发展报告（2017~2018）
著(编)者：章政 田侃　2018年4月出版 / 估价：99.00元
PSN B-2013-328-1/1

休闲绿皮书
2017~2018年中国休闲发展报告
著(编)者：宋瑞　2018年7月出版 / 估价：99.00元
PSN G-2010-158-1/1

休闲体育蓝皮书
中国休闲体育发展报告（2017~2018）
著(编)者：李相如 钟秉枢
2018年10月出版 / 估价：99.00元
PSN B-2016-516-1/1

养老金融蓝皮书
中国养老金融发展报告（2018）
著(编)者：董克用 姚余栋
2018年9月出版 / 估价：99.00元
PSN B-2016-583-1/1

遥感监测绿皮书
中国可持续发展遥感监测报告（2017）
著(编)者：顾行发 汪克强 潘教峰 李闽榕 徐东华 王琦安
2018年6月出版 / 估价：298.00元
PSN B-2017-629-1/1

药品流通蓝皮书
中国药品流通行业发展报告（2018）
著(编)者：佘鲁林 温再兴
2018年7月出版 / 估价：198.00元
PSN B-2014-429-1/1

医疗器械蓝皮书
中国医疗器械行业发展报告（2018）
著(编)者：王宝亭 耿鸿武
2018年10月出版 / 估价：99.00元
PSN B-2017-661-1/1

医院蓝皮书
中国医院竞争力报告（2018）
著(编)者：庄一强 曾益新　2018年3月出版 / 估价：118.00元
PSN B-2016-528-1/1

瑜伽蓝皮书
中国瑜伽业发展报告（2017~2018）
著(编)者：张永建 徐华锋 朱泰余
2018年6月出版 / 估价：198.00元
PSN B-2017-625-1/1

债券市场蓝皮书
中国债券市场发展报告（2017~2018）
著(编)者：杨农　2018年10月出版 / 估价：99.00元
PSN B-2016-572-1/1

志愿服务蓝皮书
中国志愿服务发展报告（2018）
著(编)者：中国志愿服务联合会
2018年11月出版 / 估价：99.00元
PSN B-2017-664-1/1

中国上市公司蓝皮书
中国上市公司发展报告（2018）
著(编)者：张鹏 张平 黄胤英
2018年9月出版 / 估价：99.00元
PSN B-2014-414-1/1

中国新三板蓝皮书
中国新三板创新与发展报告（2018）
著(编)者：刘平安 闻召林
2018年8月出版 / 估价：158.00元
PSN B-2017-638-1/1

中医文化蓝皮书
北京中医药文化传播发展报告（2018）
著(编)者：毛嘉陵 2018年5月出版 / 估价：99.00元
PSN B-2015-468-1/2

中医文化蓝皮书
中国中医药文化传播发展报告（2018）
著(编)者：毛嘉陵 2018年7月出版 / 估价：99.00元
PSN B-2016-584-2/2

中医药蓝皮书
北京中医药知识产权发展报告No.2
著(编)者：汪洪 屠志涛 2018年4月出版 / 估价：168.00元
PSN B-2017-602-1/1

资本市场蓝皮书
中国场外交易市场发展报告（2016～2017）
著(编)者：高峦 2018年3月出版 / 估价：99.00元
PSN B-2009-153-1/1

资产管理蓝皮书
中国资产管理行业发展报告（2018）
著(编)者：郑智 2018年7月出版 / 估价：99.00元
PSN B-2014-407-2/2

资产证券化蓝皮书
中国资产证券化发展报告（2018）
著(编)者：纪志宏 2018年11月出版 / 估价：99.00元
PSN B-2017-660-1/1

自贸区蓝皮书
中国自贸区发展报告（2018）
著(编)者：王力 黄育华 2018年6月出版 / 估价：99.00元
PSN B-2016-558-1/1

国际问题与全球治理类

"一带一路"跨境通道蓝皮书
"一带一路"跨境通道建设研究报告（2018）
著(编)者：郭业洲 2018年8月出版 / 估价：99.00元
PSN B-2016-557-1/1

"一带一路"蓝皮书
"一带一路"建设发展报告（2018）
著(编)者：王晓泉 2018年6月出版 / 估价：99.00元
PSN B-2016-552-1/1

"一带一路"投资安全蓝皮书
中国"一带一路"投资与安全研究报告（2017～2018）
著(编)者：邹统钎 梁昊光 2018年4月出版 / 估价：99.00元
PSN B-2017-612-1/1

"一带一路"文化交流蓝皮书
中阿文化交流发展报告（2017）
著(编)者：王辉 2018年9月出版 / 估价：99.00元
PSN B-2017-655-1/1

G20国家创新竞争力黄皮书
二十国集团（G20）国家创新竞争力发展报告（2017～2018）
著(编)者：李建平 李闽榕 赵新力 周天勇
2018年7月出版 / 估价：168.00元
PSN Y-2011-229-1/1

阿拉伯黄皮书
阿拉伯发展报告（2016～2017）
著(编)者：罗林 2018年3月出版 / 估价：99.00元
PSN Y-2014-381-1/1

北部湾蓝皮书
泛北部湾合作发展报告（2017～2018）
著(编)者：吕余生 2018年12月出版 / 估价：99.00元
PSN B-2008-114-1/1

北极蓝皮书
北极地区发展报告（2017）
著(编)者：刘惠荣 2018年7月出版 / 估价：99.00元
PSN B-2017-634-1/1

大洋洲蓝皮书
大洋洲发展报告（2017～2018）
著(编)者：喻常森 2018年10月出版 / 估价：99.00元
PSN B-2013-341-1/1

东北亚区域合作蓝皮书
2017年"一带一路"倡议与东北亚区域合作
著(编)者：刘亚政 金美花
2018年5月出版 / 估价：99.00元
PSN B-2017-631-1/1

东盟黄皮书
东盟发展报告（2017）
著(编)者：杨晓强 庄国土
2018年3月出版 / 估价：99.00元
PSN Y-2012-303-1/1

东南亚蓝皮书
东南亚地区发展报告（2017～2018）
著(编)者：王勤 2018年12月出版 / 估价：99.00元
PSN B-2012-240-1/1

非洲黄皮书
非洲发展报告No.20（2017～2018）
著(编)者：张宏明 2018年7月出版 / 估价：99.00元
PSN Y-2012-239-1/1

非传统安全蓝皮书
中国非传统安全研究报告（2017～2018）
著(编)者：潇枫 罗中枢 2018年8月出版 / 估价：99.00元
PSN B-2012-273-1/1

国际安全蓝皮书
中国国际安全研究报告（2018）
著(编)者：刘慧　2018年7月出版 / 估价：99.00元
PSN B-2016-521-1/1

国际城市蓝皮书
国际城市发展报告（2018）
著(编)者：屠启宇　2018年2月出版 / 估价：99.00元
PSN B-2012-260-1/1

国际形势黄皮书
全球政治与安全报告（2018）
著(编)者：张宇燕　2018年1月出版 / 估价：99.00元
PSN Y-2001-016-1/1

公共外交蓝皮书
中国公共外交发展报告（2018）
著(编)者：赵启正 雷蔚真　2018年4月出版 / 估价：99.00元
PSN B-2015-457-1/1

金砖国家黄皮书
金砖国家综合创新竞争力发展报告（2018）
著(编)者：赵新力 李闽榕 黄茂兴
2018年8月出版 / 估价：128.00元
PSN Y-2017-643-1/1

拉美黄皮书
拉丁美洲和加勒比发展报告（2017～2018）
著(编)者：袁东振　2018年6月出版 / 估价：99.00元
PSN Y-1999-007-1/1

澜湄合作蓝皮书
澜沧江-湄公河合作发展报告（2018）
著(编)者：刘稚　2018年9月出版 / 估价：99.00元
PSN B-2011-196-1/1

欧洲蓝皮书
欧洲发展报告（2017～2018）
著(编)者：黄平 周弘 程卫东
2018年6月出版 / 估价：99.00元
PSN B-1999-009-1/1

葡语国家蓝皮书
葡语国家发展报告（2016～2017）
著(编)者：王成安 张敏 刘金兰
2018年4月出版 / 估价：99.00元
PSN B-2015-503-1/2

葡语国家蓝皮书
中国与葡语国家关系发展报告·巴西（2016）
著(编)者：张曙光　2018年8月出版 / 估价：99.00元
PSN B-2016-563-2/2

气候变化绿皮书
应对气候变化报告（2018）
著(编)者：王伟光 郑国光　2018年11月出版 / 估价：99.00元
PSN G-2009-144-1/1

全球环境竞争力绿皮书
全球环境竞争力报告（2018）
著(编)者：李建平 李闽榕 王金南
2018年12月出版 / 估价：198.00元
PSN G-2013-363-1/1

全球信息社会蓝皮书
全球信息社会发展报告（2018）
著(编)者：丁波涛 唐涛　2018年10月出版 / 估价：99.00元
PSN B-2017-665-1/1

日本经济蓝皮书
日本经济与中日经贸关系研究报告（2018）
著(编)者：张季风　2018年6月出版 / 估价：99.00元
PSN B-2008-102-1/1

上海合作组织黄皮书
上海合作组织发展报告（2018）
著(编)者：李进峰　2018年6月出版 / 估价：99.00元
PSN Y-2009-130-1/1

世界创新竞争力黄皮书
世界创新竞争力发展报告（2017）
著(编)者：李建平 李闽榕 赵新力
2018年1月出版 / 估价：168.00元
PSN Y-2013-318-1/1

世界经济黄皮书
2018年世界经济形势分析与预测
著(编)者：张宇燕　2018年1月出版 / 估价：99.00元
PSN Y-1999-006-1/1

丝绸之路蓝皮书
丝绸之路经济带发展报告（2018）
著(编)者：任宗哲 白宽犁 谷孟宾
2018年1月出版 / 估价：99.00元
PSN B-2014-410-1/1

新兴经济体蓝皮书
金砖国家发展报告（2018）
著(编)者：林跃勤 周文　2018年8月出版 / 估价：99.00元
PSN B-2011-195-1/1

亚太蓝皮书
亚太地区发展报告（2018）
著(编)者：李向阳　2018年5月出版 / 估价：99.00元
PSN B-2001-015-1/1

印度洋地区蓝皮书
印度洋地区发展报告（2018）
著(编)者：汪戎　2018年6月出版 / 估价：99.00元
PSN B-2013-334-1/1

渝新欧蓝皮书
渝新欧沿线国家发展报告（2018）
著(编)者：杨柏 黄森　2018年6月出版 / 估价：99.00元
PSN B-2017-626-1/1

中阿蓝皮书
中国-阿拉伯国家经贸发展报告（2018）
著(编)者：张廉 段庆林 王林聪 杨巧红
2018年12月出版 / 估价：99.00元
PSN B-2016-598-1/1

中东黄皮书
中东发展报告No.20（2017～2018）
著(编)者：杨光　2018年10月出版 / 估价：99.00元
PSN Y-1998-004-1/1

中亚黄皮书
中亚国家发展报告（2018）
著(编)者：孙力　2018年6月出版 / 估价：99.00元
PSN Y-2012-238-1/1

国别类

澳大利亚蓝皮书
澳大利亚发展报告（2017-2018）
著(编)者: 孙有中 韩锋　2018年12月出版 / 估价: 99.00元
PSN B-2016-587-1/1

巴西黄皮书
巴西发展报告（2017）
著(编)者: 刘国枝　2018年5月出版 / 估价: 99.00元
PSN Y-2017-614-1/1

德国蓝皮书
德国发展报告（2018）
著(编)者: 郑春荣　2018年6月出版 / 估价: 99.00元
PSN B-2012-278-1/1

俄罗斯黄皮书
俄罗斯发展报告（2018）
著(编)者: 李永全　2018年6月出版 / 估价: 99.00元
PSN Y-2006-061-1/1

韩国蓝皮书
韩国发展报告（2017）
著(编)者: 牛林杰 刘宝全　2018年5月出版 / 估价: 99.00元
PSN B-2010-155-1/1

加拿大蓝皮书
加拿大发展报告（2018）
著(编)者: 唐小松　2018年9月出版 / 估价: 99.00元
PSN B-2014-389-1/1

美国蓝皮书
美国研究报告（2018）
著(编)者: 郑秉文 黄平　2018年5月出版 / 估价: 99.00元
PSN B-2011-210-1/1

缅甸蓝皮书
缅甸国情报告（2017）
著(编)者: 孔鹏 杨祥章　2018年1月出版 / 估价: 99.00元
PSN B-2013-343-1/1

日本蓝皮书
日本研究报告（2018）
著(编)者: 杨伯江　2018年6月出版 / 估价: 99.00元
PSN B-2002-020-1/1

土耳其蓝皮书
土耳其发展报告（2018）
著(编)者: 郭长刚 刘义　2018年9月出版 / 估价: 99.00元
PSN B-2014-412-1/1

伊朗蓝皮书
伊朗发展报告（2017～2018）
著(编)者: 冀开运　2018年10月 / 估价: 99.00元
PSN B-2016-574-1/1

以色列蓝皮书
以色列发展报告（2018）
著(编)者: 张倩红　2018年8月出版 / 估价: 99.00元
PSN B-2015-483-1/1

印度蓝皮书
印度国情报告（2017）
著(编)者: 吕昭义　2018年4月出版 / 估价: 99.00元
PSN B-2012-241-1/1

英国蓝皮书
英国发展报告（2017～2018）
著(编)者: 王展鹏　2018年12月出版 / 估价: 99.00元
PSN B-2015-486-1/1

越南蓝皮书
越南国情报告（2018）
著(编)者: 谢林城　2018年1月出版 / 估价: 99.00元
PSN B-2006-056-1/1

泰国蓝皮书
泰国研究报告（2018）
著(编)者: 庄国土 张禹东 刘文正
2018年10月出版 / 估价: 99.00元
PSN B-2016-556-1/1

文化传媒类

"三农"舆情蓝皮书
中国"三农"网络舆情报告（2017～2018）
著(编)者: 农业部信息中心
2018年6月出版 / 估价: 99.00元
PSN B-2017-640-1/1

传媒竞争力蓝皮书
中国传媒国际竞争力研究报告（2018）
著(编)者: 李本乾 刘强 王大可
2018年8月出版 / 估价: 99.00元
PSN B-2013-356-1/1

传媒蓝皮书
中国传媒产业发展报告（2018）
著(编)者: 崔保国　2018年5月出版 / 估价: 99.00元
PSN B-2005-035-1/1

传媒投资蓝皮书
中国传媒投资发展报告（2018）
著(编)者: 张向东 谭云明
2018年6月出版 / 估价: 148.00元
PSN B-2015-474-1/1

非物质文化遗产蓝皮书
中国非物质文化遗产发展报告（2018）
著(编)者：陈平　2018年5月出版 / 估价：128.00元
PSN B-2015-469-1/2

非物质文化遗产蓝皮书
中国非物质文化遗产保护发展报告（2018）
著(编)者：宋俊华　2018年10月出版 / 估价：128.00元
PSN B-2016-586-2/2

广电蓝皮书
中国广播电影电视发展报告（2018）
著(编)者：国家新闻出版广电总局发展研究中心
2018年7月出版 / 估价：99.00元
PSN B-2006-072-1/1

广告主蓝皮书
中国广告主营销传播趋势报告No.9
著(编)者：黄升民 杜国清 邵华冬 等
2018年10月出版 / 估价：158.00元
PSN B-2005-041-1/1

国际传播蓝皮书
中国国际传播发展报告（2018）
著(编)者：胡正荣 李继东 姬德强
2018年12月出版 / 估价：99.00元
PSN B-2014-408-1/1

国家形象蓝皮书
中国国家形象传播报告（2017）
著(编)者：张昆　2018年3月出版 / 估价：128.00元
PSN B-2017-605-1/1

互联网治理蓝皮书
中国网络社会治理研究报告（2018）
著(编)者：罗昕 支庭荣
2018年9月出版 / 估价：118.00元
PSN B-2017-653-1/1

纪录片蓝皮书
中国纪录片发展报告（2018）
著(编)者：何苏六　2018年10月出版 / 估价：99.00元
PSN B-2011-222-1/1

科学传播蓝皮书
中国科学传播报告（2016~2017）
著(编)者：詹正茂　2018年6月出版 / 估价：99.00元
PSN B-2008-120-1/1

两岸创意经济蓝皮书
两岸创意经济研究报告（2018）
著(编)者：罗昌智 董泽平
2018年10月出版 / 估价：99.00元
PSN B-2014-437-1/1

媒介与女性蓝皮书
中国媒介与女性发展报告（2017~2018）
著(编)者：刘利群　2018年5月出版 / 估价：99.00元
PSN B-2013-345-1/1

媒体融合蓝皮书
中国媒体融合发展报告（2017）
著(编)者：梅宁华 支庭荣　2018年1月出版 / 估价：99.00元
PSN B-2015-479-1/1

全球传媒蓝皮书
全球传媒发展报告（2017~2018）
著(编)者：胡正荣 李继东　2018年6月出版 / 估价：99.00元
PSN B-2012-237-1/1

少数民族非遗蓝皮书
中国少数民族非物质文化遗产发展报告（2018）
著(编)者：肖远平（彝）柴立（满）
2018年10月出版 / 估价：118.00元
PSN B-2015-467-1/1

视听新媒体蓝皮书
中国视听新媒体发展报告（2018）
著(编)者：国家新闻出版广电总局发展研究中心
2018年7月出版 / 估价：118.00元
PSN B-2011-184-1/1

数字娱乐产业蓝皮书
中国动画产业发展报告（2018）
著(编)者：孙立军 孙平 牛兴侦
2018年10月出版 / 估价：99.00元
PSN B-2011-198-1/2

数字娱乐产业蓝皮书
中国游戏产业发展报告（2018）
著(编)者：孙立军 刘跃军
2018年10月出版 / 估价：99.00元
PSN B-2017-662-2/2

文化创新蓝皮书
中国文化创新报告（2017·No.8）
著(编)者：傅才武　2018年4月出版 / 估价：99.00元
PSN B-2009-143-1/1

文化建设蓝皮书
中国文化发展报告（2018）
著(编)者：江畅 孙伟平 戴茂堂
2018年5月出版 / 估价：99.00元
PSN B-2014-392-1/1

文化科技蓝皮书
文化科技创新发展报告（2018）
著(编)者：于平 李凤亮　2018年10月出版 / 估价：99.00元
PSN B-2013-342-1/1

文化蓝皮书
中国公共文化服务发展报告（2017~2018）
著(编)者：刘新成 张永新 张旭
2018年12月出版 / 估价：99.00元
PSN B-2007-093-2/10

文化蓝皮书
中国少数民族文化发展报告（2017~2018）
著(编)者：武翠英 张晓明 任乌晶
2018年9月出版 / 估价：99.00元
PSN B-2013-369-9/10

文化蓝皮书
中国文化产业供需协调检测报告（2018）
著(编)者：王亚南　2018年2月出版 / 估价：99.00元
PSN B-2013-323-8/10

文化蓝皮书
中国文化消费需求景气评价报告（2018）
著(编)者：王亚南　2018年2月出版 / 估价：99.00元
PSN B-2011-236-4/10

文化蓝皮书
中国公共文化投入增长测评报告（2018）
著(编)者：王亚南　2018年2月出版 / 估价：99.00元
PSN B-2014-435-10/10

文化品牌蓝皮书
中国文化品牌发展报告（2018）
著(编)者：欧阳友权　2018年5月出版 / 估价：99.00元
PSN B-2012-277-1/1

文化遗产蓝皮书
中国文化遗产事业发展报告（2017~2018）
著(编)者：苏杨 张颖岚 卓杰 白海峰 陈晨 陈叙图
2018年8月出版 / 估价：99.00元
PSN B-2008-119-1/1

文学蓝皮书
中国文情报告（2017~2018）
著(编)者：白烨　2018年5月出版 / 估价：99.00元
PSN B-2011-221-1/1

新媒体蓝皮书
中国新媒体发展报告No.9（2018）
著(编)者：唐绪军　2018年7月出版 / 估价：99.00元
PSN B-2010-169-1/1

新媒体社会责任蓝皮书
中国新媒体社会责任研究报告（2018）
著(编)者：钟瑛　2018年12月出版 / 估价：99.00元
PSN B-2014-423-1/1

移动互联网蓝皮书
中国移动互联网发展报告（2018）
著(编)者：余清楚　2018年6月出版 / 估价：99.00元
PSN B-2012-282-1/1

影视蓝皮书
中国影视产业发展报告（2018）
著(编)者：司若 陈鹏 陈锐　2018年4月出版 / 估价：99.00元
PSN B-2016-529-1/1

舆情蓝皮书
中国社会舆情与危机管理报告（2018）
著(编)者：谢耘耕　2018年9月出版 / 估价：138.00元
PSN B-2011-235-1/1

地方发展类-经济

澳门蓝皮书
澳门经济社会发展报告（2017~2018）
著(编)者：吴志良 郝雨凡　2018年7月出版 / 估价：99.00元
PSN B-2009-138-1/1

澳门绿皮书
澳门旅游休闲发展报告（2017~2018）
著(编)者：郝雨凡 林广志　2018年5月出版 / 估价：99.00元
PSN G-2017-617-1/1

北京蓝皮书
北京经济发展报告（2017~2018）
著(编)者：杨松　2018年6月出版 / 估价：99.00元
PSN B-2006-054-2/8

北京旅游绿皮书
北京旅游发展报告（2018）
著(编)者：北京旅游学会
2018年7月出版 / 估价：99.00元
PSN G-2012-301-1/1

北京体育蓝皮书
北京体育产业发展报告（2017~2018）
著(编)者：钟秉枢 陈杰 杨铁黎
2018年9月出版 / 估价：99.00元
PSN B-2015-475-1/1

滨海金融蓝皮书
滨海新区金融发展报告（2017）
著(编)者：王爱俭 李向前　2018年4月出版 / 估价：99.00元
PSN B-2014-424-1/1

城乡一体化蓝皮书
北京城乡一体化发展报告（2017~2018）
著(编)者：吴宝新 张宝秀 黄序
2018年5月出版 / 估价：99.00元
PSN B-2012-258-2/2

非公有制企业社会责任蓝皮书
北京非公有制企业社会责任报告（2018）
著(编)者：宋贵伦 冯培　2018年6月出版 / 估价：99.00元
PSN B-2017-613-1/1

福建旅游蓝皮书
福建省旅游产业发展现状研究（2017~2018）
著(编)者：陈敏华 黄远水
2018年12月出版 / 估价：128.00元
PSN B-2016-591-1/1

福建自贸区蓝皮书
中国（福建）自由贸易试验区发展报告（2017~2018）
著(编)者：黄茂兴　2018年4月出版 / 估价：118.00元
PSN B-2016-531-1/1

甘肃蓝皮书
甘肃经济发展分析与预测（2018）
著(编)者：安文华 罗哲　2018年1月出版 / 估价：99.00元
PSN B-2013-312-1/6

甘肃蓝皮书
甘肃商贸流通发展报告（2018）
著(编)者：张应华 王福生 王晓芳
2018年1月出版 / 估价：99.00元
PSN B-2016-522-6/6

甘肃蓝皮书
甘肃县域和农村发展报告（2018）
著(编)者：朱智文 包东红 王建兵
2018年1月出版 / 估价：99.00元
PSN B-2013-316-5/6

甘肃农业科技绿皮书
甘肃农业科技发展研究报告（2018）
著(编)者：魏胜文 乔德华 张东伟
2018年12月出版 / 估价：198.00元
PSN B-2016-592-1/1

巩义蓝皮书
巩义经济社会发展报告（2018）
著(编)者：丁同民 朱军　2018年4月出版 / 估价：99.00元
PSN B-2016-532-1/1

广东外经贸蓝皮书
广东对外经济贸易发展研究报告（2017～2018）
著(编)者：陈万灵　2018年6月出版 / 估价：99.00元
PSN B-2012-286-1/1

广西北部湾经济区蓝皮书
广西北部湾经济区开放开发报告（2017～2018）
著(编)者：广西壮族自治区北部湾经济区和东盟开放合作办公室
　　　　　广西社会科学院
　　　　　广西北部湾发展研究院
2018年2月出版 / 估价：99.00元
PSN B-2010-181-1/1

广州蓝皮书
广州城市国际化发展报告（2018）
著(编)者：张跃国　2018年8月出版 / 估价：99.00元
PSN B-2012-246-11/14

广州蓝皮书
中国广州城市建设与管理发展报告（2018）
著(编)者：张其学 陈小钢 王宏伟　2018年8月出版 / 估价：99.00元
PSN B-2007-087-4/14

广州蓝皮书
广州创新型城市发展报告（2018）
著(编)者：尹涛　2018年6月出版 / 估价：99.00元
PSN B-2012-247-12/14

广州蓝皮书
广州经济发展报告（2018）
著(编)者：张跃国 尹涛　2018年7月出版 / 估价：99.00元
PSN B-2005-040-1/14

广州蓝皮书
2018年中国广州经济形势分析与预测
著(编)者：魏明海 谢博能 李华
2018年6月出版 / 估价：99.00元
PSN B-2011-185-9/14

广州蓝皮书
中国广州科技创新发展报告（2018）
著(编)者：于欣伟 陈爽 邓佑满　2018年8月出版 / 估价：99.00元
PSN B-2006-065-2/14

广州蓝皮书
广州农村发展报告（2018）
著(编)者：朱名宏　2018年7月出版 / 估价：99.00元
PSN B-2010-167-8/14

广州蓝皮书
广州汽车产业发展报告（2018）
著(编)者：杨再高 冯兴亚　2018年7月出版 / 估价：99.00元
PSN B-2006-066-3/14

广州蓝皮书
广州商贸业发展报告（2018）
著(编)者：张跃国 陈杰 荀振英
2018年7月出版 / 估价：99.00元
PSN B-2012-245-10/14

贵阳蓝皮书
贵阳城市创新发展报告No.3（白云篇）
著(编)者：连玉明　2018年5月出版 / 估价：99.00元
PSN B-2015-491-3/10

贵阳蓝皮书
贵阳城市创新发展报告No.3（观山湖篇）
著(编)者：连玉明　2018年5月出版 / 估价：99.00元
PSN B-2015-497-9/10

贵阳蓝皮书
贵阳城市创新发展报告No.3（花溪篇）
著(编)者：连玉明　2018年5月出版 / 估价：99.00元
PSN B-2015-490-2/10

贵阳蓝皮书
贵阳城市创新发展报告No.3（开阳篇）
著(编)者：连玉明　2018年5月出版 / 估价：99.00元
PSN B-2015-492-4/10

贵阳蓝皮书
贵阳城市创新发展报告No.3（南明篇）
著(编)者：连玉明　2018年5月出版 / 估价：99.00元
PSN B-2015-496-8/10

贵阳蓝皮书
贵阳城市创新发展报告No.3（清镇篇）
著(编)者：连玉明　2018年5月出版 / 估价：99.00元
PSN B-2015-489-1/10

贵阳蓝皮书
贵阳城市创新发展报告No.3（乌当篇）
著(编)者：连玉明　2018年5月出版 / 估价：99.00元
PSN B-2015-495-7/10

贵阳蓝皮书
贵阳城市创新发展报告No.3（息烽篇）
著(编)者：连玉明　2018年5月出版 / 估价：99.00元
PSN B-2015-493-5/10

贵阳蓝皮书
贵阳城市创新发展报告No.3（修文篇）
著(编)者：连玉明　2018年5月出版 / 估价：99.00元
PSN B-2015-494-6/10

贵阳蓝皮书
贵阳城市创新发展报告No.3（云岩篇）
著(编)者：连玉明　2018年5月出版 / 估价：99.00元
PSN B-2015-498-10/10

贵州房地产蓝皮书
贵州房地产发展报告No.5（2018）
著(编)者：武廷方　2018年7月出版 / 估价：99.00元
PSN B-2014-426-1/1

贵州蓝皮书
贵州册亨经济社会发展报告（2018）
著(编)者：黄德林　2018年3月出版 / 估价：99.00元
PSN B-2016-525-8/9

贵州蓝皮书
贵州地理标志产业发展报告（2018）
著(编)者：李发耀 黄其松　2018年8月出版 / 估价：99.00元
PSN B-2017-646-10/10

贵州蓝皮书
贵安新区发展报告（2017～2018）
著(编)者：马长青 吴大华　2018年6月出版 / 估价：99.00元
PSN B-2015-459-4/10

贵州蓝皮书
贵州国家级开放创新平台发展报告（2017～2018）
著(编)者：申晓庆 吴大华 季泓
2018年11月出版 / 估价：99.00元
PSN B-2016-518-7/10

贵州蓝皮书
贵州国有企业社会责任发展报告（2017～2018）
著(编)者：郭丽　2018年12月出版 / 估价：99.00元
PSN B-2015-511-6/10

贵州蓝皮书
贵州民航业发展报告（2017）
著(编)者：申振东 吴大华　2018年1月出版 / 估价：99.00元
PSN B-2015-471-5/10

贵州蓝皮书
贵州民营经济发展报告（2017）
著(编)者：杨静 吴大华　2018年3月出版 / 估价：99.00元
PSN B-2016-530-9/9

杭州都市圈蓝皮书
杭州都市圈发展报告（2018）
著(编)者：沈翔 戚建国　2018年5月出版 / 估价：128.00元
PSN B-2012-302-1/1

河北经济蓝皮书
河北省经济发展报告（2018）
著(编)者：马树强 金浩 张贵　2018年4月出版 / 估价：99.00元
PSN B-2014-380-1/1

河北蓝皮书
河北经济社会发展报告（2018）
著(编)者：康振海　2018年1月出版 / 估价：99.00元
PSN B-2014-372-1/1

河北蓝皮书
京津冀协同发展报告（2018）
著(编)者：陈璐　2018年1月出版 / 估价：99.00元
PSN B-2017-601-2/3

河南经济蓝皮书
2018年河南经济形势分析与预测
著(编)者：王世炎　2018年3月出版 / 估价：99.00元
PSN B-2007-086-1/1

河南蓝皮书
河南城市发展报告（2018）
著(编)者：张占仓 王建国　2018年5月出版 / 估价：99.00元
PSN B-2009-131-3/9

河南蓝皮书
河南工业发展报告（2018）
著(编)者：张占仓　2018年5月出版 / 估价：99.00元
PSN B-2013-317-5/9

河南蓝皮书
河南金融发展报告（2018）
著(编)者：喻新安 谷建全
2018年6月出版 / 估价：99.00元
PSN B-2014-390-7/9

河南蓝皮书
河南经济发展报告（2018）
著(编)者：张占仓 完世伟
2018年4月出版 / 估价：99.00元
PSN B-2010-157-4/9

河南蓝皮书
河南能源发展报告（2018）
著(编)者：国网河南省电力公司经济技术研究院
　　　　　河南省社会科学院
2018年3月出版 / 估价：99.00元
PSN B-2017-607-9/9

河南商务蓝皮书
河南商务发展报告（2018）
著(编)者：焦锦淼 穆荣国　2018年5月出版 / 估价：99.00元
PSN B-2014-399-1/1

河南双创蓝皮书
河南创新创业发展报告（2018）
著(编)者：喻新安 杨雪梅　2018年8月出版 / 估价：99.00元
PSN B-2017-641-1/1

黑龙江蓝皮书
黑龙江经济发展报告（2018）
著(编)者：朱宇　2018年1月出版 / 估价：99.00元
PSN B-2011-190-2/2

湖南城市蓝皮书
区域城市群整合
著(编)者：童中贤 韩未名　2018年12月出版 / 估价：99.00元
PSN B-2006-064-1/1

湖南蓝皮书
湖南城乡一体化发展报告（2018）
著(编)者：陈文胜 王文强 陆福兴
2018年8月出版 / 估价：99.00元
PSN B-2015-477-8/8

湖南蓝皮书
2018年湖南电子政务发展报告
著(编)者：梁志峰　2018年5月出版 / 估价：128.00元
PSN B-2014-394-6/8

湖南蓝皮书
2018年湖南经济发展报告
著(编)者：卞鹰　2018年5月出版 / 估价：128.00元
PSN B-2011-207-2/8

湖南蓝皮书
2016年湖南经济展望
著(编)者：梁志峰　2018年5月出版 / 估价：128.00元
PSN B-2011-206-1/8

湖南蓝皮书
2018年湖南县域经济社会发展报告
著(编)者: 梁志峰　2018年5月出版 / 估价: 128.00元
PSN B-2014-395-7/8

湖南县域绿皮书
湖南县域发展报告(No.5)
著(编)者: 袁准　周小毛　黎仁寅
2018年3月出版 / 估价: 99.00元
PSN G-2012-274-1/1

沪港蓝皮书
沪港发展报告(2018)
著(编)者: 尤安山　2018年9月出版 / 估价: 99.00元
PSN B-2013-362-1/1

吉林蓝皮书
2018年吉林经济社会形势分析与预测
著(编)者: 邵汉明　2017年12月出版 / 估价: 99.00元
PSN B-2013-319-1/1

吉林省城市竞争力蓝皮书
吉林省城市竞争力报告(2018~2019)
著(编)者: 崔岳春　张磊　2018年12月出版 / 估价: 99.00元
PSN B-2016-513-1/1

济源蓝皮书
济源经济社会发展报告(2018)
著(编)者: 喻新安　2018年4月出版 / 估价: 99.00元
PSN B-2014-387-1/1

江苏蓝皮书
2018年江苏经济发展分析与展望
著(编)者: 王庆五　吴先满　2018年7月出版 / 估价: 128.00元
PSN B-2017-635-1/3

江西蓝皮书
江西经济社会发展报告(2018)
著(编)者: 陈石俊　龚建文　2018年10月出版 / 估价: 128.00元
PSN B-2015-484-1/2

江西蓝皮书
江西设区市发展报告(2018)
著(编)者: 姜玮　梁勇　2018年10月出版 / 估价: 99.00元
PSN B-2016-517-2/2

经济特区蓝皮书
中国经济特区发展报告(2017)
著(编)者: 陶一桃　2018年1月出版 / 估价: 99.00元
PSN B-2009-139-1/1

辽宁蓝皮书
2018年辽宁经济社会形势分析与预测
著(编)者: 梁启东　魏红江　2018年6月出版 / 估价: 99.00元
PSN B-2006-053-1/1

民族经济蓝皮书
中国民族地区经济发展报告(2018)
著(编)者: 李曦辉　2018年7月出版 / 估价: 99.00元
PSN B-2017-630-1/1

南宁蓝皮书
南宁经济发展报告(2018)
著(编)者: 胡建华　2018年9月出版 / 估价: 99.00元
PSN B-2016-569-2/3

浦东新区蓝皮书
上海浦东经济发展报告(2018)
著(编)者: 沈开艳　周奇　2018年2月出版 / 估价: 99.00元
PSN B-2011-225-1/1

青海蓝皮书
2018年青海经济社会形势分析与预测
著(编)者: 陈玮　2017年12月出版 / 估价: 99.00元
PSN B-2012-275-1/2

山东蓝皮书
山东经济形势分析与预测(2018)
著(编)者: 李广杰　2018年7月出版 / 估价: 99.00元
PSN B-2014-404-1/5

山东蓝皮书
山东省普惠金融发展报告(2018)
著(编)者: 齐鲁财富网
2018年9月出版 / 估价: 99.00元
PSN B2017-676-5/5

山西蓝皮书
山西资源型经济转型发展报告(2018)
著(编)者: 李志强　2018年7月出版 / 估价: 99.00元
PSN B-2011-197-1/1

陕西蓝皮书
陕西经济发展报告(2018)
著(编)者: 任宗哲　白宽犁　裴成荣
2018年1月出版 / 估价: 99.00元
PSN B-2009-135-1/6

陕西蓝皮书
陕西精准脱贫研究报告(2018)
著(编)者: 任宗哲　白宽犁　王建康
2018年6月出版 / 估价: 99.00元
PSN B-2017-623-6/6

上海蓝皮书
上海经济发展报告(2018)
著(编)者: 沈开艳
2018年2月出版 / 估价: 99.00元
PSN B-2006-057-1/7

上海蓝皮书
上海资源环境发展报告(2018)
著(编)者: 周冯琦　汤庆合
2018年2月出版 / 估价: 99.00元
PSN B-2006-060-4/7

上饶蓝皮书
上饶发展报告(2016~2017)
著(编)者: 廖其志　2018年3月出版 / 估价: 128.00元
PSN B-2014-377-1/1

深圳蓝皮书
深圳经济发展报告(2018)
著(编)者: 张骁儒　2018年6月出版 / 估价: 99.00元
PSN B-2008-112-3/7

四川蓝皮书
四川城镇化发展报告(2018)
著(编)者: 侯水平　陈炜
2018年4月出版 / 估价: 99.00元
PSN B-2015-456-7/7

四川蓝皮书
2018年四川经济形势分析与预测
著(编)者: 杨钢　2018年1月出版 / 估价: 99.00元
PSN B-2007-098-2/7

四川蓝皮书
四川企业社会责任研究报告（2017～2018）
著(编)者: 侯水平 盛毅　2018年5月出版 / 估价: 99.00元
PSN B-2014-386-4/7

四川蓝皮书
四川生态建设报告（2018）
著(编)者: 李晟之　2018年5月出版 / 估价: 99.00元
PSN B-2015-455-6/7

体育蓝皮书
上海体育产业发展报告（2017~2018）
著(编)者: 张林 黄海燕　2018年10月出版 / 估价: 99.00元
PSN B-2015-454-4/5

体育蓝皮书
长三角地区体育产业发展报告（2017～2018）
著(编)者: 张林　2018年4月出版 / 估价: 99.00元
PSN B-2015-453-3/5

天津金融蓝皮书
天津金融发展报告（2018）
著(编)者: 王爱俭 孔德昌　2018年3月出版 / 估价: 99.00元
PSN B-2014-418-1/1

图们江区域合作蓝皮书
图们江区域合作发展报告（2018）
著(编)者: 李铁　2018年6月出版 / 估价: 99.00元
PSN B-2015-464-1/1

温州蓝皮书
2018年温州经济社会形势分析与预测
著(编)者: 蒋儒标 王春光 金浩
2018年4月出版 / 估价: 99.00元
PSN B-2008-105-1/1

西咸新区蓝皮书
西咸新区发展报告（2018）
著(编)者: 李扬 王军
2018年6月出版 / 估价: 99.00元
PSN B-2016-534-1/1

修武蓝皮书
修武经济社会发展报告（2018）
著(编)者: 张占仓 袁凯声
2018年10月出版 / 估价: 99.00元
PSN B-2017-651-1/1

偃师蓝皮书
偃师经济社会发展报告（2018）
著(编)者: 张占仓 袁凯声 何武周
2018年7月出版 / 估价: 99.00元
PSN B-2017-627-1/1

扬州蓝皮书
扬州经济社会发展报告（2018）
著(编)者: 陈扬
2018年12月出版 / 估价: 108.00元
PSN B-2011-191-1/1

长垣蓝皮书
长垣经济社会发展报告（2018）
著(编)者: 张占仓 袁凯声 秦保建
2018年10月出版 / 估价: 99.00元
PSN B-2017-654-1/1

遵义蓝皮书
遵义发展报告（2018）
著(编)者: 邓彦 曾征 龚永育
2018年9月出版 / 估价: 99.00元
PSN B-2014-433-1/1

地方发展类-社会

安徽蓝皮书
安徽社会发展报告（2018）
著(编)者: 程桦　2018年4月出版 / 估价: 99.00元
PSN B-2013-325-1/1

安徽社会建设蓝皮书
安徽社会建设分析报告（2017～2018）
著(编)者: 黄家海 蔡宪
2018年11月出版 / 估价: 99.00元
PSN B-2013-322-1/1

北京蓝皮书
北京公共服务发展报告（2017～2018）
著(编)者: 施昌奎　2018年3月出版 / 估价: 99.00元
PSN B-2008-103-7/8

北京蓝皮书
北京社会发展报告（2017～2018）
著(编)者: 李伟东
2018年7月出版 / 估价: 99.00元
PSN B-2006-055-3/8

北京蓝皮书
北京社会治理发展报告（2017～2018）
著(编)者: 殷星辰　2018年7月出版 / 估价: 99.00元
PSN B-2014-391-8/8

北京律师蓝皮书
北京律师发展报告 No.3（2018）
著(编)者: 王隽　2018年12月出版 / 估价: 99.00元
PSN B-2011-217-1/1

北京人才蓝皮书
北京人才发展报告（2018）
著(编)者：敏华　2018年12月出版 / 估价：128.00元
PSN B-2011-201-1/1

北京社会心态蓝皮书
北京社会心态分析报告（2017～2018）
北京市社会心理服务促进中心
2018年10月出版 / 估价：99.00元
PSN B-2014-422-1/1

北京社会组织管理蓝皮书
北京社会组织发展与管理（2018）
著(编)者：黄江松
2018年4月出版 / 估价：99.00元
PSN B-2015-446-1/1

北京养老产业蓝皮书
北京居家养老发展报告（2018）
著(编)者：陆杰华　周明明
2018年8月出版 / 估价：99.00元
PSN B-2015-465-1/1

法治蓝皮书
四川依法治省年度报告No.4（2018）
著(编)者：李林　杨天宗　田禾
2018年3月出版 / 估价：118.00元
PSN B-2015-447-2/3

福建妇女发展蓝皮书
福建省妇女发展报告（2018）
著(编)者：刘群英　2018年11月出版 / 估价：99.00元
PSN B-2011-220-1/1

甘肃蓝皮书
甘肃社会发展分析与预测（2018）
著(编)者：安文华　包晓霞　谢增虎
2018年1月出版 / 估价：99.00元
PSN B-2013-313-2/6

广东蓝皮书
广东全面深化改革研究报告（2018）
著(编)者：周林生　涂成林
2018年12月出版 / 估价：99.00元
PSN B-2015-504-3/3

广东蓝皮书
广东社会工作发展报告（2018）
著(编)者：罗观翠　2018年6月出版 / 估价：99.00元
PSN B-2014-402-2/3

广州蓝皮书
广州青年发展报告（2018）
著(编)者：徐柳　张强
2018年8月出版 / 估价：99.00元
PSN B-2013-352-13/14

广州蓝皮书
广州社会保障发展报告（2018）
著(编)者：张跃国　2018年8月出版 / 估价：99.00元
PSN B-2014-425-14/14

广州蓝皮书
2018年中国广州社会形势分析与预测
著(编)者：张强　郭志勇　何镜清
2018年6月出版 / 估价：99.00元
PSN B-2008-110-5/14

贵州蓝皮书
贵州法治发展报告（2018）
著(编)者：吴大华　2018年5月出版 / 估价：99.00元
PSN B-2012-254-2/10

贵州蓝皮书
贵州人才发展报告（2017）
著(编)者：于杰　吴大华
2018年9月出版 / 估价：99.00元
PSN B-2014-382-3/10

贵州蓝皮书
贵州社会发展报告（2018）
著(编)者：王兴骥　2018年4月出版 / 估价：99.00元
PSN B-2010-166-1/10

杭州蓝皮书
杭州妇女发展报告（2018）
著(编)者：魏颖　2018年10月出版 / 估价：99.00元
PSN B-2014-403-1/1

河北蓝皮书
河北法治发展报告（2018）
著(编)者：康振海　2018年6月出版 / 估价：99.00元
PSN B-2017-622-3/3

河北食品药品安全蓝皮书
河北食品药品安全研究报告（2018）
著(编)者：丁锦雁　2018年10月出版 / 估价：99.00元
PSN B-2015-473-1/1

河南蓝皮书
河南法治发展报告（2018）
著(编)者：张林海　2018年7月出版 / 估价：99.00元
PSN B-2014-376-6/9

河南蓝皮书
2018年河南社会形势分析与预测
著(编)者：牛苏林　2018年5月出版 / 估价：99.00元
PSN B-2005-043-1/9

河南民办教育蓝皮书
河南民办教育发展报告（2018）
著(编)者：胡大白　2018年9月出版 / 估价：99.00元
PSN B-2017-642-1/1

黑龙江蓝皮书
黑龙江社会发展报告（2018）
著(编)者：谢宝禄　2018年1月出版 / 估价：99.00元
PSN B-2011-189-1/2

湖南蓝皮书
2018年湖南两型社会与生态文明建设报告
著(编)者：卞鹰　2018年5月出版 / 估价：128.00元
PSN B-2011-208-3/8

湖南蓝皮书
2018年湖南社会发展报告
著(编)者：卞鹰　2018年5月出版 / 估价：128.00元
PSN B-2014-393-5/8

健康城市蓝皮书
北京健康城市建设研究报告（2018）
著(编)者：王鸿春　盛继洪　2018年9月出版 / 估价：99.00元
PSN B-2015-460-1/2

江苏法治蓝皮书
江苏法治发展报告No.6（2017）
著(编)者：蔡道通 龚廷泰　2018年8月出版 / 估价：99.00元
PSN B-2012-290-1/1

江苏蓝皮书
2018年江苏社会发展分析与展望
著(编)者：王庆五 刘旺洪　2018年8月出版 / 估价：128.00元
PSN B-2017-636-2/3

南宁蓝皮书
南宁法治发展报告（2018）
著(编)者：杨维超　2018年12月出版 / 估价：99.00元
PSN B-2015-509-1/3

南宁蓝皮书
南宁社会发展报告（2018）
著(编)者：胡建华　2018年10月出版 / 估价：99.00元
PSN B-2016-570-3/3

内蒙古蓝皮书
内蒙古反腐倡廉建设报告No.2
著(编)者：张志华　2018年6月出版 / 估价：99.00元
PSN B-2013-365-1/1

青海蓝皮书
2018年青海人才发展报告
著(编)者：王宇燕　2018年9月出版 / 估价：99.00元
PSN B-2017-650-2/2

青海生态文明建设蓝皮书
青海生态文明建设报告（2018）
著(编)者：张西明 高华　2018年12月出版 / 估价：99.00元
PSN B-2016-595-1/1

人口与健康蓝皮书
深圳人口与健康发展报告（2018）
著(编)者：陆杰华 傅崇辉　2018年11月出版 / 估价：99.00元
PSN B-2011-228-1/1

山东蓝皮书
山东社会形势分析与预测（2018）
著(编)者：李善峰　2018年6月出版 / 估价：99.00元
PSN B-2014-405-2/5

陕西蓝皮书
陕西社会发展报告（2018）
著(编)者：任宗哲 白宽犁 牛昉　2018年1月出版 / 估价：99.00元
PSN B-2009-136-2/6

上海蓝皮书
上海法治发展报告（2018）
著(编)者：叶必丰　2018年9月出版 / 估价：99.00元
PSN B-2012-296-6/7

上海蓝皮书
上海社会发展报告（2018）
著(编)者：杨雄 周海旺　2018年2月出版 / 估价：99.00元
PSN B-2006-058-2/7

社会建设蓝皮书
2018年北京社会建设分析报告
著(编)者：宋贵伦 冯虹　2018年9月出版 / 估价：99.00元
PSN B-2010-173-1/1

深圳蓝皮书
深圳法治发展报告（2018）
著(编)者：张骁儒　2018年6月出版 / 估价：99.00元
PSN B-2015-470-6/7

深圳蓝皮书
深圳劳动关系发展报告（2018）
著(编)者：汤庭芬　2018年8月出版 / 估价：99.00元
PSN B-2007-097-2/7

深圳蓝皮书
深圳社会治理与发展报告（2018）
著(编)者：张骁儒　2018年6月出版 / 估价：99.00元
PSN B-2008-113-4/7

生态安全绿皮书
甘肃国家生态安全屏障建设发展报告（2018）
著(编)者：刘举科 喜文华
2018年10月出版 / 估价：99.00元
PSN G-2017-659-1/1

顺义社会建设蓝皮书
北京市顺义区社会建设发展报告（2018）
著(编)者：王学武　2018年9月出版 / 估价：99.00元
PSN B-2017-658-1/1

四川蓝皮书
四川法治发展报告（2018）
著(编)者：郑泰安　2018年1月出版 / 估价：99.00元
PSN B-2015-441-5/7

四川蓝皮书
四川社会发展报告（2018）
著(编)者：李羚　2018年6月出版 / 估价：99.00元
PSN B-2008-127-3/7

云南社会治理蓝皮书
云南社会治理年度报告（2017）
著(编)者：晏雄 韩全芳
2018年5月出版 / 估价：99.00元
PSN B-2017-667-1/1

地方发展类-文化

北京传媒蓝皮书
北京新闻出版广电发展报告（2017~2018）
著(编)者：王志　2018年11月出版 / 估价：99.00元
PSN B-2016-588-1/1

北京蓝皮书
北京文化发展报告（2017~2018）
著(编)者：李建盛　2018年5月出版 / 估价：99.00元
PSN B-2007-082-4/8

创意城市蓝皮书
北京文化创意产业发展报告（2018）
著(编)者：郭万超 张京成　2018年12月出版 / 估价：99.00元
PSN B-2012-263-1/7

创意城市蓝皮书
天津文化创意产业发展报告（2017～2018）
著(编)者：谢思全　2018年6月出版 / 估价：99.00元
PSN B-2016-536-7/7

创意城市蓝皮书
武汉文化创意产业发展报告（2018）
著(编)者：黄永林 陈汉桥　2018年12月出版 / 估价：99.00元
PSN B-2013-354-4/7

创意上海蓝皮书
上海文化创意产业发展报告（2017～2018）
著(编)者：王慧敏 王兴全　2018年8月出版 / 估价：99.00元
PSN B-2016-561-1/1

非物质文化遗产蓝皮书
广州市非物质文化遗产保护发展报告（2018）
著(编)者：宋俊华　2018年12月出版 / 估价：99.00元
PSN B-2016-589-1/1

甘肃蓝皮书
甘肃文化发展分析与预测（2018）
著(编)者：王俊莲 周小华　2018年1月出版 / 估价：99.00元
PSN B-2013-314-3/6

甘肃蓝皮书
甘肃舆情分析与预测（2018）
著(编)者：陈双梅 张谦元　2018年1月出版 / 估价：99.00元
PSN B-2013-315-4/6

广州蓝皮书
中国广州文化发展报告（2018）
著(编)者：屈哨兵 陆志强　2018年6月出版 / 估价：99.00元
PSN B-2009-134-7/14

广州蓝皮书
广州文化创意产业发展报告（2018）
著(编)者：徐咏虹　2018年7月出版 / 估价：99.00元
PSN B-2008-111-6/14

海淀蓝皮书
海淀区文化和科技融合发展报告（2018）
著(编)者：陈名杰 孟景伟　2018年5月出版 / 估价：99.00元
PSN B-2013-329-1/1

河南蓝皮书
河南文化发展报告（2018）
著(编)者：卫绍生　2018年7月出版 / 估价：99.00元
PSN B-2008-106-2/9

湖北文化产业蓝皮书
湖北省文化产业发展报告（2018）
著(编)者：黄晓华　2018年9月出版 / 估价：99.00元
PSN B-2017-656-1/1

湖北文化蓝皮书
湖北文化发展报告（2017~2018）
著(编)者：湖北大学高等人文研究院
　　　　　中华文化发展湖北省协同创新中心
2018年10月出版 / 估价：99.00元
PSN B-2016-566-1/1

江苏蓝皮书
2018年江苏文化发展分析与展望
著(编)者：王庆五 樊和平　2018年9月出版 / 估价：128.00元
PSN B-2017-637-3/3

江西文化蓝皮书
江西非物质文化遗产发展报告（2018）
著(编)者：张圣才 傅安平　2018年12月出版 / 估价：128.00元
PSN B-2015-499-1/1

洛阳蓝皮书
洛阳文化发展报告（2018）
著(编)者：刘福兴 陈启明　2018年7月出版 / 估价：99.00元
PSN B-2015-476-1/1

南京蓝皮书
南京文化发展报告（2018）
著(编)者：中共南京市委宣传部
2018年12月出版 / 估价：99.00元
PSN B-2014-439-1/1

宁波文化蓝皮书
宁波"一人一艺"全民艺术普及发展报告（2017）
著(编)者：张爱琴　2018年11月出版 / 估价：128.00元
PSN B-2017-668-1/1

山东蓝皮书
山东文化发展报告（2018）
著(编)者：涂可国　2018年5月出版 / 估价：99.00元
PSN B-2014-406-3/5

陕西蓝皮书
陕西文化发展报告（2018）
著(编)者：任宗哲 白宽犁 王长寿
2018年1月出版 / 估价：99.00元
PSN B-2009-137-3/6

上海蓝皮书
上海传媒发展报告（2018）
著(编)者：强荧 焦雨虹　2018年2月出版 / 估价：99.00元
PSN B-2012-295-5/7

上海蓝皮书
上海文学发展报告（2018）
著(编)者：陈圣来　2018年6月出版 / 估价：99.00元
PSN B-2012-297-7/7

上海蓝皮书
上海文化发展报告（2018）
著(编)者：荣跃明　2018年2月出版 / 估价：99.00元
PSN B-2006-059-3/7

深圳蓝皮书
深圳文化发展报告（2018）
著(编)者：张骁儒　2018年7月出版 / 估价：99.00元
PSN B-2016-554-7/7

四川蓝皮书
四川文化产业发展报告（2018）
著(编)者：向宝云 张立伟　2018年4月出版 / 估价：99.00元
PSN B-2006-074-1/7

郑州蓝皮书
2018年郑州文化发展报告
著(编)者：王哲　2018年9月出版 / 估价：99.00元
PSN B-2008-107-1/1

❖ 皮书起源 ❖

"皮书"起源于十七、十八世纪的英国,主要指官方或社会组织正式发表的重要文件或报告,多以"白皮书"命名。在中国,"皮书"这一概念被社会广泛接受,并被成功运作、发展成为一种全新的出版形态,则源于中国社会科学院社会科学文献出版社。

❖ 皮书定义 ❖

皮书是对中国与世界发展状况和热点问题进行年度监测,以专业的角度、专家的视野和实证研究方法,针对某一领域或区域现状与发展态势展开分析和预测,具备原创性、实证性、专业性、连续性、前沿性、时效性等特点的公开出版物,由一系列权威研究报告组成。

❖ 皮书作者 ❖

皮书系列的作者以中国社会科学院、著名高校、地方社会科学院的研究人员为主,多为国内一流研究机构的权威专家学者,他们的看法和观点代表了学界对中国与世界的现实和未来最高水平的解读与分析。

❖ 皮书荣誉 ❖

皮书系列已成为社会科学文献出版社的著名图书品牌和中国社会科学院的知名学术品牌。2016年,皮书系列正式列入"十三五"国家重点出版规划项目;2013~2018年,重点皮书列入中国社会科学院承担的国家哲学社会科学创新工程项目;2018年,59种院外皮书使用"中国社会科学院创新工程学术出版项目"标识。

中国皮书网

（网址：www.pishu.cn）

发布皮书研创资讯，传播皮书精彩内容
引领皮书出版潮流，打造皮书服务平台

栏目设置

关于皮书：何谓皮书、皮书分类、皮书大事记、皮书荣誉、
　　　　　皮书出版第一人、皮书编辑部

最新资讯：通知公告、新闻动态、媒体聚焦、网站专题、视频直播、下载专区

皮书研创：皮书规范、皮书选题、皮书出版、皮书研究、研创团队

皮书评奖评价：指标体系、皮书评价、皮书评奖

互动专区：皮书说、社科数托邦、皮书微博、留言板

所获荣誉

2008年、2011年，中国皮书网均在全国新闻出版业网站荣誉评选中获得"最具商业价值网站"称号；

2012年，获得"出版业网站百强"称号。

网库合一

2014年，中国皮书网与皮书数据库端口合一，实现资源共享。

权威报告·一手数据·特色资源

皮书数据库

ANNUAL REPORT(YEARBOOK)
DATABASE

当代中国经济与社会发展高端智库平台

所获荣誉

- 2016年，入选"'十三五'国家重点电子出版物出版规划骨干工程"
- 2015年，荣获"搜索中国正能量 点赞2015""创新中国科技创新奖"
- 2013年，荣获"中国出版政府奖·网络出版物奖"提名奖
- 连续多年荣获中国数字出版博览会"数字出版·优秀品牌"奖

成为会员

通过网址www.pishu.com.cn或使用手机扫描二维码进入皮书数据库网站，进行手机号码验证或邮箱验证即可成为皮书数据库会员（建议通过手机号码快速验证注册）。

会员福利

- 使用手机号码首次注册的会员，账号自动充值100元体验金，可直接购买和查看数据库内容（仅限使用手机号码快速注册）。
- 已注册用户购书后可免费获赠100元皮书数据库充值卡。刮开充值卡涂层获取充值密码，登录并进入"会员中心"—"在线充值"—"充值卡充值"，充值成功后即可购买和查看数据库内容。

数据库服务热线：400-008-6695　　　　图书销售热线：010-59367070/7028
数据库服务QQ：2475522410　　　　　　图书服务QQ：1265056568
数据库服务邮箱：database@ssap.cn　　　图书服务邮箱：duzhe@ssap.cn